반드시! 다시 출제되는

JLPT
최신기출 유형
실전모의고사
N4

Aj Online Test 지음

S 시원스쿨닷컴

JLPT
최신기출^유^형
실전모의고사
N4

초판 1쇄 발행 2024년 4월 29일

지은이 에이제이온라인테스트
펴낸곳 (주)에스제이더블유인터내셔널
펴낸이 양홍걸 이시원

홈페이지 www.siwonschool.com
주소 서울시 영등포구 영신로 166 시원스쿨
교재 구입 문의 02)2014-8151
고객센터 02)6409-0878

ISBN 979-11-6150-837-5 13730
Number 1-310111-25259900-06

기술을 통해, 언어의 장벽을 낮추다, AOT

    Aj Online Test(이하, AOT)는 독자 개발 AI 기술과 데이터사이언스 경험을 기반으로 고퀄리티의 일본어 교육 콘텐츠를 온라인을 통해 합리적이고 효율적으로 전 세계 언어 학습자에게 제공하고자 탄생한 에듀테크 스타트업입니다. AOT는 언어 교육이 직면하고 있는 정보의 불평등 이슈에 적극적으로 도전하여, 일상에 만연한 언어 교육의 장벽과 격차를 해소하고자 노력하고 있습니다.

    일본어능력시험(JLPT)은 여타 공인 어학 시험과 비교하여 응시 기회가 적고 학습을 위한 기회비용이 큰 탓에 많은 학습자들이 어려움을 겪어 왔습니다. 그 결과 많은 일본어 학습자들 사이에서는 온라인을 통해 편리하고 또 저렴하게 모의시험을 응시할 수 있는 서비스에 대한 요구가 적지 않았습니다. 또한 일본어 교사, 학원 등 일본어 교육 기관에게 있어서도 신뢰할 수 있는 일본어능력시험 대비 모의 문항 및 학습 콘텐츠 개발의 어려움은 학습자들의 요구와 기호에 맞는 다양한 학습 교재의 개발과 응용을 어렵게 하는 원인으로 작용하기도 했습니다.

    이러한 문제의식 속에서 AOT는 독자 AI 시스템을 활용하여 과거 일본어능력시험 기출문제 빅데이터를 분석하고 학습하여, 실제 시험과 매우 유사한 내용과 난이도 그리고 형식을 가진 문제를 빠르고 정확하게 작성하는 문항 제작 프로세스를 확립했으며, 이를 통해 대규모 일본어능력시험 문제은행을 구축하여 세계 최초로 풀타임 온라인 모의 일본어능력시험 서비스, 「io JLPT」를 출시하여 많은 일본어 학습자에게 사랑받고 있습니다. 또한 AI 학습자 진단 테스트를 통해, 학습자가 단 12문제를 풀어보는 것만으로도 자신의 실력을 정확하게 진단할 수 있는 「무료 진단 테스트」 그리고 유튜브와 블로그 등 다양한 매체를 통해 JLPT 시험 대비 학습 자료, 듣기 평가, 온라인 강의, 일본 문화 정보 등 일본어 학습자를 위한 다양한 오리지널 콘텐츠도 제공하여 학습자 여러분의 일본어 학습을 서포트하고 있습니다.

    AOT는 여러분이 「io JLPT」와 같은 실전과 유사한 모의고사에 응시하는 것을 통해 실제 시험의 형식에 익숙해지는 것뿐만 아니라 실제 언어생활에서 만날 수 있는 많은 실수와 오류를 한발 앞서 범할 수 있기를 바랍니다. 완벽하지 않은 상황 속에서 고민하고 틀려보는 것을 통해 여러분은 한 단계 더 성장할 수 있을 것이며 결국에는 스스로 미지와의 조우에 두려움을 갖지 않게 될 것입니다. AOT는 이러한 학습자 여러분의 일본어 학습의 완성으로 가는 여정에 함께하는 동반자가 되고자 합니다.

Aj Online Test, 「io JLPT」

목차

전략 해설집

실전문제 정답&
해설 및 풀이 전략

특별 부록

쉿! 시험 직전
기출 시크릿 노트

이 책의 특징

시원스쿨어학연구소

AI 기술과 **빅데이터 분석**을 기반으로 하는
고퀄리티 일본어 교육 콘텐츠 AOT와 일본어능력시험의 최신 경향과 변화를 탐구하고 분석하는
JLPT 전문 연구 조직 시원스쿨어학연구소가 만났습니다.

⊘ AI 빅데이터 분석

2만 개의 기출 빅데이터를 빠르고 정확하게 분석하여 예상 적중 문제 3회분을 담았습니다.
AI 및 딥러닝 기술에 의한 자동 문항 개발 시스템으로 2010년부터 2023년까지 14년간의 모든 기출 문제를 분석하여
최신 기출 경향에 맞는 양질의 문제를 제공합니다.

⊘ 최신 기출 100% 반영

시원스쿨 JLPT 전문 연구진들이 직접 시험에 응시하여 2023년도 12월 기출 문제까지 모두 반영하였습니다. 다양한
실전 문제를 풀면서 최신 출제 유형을 파악하고, 딱 3번의 연습만으로도 실전 대비를 충분히 할 수 있습니다.

⊘ 합격, 고득점 그리고 만점

회차가 나아갈수록 조금씩 높아지는 난이도로 구성하였습니다. 1회에서 3회까지 풀어나가면서 자연스럽게 합격에서
고득점, 그리고 만점까지 목표로 하며 학습할 수 있습니다.

⊘ 탄탄한 부가 자료

어디서든 간편하게 찍어 바로 들을 수 있는 청해 MP3 QR 코드와 근 14년간 출제된 기출 어휘&문형을 모아둔
시크릿 노트, 더 높은 점수를 획득할 수 있는 고득점 부스터 암기카드 PDF를 제공합니다.
(※연계 유료 강의 제공)

이 책의 100% 활용법

문제집

- 1회분 : 시험 유형을 파악하며 현재 나의 실력 점검하기!
- 2회분 : 시간 배분 트레이닝 하며 고득점 도전하기!
- 3회분 : 최종 점검하며 만점을 목표로 도전하기!

❶ 테스트 전 파이널 체크

실제 시험과 같은 환경에서 응시할 수 있도록 3STEP을 통해 해답 용지와 필기도구, 청해 음성 등 테스트 전 필요한 것을 다시 한 번 점검할 수 있도록 하였습니다.

❷ 청해 MP3 파일로 실전 감각 끌어올리기

청해 MP3 파일로 실전 감각을 더욱 극대화시켜 시험에 대비할 수 있고, 간편하게 QR 코드로 바로 찍어 들을 수 있습니다.

❸ 고득점 부스터 암기카드 PDF

합격뿐만 아니라 고득점에 도전할 수 있도록 반드시 알아야 하는 핵심 어휘와 문형을 수록하였으며, 언제 어디서든 간편하게 QR 코드로 학습할 수 있습니다.

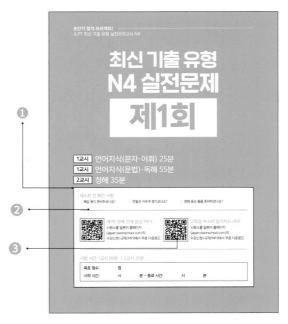

학습자들을 위한 특별 부가 자료

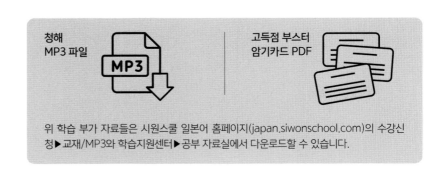

위 학습 부가 자료들은 시원스쿨 일본어 홈페이지(japan.siwonschool.com)의 수강신청▶교재/MP3와 학습지원센터▶공부 자료실에서 다운로드할 수 있습니다.

이 책의 100% 활용법

문제 풀이는 실전처럼!

언어지식과 독해에서 문제 풀 때 걸리는 소요시간을 표시해 두었습니다. 시간 내에 모든 문제를 푸는 트레이닝을 하며 실전 감각을 익힐 수 있습니다.

가채점표로 셀프 점검!

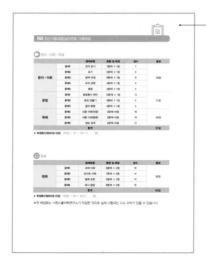

다년간의 시험 배점 분석으로 시원스쿨어학연구소가 제시하는 각 영역별 배점표에 따라 시험 후 가채점하고, 현재 실력을 확인하며 합격을 예측할 수 있습니다.

학습자들을 위한 특별 부록

쉿! 시험 직전 기출 시크릿 노트 [어휘편] [문형편]

최신 2023년 12월 시험까지 모두 반영하여 수록하였습니다. 모든 어휘와 문형에 기출 연도를 표시해 두었고, 셀프테스트를 통해 시험 직전에 꺼내어 빠르게 실전에 대비할 수 있도록 서포트합니다.

전략 해설집

합격부터 만점까지 완벽 커버!

최신 기출 어휘는 물론, 2만여 개의 AI 기반 빅
데이터를 바탕으로 출제가 예상되는 최다 빈
출 단어만 뽑아 만점까지 도전할 수 있습니다.

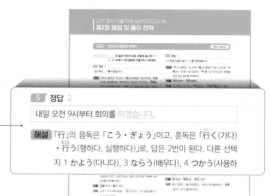

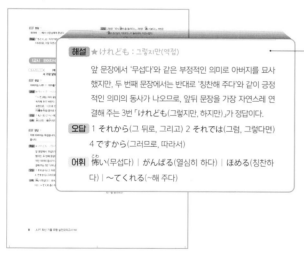

문제 핵심 공략 포인트 제시!

문제에 나온 핵심 문법 포인트를 한
번 더 짚어주고, 오답 해설뿐만 아니
라 문제 접근법이 보이는 시원한 공
략TIP을 상세히 제시하여 더욱 쉽게
이해할 수 있습니다.

정답이 보이는 친절한
문제 풀이 가이드!

문제를 풀 때 정답의 근거가 되는 부
분을 형광펜으로 표시하여 직관적으
로 한눈에 찾아볼 수 있으며 지문에
사용된 어휘를 나열하여 더욱 효율적
으로 학습할 수 있습니다.

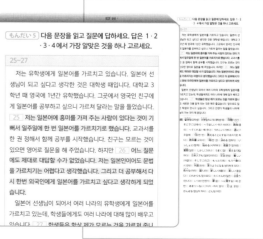

JLPT N4 개요

✅ JLPT(日本語能力試驗)는 무엇일까요?

일본 국내 및 해외에서 일본어를 모국어로 하지 않는 사람을 대상으로 일본어 능력을 객관적으로 측정하고 인정하는 것을 목적으로 하는 시험입니다. 급수가 없는 JPT와는 달리 JLPT는 N1부터 N5까지 총 다섯 가지 레벨로 나뉘어 있으며 N1이 가장 난이도가 높은 레벨입니다. 시험에 합격하기 위해서는 '득점 구분별 득점'과 '종합 득점' 두 가지의 점수가 필요합니다. 즉 과락 제도가 있으며 '득점 등화'라고 하는 상대 평가의 방식으로 채점이 시행됩니다. 시험은 7월과 12월, 총 연 2회 실시되며, 접수는 각각 4월, 9월부터 진행됩니다.

✅ N4 출제 유형과 시간 및 득점표

레벨	유형	교시	시간		득점 범위	총점
N4	언어지식 (문자·어휘·문법)	1교시	80분	115분	0~60점	180점
	독해				0~60점	
	청해	2교시	35분		0~60점	

✅ N4 인정 기준

레벨	유형	인정 기준
N4	언어지식 (문자·어휘·문법) · 독해	기본적인 어휘나 한자를 사용하여 쓰여진, 일상생활 속에서도 친근한 화제가 되는 문장을 읽고 이해할 수 있다.
	청해	일상적인 장면에서 조금 천천히 이야기하는 대화라면 내용을 거의 이해할 수 있다.

JLPT N4 출제 유형 가이드&문제 공략 비법

언어지식(문자·어휘)

문제1 한자 읽기 `7문항`

출제 유형 : 한자로 쓰인 어휘의 읽는 법을 묻는 문제로, 음독과 훈독으로 올바르게 읽은 것을 고르는 문제가 출제된다.

예 `7` つくえの　うえに　赤い　りんごが　あります。

1　しろい　　　　　2　あかい　　　　　3　くろい　　　　　4　あおい

📖 시원한 공략 **TIP!**

앞뒤 문장 상관없이 오로지 밑줄 친 어휘 발음 읽기에 주의하여 문제 풀이 시간을 단축하는 것이 중요하다. 발음이 비슷하거나 촉음, 탁음, 장음 등 헷갈릴 수 있는 발음이 선택지에 등장하니 혼동하지 않도록 주의하자.

문제2 표기 `5문항`

출제 유형 : 히라가나로 쓰인 어휘를 한자로 어떻게 쓰는지 묻는 문제로, 음독과 훈독의 발음을 한자로 올바르게 쓴 것을 고르는 문제가 출제된다.

예 `11` この　お店の　てんいんは　みんな　しんせつです。

1　親切　　　　　2　親接　　　　　3　新切　　　　　4　新接

📖 시원한 공략 **TIP!**

밑줄 친 어휘의 앞뒤 문맥을 살펴보고 의미를 생각하여, 히라가나의 발음이 한자로 어떻게 쓰이는지 훈독, 음독의 동음이의어에 주의해야 한다. 또한, 부수가 헷갈릴 수 있는 한자가 선택지에 등장하니 혼동하지 않도록 주의하자.

문제3 문맥 규정 (8문항)

출제 유형 : 괄호 안에 들어갈 문장과 어울리는 어휘를 고르는 문제가 출제된다.

> (예) **17** この くすりは (　　　)ので のみたくありません。
>
> 　1　あまい　　　　2　わかい　　　　3　くらい　　　　4　にがい

📖 시원한 공략 **TIP!**

문장을 읽고 앞뒤 문맥을 파악하여 괄호 안에 들어갈 힌트가 되는 단어를 찾는 것이 중요하다. 오답 선택지에는 의미가 비슷하거나 서로 반대되는 뜻이 나오기도 하는데, 관용 표현을 알고 있으면 쉽게 정답을 찾을 수 있으니 관용 표현을 정리해 두자.

문제4 유의 표현 (4문항)

출제 유형 : 밑줄 친 어휘나 표현과 가장 의미가 가까운 것을 고르는 문제가 출제된다.

> (예) **21** ともだちに にほんごを おそわりました。
>
> 　1　ともだちが わたしに にほんごを ならいました。
>
> 　2　ともだちが わたしに にほんごを おしえました。
>
> 　3　わたしが ともだちに にほんごを はこびました。
>
> 　4　わたしが ともだちに にほんごを もらいました。

📖 시원한 공략 **TIP!**

다른 단어나 표현, 의미가 가까운 말이나 유의 표현을 고르면 된다. 선택지에 나오는 문장은 전부 의미가 성립하는 문장이므로 오답 소거가 어렵지만, 가타카나, 부정형을 먼저 체크하고, 공통된 부분을 제외한 다른 부분을 체크하며 문제를 풀면 된다.

문제5 용법 4문항

출제 유형 : 주어진 어휘가 올바르게 사용된 문장을 고르는 문제가 출제된다.

예 33 るす

    1   さいきん　いそがしくて、　<u>るす</u>が　なかった。

    2   バスに　のったが、　<u>るす</u>の　せきが　なかった。

    3   家を　一週間ほど　<u>るす</u>に　します。

    4   ひさしぶりに　やることがない　<u>るす</u>な　一日でした。

📖 시원한 공략 **TIP!**

선택지의 모든 문장을 읽으며 밑줄 친 어휘가 문장에서 자연스럽게 해석되는지 확인해야 한다. 문장이 자연스럽게 해석되지 않을 경우, 밑줄 친 부분에 어떤 표현이 들어가야 자연스럽게 연결되는지 연상하며 푸는 연습을 하도록 하자.

언어지식(문법)

문제1 문법형식 판단 13문항

출제 유형 : 문장 전체를 읽고, 문맥에 맞춰 괄호 안에 들어갈 알맞은 문형을 고르는 문제가 출제된다.

예 **2** 父は　木(　　　)　椅子を　作りました。

　　1　も　　　　　　　2　へ　　　　　　3　で　　　　　　4　が

📖 시원한 공략 **TIP!**

문장을 읽고 각 선택지를 괄호 안에 넣어가며 자연스럽게 해석되는 표현을 고른 후, 괄호 앞뒤에 쓰인 문법의 접속 형태를 확인하여, 들어갈 수 있는 선택지를 고르면 된다.

문제2 문장 만들기 4문항

출제 유형 : 나열된 단어를 재배열하여 문장을 완성시키고, _____★_ 안에 들어갈 알맞은 것을 고르는 문제가 출제된다.

예 **15** この _____ ★ _____ _____ です。

　　1　映画は　　　　　　2　見ても　　　　　3　おもしろい　　　4　何回

📖 시원한 공략 **TIP!**

문장을 읽고 앞뒤 문맥을 파악하여, 먼저 문법적으로 확실하게 연결해야 하는 선택지들을 나열하고, 그 후 해석상 자연스럽게 연결되는 표현을 재배열하며 문장을 완성시킨다.

출제 유형 : 글을 읽고 문장과 문장 사이의 앞뒤 연결이 자연스럽게 연결되는 표현을 찾는 문제가 출제된다.

㉠ その　理由は　ジュースの　日付です。食品は　日付が　古くなると　売れません。

20 売れない　よりは　安く　売った　ほうがいいと　大阪の　会社の　社長が　考え

ました。

1　それに

2　しかし

3　だから

4　すると

📖 시원한 공략 **TIP!**

전체 지문을 읽고, 앞뒤 문장 사이의 빈칸에는 선택지들을 하나씩 넣어 해석하며, 가장 자연스럽게 연결되는 것을 찾으면 된다. 각 빈칸에는 접속사, 부사, 문법, 문장 등 다양하게 나올 수 있으며, 내용의 흐름에 맞춰 가장 적절한 것을 고르면 된다.

문제4 내용 이해(단문) 3문항

출제 유형 : 100~200자 정도의 글을 읽고, 내용을 이해하였는지 묻는 문제가 출제된다. 짧은 설명문이나 지시문, 공지, 문의와 같은 다양한 형식으로 일이나 일상생활 주제의 지문이 출제된다.

예 室内プールのお知らせです。

● 毎週火曜日から日曜日まで開いています。

● 開いている時間は午前9時から午後8時です。

　午後7時30分からは、チケットを買うことができません。ご注意ください。

● プール内では、食べ物を食べないでください。飲み物を飲まないでください。

　(水以外は飲んではいけません。)

● かりた水着(みずぎ)はかならず、受付に返してください。

● 来週から、プールが閉まる時間が午後7時30分に変わります。

　チケットは7時まで販売(はんばい)します。

---

23 プール利用のせつめいでただしいのはどれですか。

1　プールでは水を飲んではいけない。

2　毎週月曜日はプールに入ることができない。

3　来週から閉まる時間が午後7時に変わる。

4　受付で水着を買うことができる。

📖 시원한 공략 TIP!

먼저 질문과 선택지를 읽고, 찾아야 하는 내용이 무엇인지 파악하는 것이 중요하다. 그러고 나서 전체 지문을 읽으며 선택지에서 말하고 있는 내용을 체크하며 풀면 된다. 주로 글쓴이가 말하고자 하는 내용은 초반과 후반에 나오며, 반복해서 나오는 키워드는 결정적 힌트이므로 꼭 체크해 두자.

출제 유형 : 400~500자 정도의 글을 읽고, 인과 관계 또는 이유 등을 이해하였는지 묻는 문제가 출제된다. 한 주제의 지문당 3개의 문제를 푸는 문제이다.

예 　今、私は高校に通っています。そして、毎週土曜日は料理教室に行ってケーキを作る勉強をしています。小学生のときよりも作れるケーキの種類（しゅるい）がふえました。もっとケーキのことをたくさん勉強して、すてきなパティシエになれるようにこれからもがんばります。そして、パティシエになったらいろいろな人においしいケーキをプレゼントしてあげたいです。

27　「私」は今何をしていますか。

　1　いろんな人にケーキを作ってあげています。

　2　学校に通いながら料理教室で勉強しています。

　3　料理教室でケーキの作り方を教えています。

　4　仲のいい友達と毎週土曜日料理教室に通っています。

📖 시원한 공략 **TIP!**

중문은 한 지문당 3문제를 풀어야 하므로, 먼저 질문을 읽고 각각 찾아야 하는 내용이 무엇인지 체크해 두자. 그러고 나서 한 단락씩 나눠 읽으며 핵심이 되는 키워드를 체크하고, 한 단락이 끝났을 때 해당 단락에서 질문의 근거가 나왔는지 확인하며 풀어야 한다. 한 단락을 읽었을 때 문제를 다 풀지 못하였을 경우에는 뒤 단락에서 근거가 나올 수도 있기 때문에 전체 지문을 다 읽고 다시 한번 내용과 선택지를 대조하며 근거가 되는 내용을 좁혀가는 방식으로 풀면 된다.

문제6 정보 검색 2문항

출제 유형 : 400자 정도의 광고, 팸플릿, 비즈니스 서류, 잡지 등과 같이 정보가 담긴 글 안에서 필요한 정보를 찾을 수 있는지 묻는 문제가 출제된다.

今日の バスの 時間

バス	みかづき駅 ⇒ ほし山		ほし山 ⇒ みかづき駅	
１０１番	10:00	12:00	15:30	17:30
１０２番	13:50	15:50	16:50	18:50
１０３番	14:00	16:00	17:50	19:50
１０４番	15:00	17:00	18:30	20:30
１０５番	17:00	19:00	19:20	21:20

今日の 電車の 時間

さくら駅 ⇒ みかづき駅		みかづき駅 ⇒ さくら駅	
13:00	13:20	16:10	16:30
14:30	14:50	17:00	17:20
15:00	15:20	18:10	18:30
16:00	16:20	19:40	20:00

28 なかむらさんの学校はみかづき駅の近くにあります。なかむらさんの学校は今日、14時に終わります。なかむらさんは学校が終わってから、ほし山に行きたいです。どのバスにのりますか。

1　１０２番

2　１０３番

3　１０４番

4　１０５番

📖 시원한 공략 **TIP!**

먼저 질문을 읽고, 필요한 정보가 무엇인지 확인하여 지문을 전체 다 읽지 않고도 내용을 빠르게 파악해야 한다. 조건과 부합하는 것을 고르는 문제가 많으며, 정보 검색 문제는 표가 나오는 경우가 많고, ※ 표시에 결정적 힌트가 나와 있는 경우가 많으니 표 안의 내용과 ※의 내용을 빠르게 훑는 것이 중요하다.

문제1 과제 이해 8문항

출제 유형 : 두 사람의 이야기를 듣고, 대화가 끝난 후 과제 해결에 필요한 정보를 듣고 앞으로 할 일 또는 가장 먼저 어떤 일을 해야 하는지 등을 묻는 문제가 출제된다.

예 駅前で女の人と男の人が話しています。女の人はどこへ行きますか。

F ： どうしよう、もう９時だ。あと30分で試験が始まっちゃう。あ、すみません。南高校までの行き方を教えてもらえませんか。

M ： 南高校ですか。えっと、あ、そうだ。南高校は、あのバス停からバスが出ていますよ。30分くらいで着きます。

F ： えっ、30分もかかるんですか。早く行く方法はありませんか。

M ： そうですね、急いでいるならバスよりもタクシーのほうがいいと思います。電車は乗り換えがあるし、着いたあと駅からちょっと歩くので。

F ： タクシーですね。分かりました。ありがとうございました。

M ： いえいえ。ああ、タクシー乗り場はこっちですよ。

F ： あ、すみません。ありがとうございます。

女の人はどこへ行きますか

📖 시원한 공략 **TIP!**

음성이 나오기 전에 먼저 빠르게 선택지의 내용을 훑고 중요한 핵심 키워드가 무엇인지 체크해야 한다. 그러고 나서 남자와 여자의 대화를 잘 들으며 내용의 흐름을 파악하고, 대화에 등장하는 상황을 순서대로 정리하면서 풀도록 하자. 또한, 결국 화자가 해야 할 일이 무엇인지 핵심 키워드 내용은 마지막 대사에 나오는 경우가 많으므로 끝까지 놓치지 않도록 주의하자.

출제 유형 : 이야기를 듣고 화자가 말하고자 하는 이유나 문제점의 포인트를 찾을 수 있는지 묻는 문제가 출제된다.

예　女の子と男の子が話しています。女の子は将来、何になりたいですか。

F：コウキ君は将来、何になりたいの？

M：僕は、悪い人たちを捕まえたいから、警官になりたいな。

F：かっこいいね。でもコウキ君、サッカー選手にもなりたいんじゃなかったっけ。

M：うん。でも、そんなに上手じゃないから、やめたんだ。アヤちゃんは？

F：私は歯医者さんになりたいな。歯はとても大事だから、みんなの歯を守るの。

M：前はケーキ屋さんになりたいって言ってたけど、変わったんだね。

女の子は将来、何になりたいですか。

1　けいかん

2　サッカーせんしゅ

3　はいしゃさん

4　ケーキやさん

📖시원한 공략 **TIP!**

먼저 빠르게 선택지의 내용을 훑고 중요한 핵심 키워드가 무엇인지 체크해야 한다. 그러고 나서 질문을 듣고 등장인물 간의 대화 또는 한 사람의 이야기 속 근거가 되는 내용을 메모로 적으며 풀도록 하자.

출제 유형 : 제시된 그림을 보며, 그림의 화살표가 가리키는 사람이 할 대화로서 가장 적절한 것을 고르는 문제이다.

예 駅の切符売り場です。忘れ物に気づかない人がいます。何と言いますか。

F：1　あの、お金がないんですか。

2　お財布、もらいましょうか。

3　あの、お財布を忘れていますよ。

📖 시원한 공략 **TIP!**

일상생활이나, 학교, 회사 등 다양한 장면에서 발화되는 감사, 사과, 위로 등의 인사말과, 의뢰, 권유, 요청, 허가, 허락 등의 표현이 출제된다. 존경어와 겸양어 표현도 자주 출제되니 기억해 두면 좋다.

출제 유형 : 출제 유형 : 짧은 질문과 3개의 선택지를 듣고, 대답으로 가장 적절한 것을 고르는 문제이다.

예 すみません。そこにあるボールペン、ちょっと使ってもいいですか。

F：1　借りられていいですね。

2　私の机に置いてありますよ。

3　もちろんです。どうぞ。

📖 시원한 공략 **TIP!**

짧은 질문이 나왔을 때 어떤 의도로 말하는지 빠르게 캐치하고, 3개 선택지의 대답을 들으며 적절하지 않은 것을 하나씩 제외하며 소거법으로 풀면 된다. 또한 질문에 나오는 발음을 선택지에서도 비슷한 발음으로 들려주거나, 연상되는 대답을 말하며 오답을 유도하기 때문에 함정에 빠지지 않도록 주의하자.

최신 기출 유형
N4 실전문제
제1회

1교시	언어지식(문자·어휘) 25분
1교시	언어지식(문법)·독해 55분
2교시	청해 35분

테스트 전 확인 사항

□ 해답 용지 준비하셨나요?　　　□ 연필과 지우개 챙기셨나요?　　　□ 청해 음성 들을 준비하셨나요?

제1회 청해 전체 음성 MP3
시원스쿨 일본어 홈페이지
(japan.siwonschool.com)의
수강신청>교재/MP3에서 무료 다운로드

고득점 부스터 암기카드 PDF
시원스쿨 일본어 홈페이지
(japan.siwonschool.com)의
수강신청>교재/MP3에서 무료 다운로드

시험 시간: 1교시 80분 ｜ 2교시 35분

목표 점수:	점		
시작 시간:	시	분 ~ 종료 시간:	시　　　분

📝 문자 • 어휘 • 독해

		문제유형	문항 및 배점	점수	총점
문자 • 어휘	문제1	한자 읽기	7문제 × 1점	7	28점
	문제2	표기	5문제 × 1점	5	
	문제3	문맥 규정	8문제 × 1점	8	
	문제4	유의 표현	4문제 × 1점	4	
	문제5	용법	4문제 × 1점	4	
문법	문제1	문법형식 판단	13문제 × 1점	13	21점
	문제2	문장 만들기	4문제 × 1점	4	
	문제3	글의 문법	4문제 × 1점	4	
독해	문제4	내용 이해(단문)	3문제×6점	18	48점
	문제5	내용 이해(중문)	3문제×6점	18	
	문제6	정보 검색	2문제×6점	12	
		합계			97점

★ **득점환산법(120점 만점)** [득점] ÷ 97 × 120 =[   ]점

🎧 청해

		문제유형	문항 및 배점	점수	총점
청해	문제1	과제 이해	8문제 × 2점	16	56점
	문제2	포인트 이해	7문제 × 2점	14	
	문제3	발화 표현	5문제 × 2점	10	
	문제4	즉시 응답	8문제 × 2점	16	
		합계			56점

★ **득점환산법(60점 만점)** [득점] ÷ 56 × 60=[   ]점

※위 배점표는 시원스쿨어학연구소가 작성한 것으로 실제 시험과는 다소 오차가 있을 수 있습니다.

Ｎ４

げんごちしき(もじ・ごい)
(25ふん)

ちゅうい
Notes

1 ．しけんが　はじまるまで、この　もんだいようしを　あけない
　　で　ください。
　　Do not open this question booklet until the test begins.

2 ．この　もんだいようしを　もって　かえる　ことは　できません。
　　Do not take this question booklet with you after the test.

3 ．じゅけんばんごうと　なまえを　したの　らんに、じゅけんひ
　　ょうと　おなじように　かいて　ください。
　　Write your examinee registration number and name clearly in each
　　box below as written on your test voucher.

4 ．この　もんだいようしは、　ぜんぶで　7ページ　あります。
　　This question booklet has 7 pages.

5 ．もんだいには　かいとうばんごうの 1 、 2 、 3 …が　あります。かいとうは、かいとうようしに　ある　おなじ　ばんごう
　　の　ところに　マークして　ください。
　　One of the row numbers 1 , 2 , 3 … is given for each question. Mark
　　Your answer in the same row of the answer sheet.

じゅけんばんごう　Examinee Registration Number	
なまえ　　Name	

もんだい 1 ＿＿＿＿の ことばは ひらがなで どう かきますか。

1・2・3・4から いちばん いい ものを ひとつ えらんで ください。

소요시간
7분

(れい) あしたは 雨ですか。

　　　　　1　はれ　　　　　2　あめ　　　　　3　ゆき　　　　　4　くもり

　　　　(かいとうようし)　| (れい) | ① ● ③ ④ |

1　さむいから まどを 閉めても いいですか。

　　1　あけても　　　　2　しめても　　　　3　とめても　　　4　やめても

2　今度 にほんへ やすみに いきます。

　　1　こんと　　　　　2　こんどう　　　　3　こんど　　　　4　いまど

3　ほんは とおか 以内に かならず かえして ください。

　　1　いがい　　　　　2　いぜん　　　　　3　いない　　　　4　いご

4　きのうの パーティーは とても 楽しかったです。

　　1　たのしかった　　2　かなしかった　　3　いそがしかった　　　4　やさしかった

5　バスに のりたいのに お金が 足りません。

　　1　たりません　　　2　たしりません　　3　だりません　　4　だしりません

6　おばあちゃんが 動く 犬の おもちゃを 買ってくれた。

　　1　なく　　　　　　2　とどく　　　　　3　はたらく　　　4　うごく

7　つくえの うえに 赤い りんごが あります。

　　1　しろい　　　　　2　あかい　　　　　3　くろい　　　　4　あおい

もんだい2 ＿＿＿の ことばは どう かきますか。

소요시간 5분

1・2・3・4から いちばん いい ものを ひとつ えらんで ください。

(れい) この ざっしを みて ください。

1 買て　　　　2 見て　　　　3 貝て　　　　4 目て

(かいとうようし)　| (れい) | ① ● ③ ④ |

---

8 おもい にもつは おくる ことに しました。

1 迷る　　　　2 遅る　　　　3 送る　　　　4 述る

9 まいにち、えきまで あるいて いきます。

1 歩いて　　　　2 走いて　　　　3 徒いて　　　　4 捗いて

10 かぞくと あきたけんへ りょこうに いきました。

1 料行　　　　2 族行　　　　3 旅行　　　　4 流行

11 すみません。ペンを かして ください。

1 賃して　　　　2 貨して　　　　3 資して　　　　4 貸して

12 ことしは きょねんより はやく さくらが さきました。

1 今年　　　　2 去年　　　　3 前年　　　　4 来年

もんだい3　(　　　)に　なにを　いれますか。

소요시간 7분

　　　　　　　1・2・3・4から　いちばん　いい　ものを　ひとつ　えらんで　ください。

(れい)　くるまが　3(　　　)　あります。

　　　　　　1　さつ　　　　　2　まい　　　　3　だい　　　　4　ひき

　　　(かいとうようし)　　| (れい) | ① ② ● ④ |

13　きのう　えきに　ちかい　(　　　)で　めがねを　買いました。

　　1　アルバイト　　　2　カレンダー　　　3　オートバイ　　　4　デパート

14　2月から　マラソンの　(　　　)を　はじめる　つもりです。

　　1　しゅうかん　　　2　れんしゅう　　　3　しゅみ　　　　4　けいけん

15　みせの　まえに　くるまを　(　　　)ないで　ください。

　　1　とめ　　　　　　2　うえ　　　　　3　やめ　　　　　4　なげ

16　しけんが　うまく　いくように　(　　　)　います。

　　1　こまって　　　　2　あやまって　　　3　いのって　　　4　みつかって

17　この　くすりは　(　　　)ので　のみたくありません。

　　1　あまい　　　　　2　わかい　　　　3　くらい　　　　4　にがい

18　きのうは　たくさん　うんどうをして　つかれたので　(　　　)　ねました。

　　1　ぐっすり　　　　2　はっきり　　　3　びっくり　　　4　すっかり

19　しゅうまつに　かぞく　みんなで　いえを　(　　　)ました。

　　1　てつだい　　　　2　かたづけ　　　3　むかえ　　　　4　のりかえ

20　どろぼうが　わたしの　かばんを　ぬすんで　(　　　)　いきました。

　　1　まわって　　　　2　きえて　　　　3　にげて　　　　4　とって

もんだい４　＿＿＿の　ぶんと　だいたい　おなじ　いみの　ぶんが　あります。
　　　　　　１・２・３・４から　いちばん　いい　ものを　ひとつ　えらんで　ください。

소요시간
3분

(れい)　あの　人は　うつくしいですね。

　　　　１　あの　人は　きれいですね。

　　　　２　あの　人は　元気ですね。

　　　　３　あの　人は　おもしろいですね。

　　　　４　あの　人は　わかいですね。

　　　　(かいとうようし)　│ (れい) │ ● ② ③ ④ │

21　ともだちに　にほんごを　おそわりました。

　　１　ともだちが　わたしに　にほんごを　ならいました。

　　２　ともだちが　わたしに　にほんごを　おしえました。

　　３　わたしが　ともだちに　にほんごを　はこびました。

　　４　わたしが　ともだちに　にほんごを　もらいました。

22　母への　おくりものを　さがして　います。

　　１　母に　わたす　てがみを　さがして　います。

　　２　母に　おくった　ものを　さがして　います。

　　３　母に　おくる　しゃしんを　さがして　います。

　　４　母に　わたす　プレゼントを　さがして　います。

23　あの　みせは　いつも　こんでいる。

　　１　あの　みせは　いつも　ひとが　多い。

　　２　あの　みせは　いつも　ものが　少ない。

　　３　あの　みせは　いつも　ひとが　少ない。

　　４　あの　みせは　いつも　ものが　ながい。

24 でんしゃが　えきを　でました。

1　でんしゃが　えきに　つきました。

2　でんしゃが　えきに　はいりました。

3　でんしゃが　えきを　しゅっぱつしました。

4　でんしゃが　えきを　りようしました。

もんだい 5　つぎの　ことばの　つかいかたで　いちばん　いい　ものを
　　　　　　　1・2・3・4から　ひとつ　えらんで　ください。

(れい)　おたく

　　　1　こんど　おたくに　遊びに　きて　　　　　　　　　　ください。
　　　2　また、おたくをする　ときは　おしえて　ください。
　　　3　もしもし、田中さんの　おたくですか。
　　　4　こどもには　おたくが　ひつようです。

(かいとうようし)　　| (れい) | ① ② ● ④ |

25　るす

　　1　さいきん　いそがしくて、　るすが　なかった。
　　2　バスに　のったが、　るすの　せきが　なかった。
　　3　家を　一週間ほど　るすに　します。
　　4　ひさしぶりに　やることがない　るすな　一日でした。

26　さがる

　　1　しらない　あいだに　コートの　ボタンが　ゆかに　さがって　しまいました。
　　2　あぶないですから　うしろに　いっぽ　さがって　ください。
　　3　あめが　ふったので　ふくが　さがって　しまいました。
　　4　さいきん　ごはんを　たべて　いないから　さがって　いました。

27　けんがく

　　1　ともだちを　いえに　けんがくして　いっしょに　あそびました。
　　2　じどうしゃ　こうじょうを　けんがくしに　いきました。
　　3　ちちは　まいにち　ニュースを　けんがくして　います。
　　4　わからない　ことばを　じしょで　けんがくした。

28 ちこく

1　かいぎに　ちこくして　社長に　おこられた。

2　ひこうきに　ちこくして　しまった。

3　メールが　ちこくに　なって　すみません。

4　彼の　うでどけいは　いつも　ちこくする。

N4

げんご　ち　しき　　　ぶんぽう　　　どっかい
言語知識 (文法) ・ 読解
ふん
(55分)

ちゅう　　い
注　意
Notes

し　けん　　はじ
1. 試験が始まるまで、この問題用紙を開けないでください。
　　Do not open this question booklet until the test begins.

もんだいよう　し　　も　　　かえ
2. この問題用紙を持って帰ることはできません。
　　Do not take this question booklet with you after the test.

じゅけんばんごう　な　まえ　した　らん　　じゅけんひょう　おな　　　か
3. 受験番号と名前を下の欄に、受験票と同じように書いてください。
　　Write your examinee registration number and name clearly in each
　　box below as written on your test voucher.

もんだいよう　し　　　　ぜん　ぶ
4. この問題用紙は、全部で 14 ページあります。
　　This question booklet has 14 pages.

もんだい　　　かいとうばんごう
5. 問題には解答番号の 1 、 2 、 3 … があります。解答は、解答
よう　し　　　　おな　　ばんごう
用紙にある同じ番号のところにマークしてください。
　　One of the row numbers 1 , 2 , 3 … is given for each question. Mark
　　Your answer in the same row of the answer sheet.

じゅけんばんごう
受験番号　Examinee Registration Number

な　まえ
名前　Name

もんだい1 (　　　)に　何を　入れますか。

소요시간 12분

　　　　　　　　1・2・3・4から　いちばん　いい　ものを　一つ　えらんで　ください。

(れい)　電車(　　　)　会社へ　行きます。

　　　　　　1　し　　　　　　2　と　　　　　　3　で　　　　　　4　に

(かいとうようし)　| (れい) | ① ② ● ④ |

1　父は　木(　　　)　椅子を　作りました。

　　1　も　　　　　　2　へ　　　　　　3　で　　　　　　4　が

2　わたしの　父は　怖いです。(　　　)　がんばった　ときは　ほめて　くれます。

　　1　それから　　　　2　それでは　　　　3　けれども　　　　4　ですから

3　仕事が　終わったら、みんなで　ビール(　　　)　飲みに　行きませんか。

　　1　でも　　　　　　2　や　　　　　　3　の　　　　　　4　しか

4　今日は　アルバイトが　休みなので、(　　　)　図書館で　勉強する　つもりです。

　　1　遅くより　　　　2　遅くまでに　　　3　遅く　　　　　4　遅くまで

5　友だちは　毎年　家族で　海外旅行に　行って　いるが、私は　海外に　一度も
(　　　)。

　　1　行かない　はずです　　　　　　2　行く　ことが　あります

　　3　行った　ことが　ない　　　　　4　行く　つもりだ

6　スプーンは　何本（なんぼん）（　　　）用意（ようい）すれば　いいですか。

　　1　しか　　　　　　2　より　　　　　　3　など　　　　　　4　ぐらい

7　明日は　朝（あさ）から　会議（かいぎ）が　あるので、いつもより　早（はや）く　会社に　（　　　）。

　　1　行かなければ　なりません　　　　2　行っては　いけません

　　3　行った　ことが　あります　　　　4　行って　あります

8　ぶどうを　ジャムに　（　　　）食（た）べてみた。

　　1　なって　　　　　2　して　　　　　3　されて　　　　4　させられて

9　A「昼（ひる）に　行った　レストラン　おいしかったですね。」

　　B「そうですね。また　（　　　）。」

　　1　行きました　　　2　行くようです　　3　行きたがります　　　4　行きましょう

10　A「もしもし、伊藤（いとう）ですが　渡辺（わたなべ）さんは　いらっしゃいますか。」

　　B「はい、すこし　（　　　）。」

　　1　おまちでしょう　　　　　　　　2　おまちでした

　　3　おまちください　　　　　　　　4　おまちになります

11　デパートで　おもちゃを　（　　　）泣（な）いて　いる　男の子を　見た。

　　1　ほしいように　　2　ほしそうで　　3　ほしいまま　　4　ほしがって

12 学生「この　2番の　問題を　教えて　(　　　)。」
　　先生「もちろんです。」

　　1　もらいますか　　　　　　　　2　くれましょうか
　　3　くれませんでしたか　　　　　4　くださいませんか

13 日本に　旅行に　(　　　)、　北海道は　どうですか。

　　1　行けば　　　　2　行くなら　　　3　行くと　　　　4　行ったら

もんだい 2　＿＿★＿＿に　入る　ものは　どれですか。

소요시간 5분

　　　　　1・2・3・4から　いちばん　いい　ものを　一つ　えらんで　ください。

（問題例）

すみません。＿＿＿＿ ＿＿＿＿ ＿★＿ ＿＿＿＿か。

　　　　　　1　です　　　　2　は　　　　　3　トイレ　　　4　どこ

（答え方）

1. 正しい　文を　作ります。

> すみません。＿＿＿＿ ＿＿＿＿ ＿★＿ ＿＿＿＿か。
>
> 　　　　　3　トイレ　　　2　は　　　　4　どこ　　　　1　です

2. ＿★＿に　入る　番号を　黒く　塗ります。

（解答用紙）　｜（例）｜① ② ③ ●｜

14　A「いつ　日本へ　行きますか。」

　　B「冬休み＿＿＿＿ ＿＿★＿ ＿＿＿＿ ＿＿＿＿予定です。」

　　1　行く　　　　　2　に　　　　　3　から　　　　4　なって

15　ここに＿＿＿＿ ＿＿＿＿ ＿＿★＿ ＿＿＿＿いけません。

　　1　ては　　　　2　を　　　　　3　すて　　　　4　ゴミ

16 この_____ ★ _____ _____ です。

1　映画は　　　　　2　見ても　　　　　3　おもしろい　　4　何回

17 A「学校の_____ _____ ★ _____いますか。」

B「9時だから、もう　しまって　いますよ。」

1　は　　　　　　　2　開いて　　　　　3　図書館　　　　4　まだ

もんだい3　18から21に　何を　入れますか。文章の　意味を　考えて、
1・2・3・4から　いちばん　いい　ものを　一つ　えらんで　ください。

つぎは　原田さんの　作文です。

私の　しゅみ

原田

　私の　しゅみは　おかし作りです。週末に　家で　作ります。クッキー　18　チーズケーキなど　いろいろな　おかしを　作ります。はじめは　むずかしそうだと　思いました。でも、作ってみると　思ったより　かんたんでした。

　私は　おかしを　作るための　とくべつな　道具を　持っていません。でも　家にある　道具で　おいしい　おかしを　作ることが　できます。19私は　ケーキを　焼いている　時間が　いちばん　好きです。ケーキが　20オーブンの　まどから　ケーキを　見ます。

　このまえ　チーズケーキを　ともだちに　作って　あげました。ともだちは　お店で　買った　おかしのようだと　とても　21。

18

   1   や   2   の

   3   も   4   へ

19

   1   だから   2   そして

   3   しかし   4   まだ

20

   1   焼けている   2   焼けてしまう

   3   焼けたかどうか   4   焼けたかもしれない

21

   1   よろこんでもらいました   2   よろこんだようです

   3   よろこんであげました   4   よろこんでくれました

もんだい４　つぎの（１）から（３）の文章を読んで、質問に答えてください。

소요시간
15분

答えは、１・２・３・４から、いちばんいいものを一つえらんでください。

（1）（会社で）

　山田さんのつくえの上にメモがあります。

山田さんへ

会社に来たら、コピー機(き)の会社に電話してください。

昨日(きのう)の夜からコピーができません。

電話をしようとしましたが、時間がおそくてできませんでした。

コピー機が直るまではとなりの部屋のコピー機を使ってください。

使い方が少しちがうので、説明書を山田さんのつくえの上に置きました。

使い方がわからないときは、よんでください。

よろしくお願いします。

高橋(たかはし)

22　山田さんは高橋さんから何をたのまれましたか。

　　1　となりの部屋のコピー機を見に行くこと

　　2　コピー機の使い方の説明書を作ること

　　3　となりの部屋で資料(しりょう)をコピーすること

　　4　コピー機の会社に電話すること

（2）

室内プール利用のお知らせです。

● 毎週火曜日から日曜日まで開いています。

● 開いている時間は午前9時から午後8時までです。

　午後7時30分からは、チケットを買うことができません。ご注意ください。

● プール内では、食べ物を食べないでください。飲み物を飲まないでください。

　（水以外は飲んではいけません。）

● かりた水着はかならず、受付に返してください。

● 来週から、プールが閉まる時間が午後7時30分に変わります。

　チケットは7時まで販売します。

23　プール利用のせつめいでただしいのはどれですか。

　　1　プールでは水を飲んではいけない。

　　2　毎週月曜日はプールに入ることができない。

　　3　来週から閉まる時間が午後7時に変わる。

　　4　受付で水着を買うことができる。

（3）

> 　きのう、友だちの家に遊びに行きました。友だちはねこを飼っています。わたしはねこを近くで見るのがはじめてだったので、ねこの頭をさわってみました。すると、急に目がかゆくなって、くしゃみがでました。そんなわたしを見た友だちは「それ、ねこアレルギーじゃない？」と言いました。あとで病院に行くことにして、友だちの家をでました。とてもかわいいねこだったのに……。とても悲しいです。

24　わたしが、悲しいですと言ったのはなぜですか。

　　1　こわくてねこをさわることができなかったから。

　　2　体が痛くなって、病院にいくことになったから。

　　3　友だちと遊ぶことができなかったから。

　　4　ねこをさわることができないかもしれないから。

もんだい5 つぎの文章を読んで、質問に答えてください。

答えは、１・２・３・４から、いちばんいいものを一つえらんでください。

　私は留学生に日本語を教えています。日本語の先生になりたいと思ったのは、大学生のころです。大学3年生の時、イギリスに1年間留学しました。そこでイギリス人の友達に日本語を勉強したいから教えてほしいと言われました。私は日本語に興味を持ってくれる人がいるのがうれしくて週に1回日本語を教えることにしました。教科書を1冊決めて、いっしょに勉強を始めました。友達はわからないことがあると、英語で質問してくれました。しかし、どの質問にもうまく答えることができませんでした。私は、日本人でも文法を教えるのは難しいんだと思いました。そして、もっと勉強して、もう一度外国の人に日本語を教えたいと思うようになりました。

　日本語の先生になって色々な国の留学生に日本語を教えていますが、学生からも色々な国のことをたくさん教えてもらっています。（　　　）。新しいことを知ることができるのはとても楽しいです。これからもたくさんの学生に出会いたいと思っています。そしていつかみんなの国に遊びに行くのが私の夢です。

25 この人はイギリスに留学したとき、何をしましたか。

1 大学で留学生に日本語を教えた。

2 友達に日本語の教科書を1冊あげた。

3 イギリス人の友達に日本語を教えた。

4 先生は英語で質問した。

26 筆者が日本語の文法を勉強したいと思うようになったのはなぜですか。

1 日本語に興味を持っている外国人にきちんと教えたかったから。

2 日本に関する質問にうまく答えられないのがはずかしかったから。

3 外国人の友だちが日本語の文法をあまり勉強しなかったから。

4 友だちのなかに日本語の先生が誰もいなかったから。

27 (　　　　)に入れるのに、いちばんいい文はどれですか。

1 またイギリスに留学に行きたいです

2 学生はいつも私が知らないことを教えてくれます

3 みんな日本語の勉強をがんばっています

4 どんな質問にも答えることができます

もんだい6　右のページの時間表を見て、下の質問に答えてください。

答えは、1・2・3・4から、いちばんいいものを一つえらんでください。

28　なかむらさんの学校はみかづき駅の近くにあります。なかむらさんの学校は今日、14時に終わります。なかむらさんは学校が終わってから、ほし山に行きたいです。どのバスに乗りますか。

1　102番

2　103番

3　104番

4　105番

29　たむらさんは今、ほし山にいます。今は16時です。ほし山からみかづき駅までバスで行った後、みかづき駅で電車に乗ります。20時までさくら駅に行きたいです。たむらさんは何時の電車に乗りますか。

1　16:10

2　17:00

3　18:10

4　19:40

今日の　バスの　時間

バス	みかづき駅　⇒　ほし山		ほし山　⇒　みかづき駅	
１０１番	10:00	12:00	15:30	17:30
１０２番	13:50	15:50	16:50	18:50
１０３番	14:00	16:00	17:50	19:50
１０４番	15:00	17:00	18:30	20:30
１０５番	17:00	19:00	19:20	21:20

今日の　電車の　時間

さくら駅　⇒　みかづき駅		みかづき駅　⇒　さくら駅	
13:00	13:20	16:10	16:30
14:30	14:50	17:00	17:20
15:00	15:20	18:10	18:30
16:00	16:20	19:40	20:00

N4

ちょうかい
聴解
ふん
(35分)

ちゅう　　　い
注　　意
Notes

1. 試験が始まるまで、この問題用紙を開けないでください。
   Do not open this question booklet until the test begins.

2. この問題用紙を持って帰ることはできません。
   Do not take this question booklet with you after the test.

3. 受験番号と名前を下の欄に、受験票と同じように書いてください。
   Write your examinee registration number and name clearly in each box below as written on your test voucher.

4. この問題用紙は、全部で 15 ページあります。
   This question booklet has 15 pages.

5. この問題用紙にメモをとってもいいです。
   You may make notes in this question booklet.

じゅけんばんごう
受験番号　Examinee Registration Number

なまえ
名前　　Name

もんだい1

　もんだい1では、まず　しつもんを　聞いて　ください。それから　話を　聞いて、もんだいようしの　1から4の　中から、いちばん　いい　ものを　一つ　えらんで　ください。

れい

1　とまる　ばしょを　よやくする

2　友だちを　あんないする

3　ひこうきに　のる

4　のりものを　きめる

1ばん

1

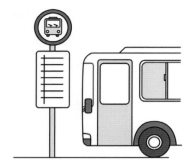

2

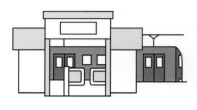

3

4

2ばん

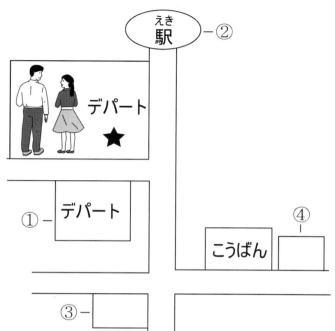

駅（えき） ― ②

デパート ★

① ― デパート

④

こうばん

③ ―

3ばん

1 4時（じ）

2 5時（じ）

3 6時（じ）

4 7時（じ）

4ばん

1

2

3

4

5ばん

6ばん

1

2

3

4

7ばん

1　20度
2　27度
3　28度
4　35度

8ばん

1　しろの　スポーツタオル

2　くろの　スポーツタオル

3　しろの　フェイスタオル

4　くろの　フェイスタオル

もんだい2

　もんだい2では、まず　しつもんを　聞いて　ください。そのあと、もんだいようしを　見て　ください。読む　時間が　あります。それから　話を　聞いて、もんだいようしの　1から4の　中から、いちばん　いい　ものを　一つ　えらんで　ください。

れい

1　おなかが　なおったから

2　びょういんに　行きたかったから

3　高い　ねつが　下がったから

4　くすりが　なかったから

1ばん

1　げつようびと　すいようびと　きんようび

2　かようび

3　かようびと　すいようび

4　きんようび

2ばん

1　かぎを　もっていくのを　わすれたから

2　じしょを　もって　いかなかったから

3　バスに　のれなかったから

4　へやに　かぎをかけるのを　わすれたから

3 ばん

1　シャワーを　こわしたから

2　シャワーが　きたなかったから

3　シャワーの　おゆが　出なかったから

4　シャワーの　水が　出なかったから

4 ばん

1　けいかん

2　サッカーせんしゅ

3　はいしゃさん

4　ケーキやさん

5ばん

1 　午前７時50分

2 　午前８時50分

3 　午前９時

4 　午前11時

6ばん

1 　えいがが　つまらなかったから

2 　マナーの　わるい　きゃくが　いたから

3 　人が多くて　うるさかったから

4 　こわい　えいがだったから

7 ばん

1 大人_{おとな}　3まいと　こども　1まい

2 大人_{おとな}　3まい

3 大人_{おとな}　2まいと　こども　1まい

4 大人_{おとな}　4まい

もんだい3

　もんだい3では、えを　見ながら　しつもんを　聞いて　ください。➡(やじるし)の　人は　何と　言いますか。1から3の　中から、いちばん　いい　ものを　一つ　えらんで　ください。

れい

1 ばん

2 ばん

3ばん

4ばん

5ばん

もんだい 4

　　もんだい 4 では、えなどが　ありません。まず　ぶんを　聞いて　ください。
それから、そのへんじを　聞いて、1 から 3 の　中から、いちばん　いい　ものを
一つ　えらんで　ください。

－　メモ　－

최신 기출 유형
N4 실전문제
제2회

1교시	언어지식(문자·어휘) 25분
1교시	언어지식(문법)·독해 55분
2교시	청해 35분

테스트 전 확인 사항

☐ 해답 용지 준비하셨나요?　　☐ 연필과 지우개 챙기셨나요?　　☐ 청해 음성 들을 준비하셨나요?

 제2회 청해 전체 음성 MP3
시원스쿨 일본어 홈페이지
(japan.siwonschool.com)의
수강신청>교재/MP3에서 무료 다운로드

 고득점 부스터 암기카드 PDF
시원스쿨 일본어 홈페이지
(japan.siwonschool.com)의
수강신청>교재/MP3에서 무료 다운로드

시험 시간: 1교시 80분 ｜ 2교시 35분

| 목표 점수: | 점 | | | |
| 시작 시간: | 시 | 분 ~ 종료 시간: | 시 | 분 |

📝 문자·어휘·독해

		문제유형	문항 및 배점	점수	총점
문자·어휘	문제1	한자 읽기	7문제 × 1점	7	28점
	문제2	표기	5문제 × 1점	5	
	문제3	문맥 규정	8문제 × 1점	8	
	문제4	유의 표현	4문제 × 1점	4	
	문제5	용법	4문제 × 1점	4	
문법	문제1	문법형식 판단	13문제 × 1점	13	21점
	문제2	문장 만들기	4문제 × 1점	4	
	문제3	글의 문법	4문제 × 1점	4	
독해	문제4	내용 이해(단문)	3문제×6점	18	48점
	문제5	내용 이해(중문)	3문제×6점	18	
	문제6	정보 검색	2문제×6점	12	
합계					97점

★ 득점환산법(120점 만점) [득점] ÷ 97 × 120 =[   ]점

🎧 청해

		문제유형	문항 및 배점	점수	총점
청해	문제1	과제 이해	8문제 × 2점	16	56점
	문제2	포인트 이해	7문제 × 2점	14	
	문제3	발화 표현	5문제 × 2점	10	
	문제4	즉시 응답	8문제 × 2점	16	
합계					56점

★ 득점환산법(60점 만점) [득점] ÷ 56 × 60=[   ]점

※위 배점표는 시원스쿨어학연구소가 작성한 것으로 실제 시험과는 다소 오차가 있을 수 있습니다.

N4

げんごちしき(もじ・ごい)
(25ふん)

ちゅうい
Notes

1. しけんが はじまるまで、この もんだいようしを あけない で ください。

   Do not open this question booklet until the test begins.

2. この もんだいようしを もって かえる ことは できません。

   Do not take this question booklet with you after the test.

3. じゅけんばんごうと なまえを したの らんに、じゅけんひ ょうと おなじように かいて ください。

   Write your examinee registration number and name clearly in each box below as written on your test voucher.

4. この もんだいようしは、 ぜんぶで 7ページ あります。

   This question booklet has 7 pages.

5. もんだいには かいとうばんごうの 1 、 2 、 3 …が あります。かいとうは、かいとうようしに ある おなじ ばんごう の ところに マークして ください。

   One of the row numbers 1 , 2 , 3 … is given for each question. Mark Your answer in the same row of the answer sheet.

じゅけんばんごう　Examinee Registration Number	
なまえ　Name	

もんだい1 _____の ことばは ひらがなで どう かきますか。

（소요시간 7분）

1・2・3・4から いちばん いい ものを ひとつ えらんで ください。

（れい） あしたは 雨ですか。

1 はれ 　　　 2 あめ 　　　 3 ゆき 　　　 4 くもり

（かいとうようし） | （れい） | ① ● ③ ④ |

---

1 これからも お世話に なります。

1 せいわ 　　　 2 よわ 　　　 3 よはなし 　　　 4 せわ

2 しまと しまの 間を およいで わたります。

1 ま 　　　 2 あいだ 　　　 3 うち 　　　 4 かん

3 これは レストランの 主人が つくった りょうりだ。

1 しゅうにん 　　 2 しゅにん 　　 3 しゅうじん 　　 4 しゅじん

4 このあと 今日の 天気予報を つたえます。

1 ようぼう 　　 2 ようほ 　　 3 よほ 　　 4 よほう

5 あした ごぜん 9時から かいぎを 行います。

1 かよいます 　 2 おこないます 　 3 ならいます 　 4 つかいます

6 まどを あけて きれいな 空気を すいたい。

1 くき 　　　 2 こうき 　　　 3 くうき 　　　 4 こき

7 これは なかなか 便利な どうぐだね。

1 ふんりな 　　 2 へんりな 　　 3 べんりな 　　 4 ぶんりな

もんだい 2 _____の ことばは どう かきますか。

1・2・3・4から いちばん いい ものを ひとつ えらんで ください。

(れい) この ざっしを みて ください。

1 買て　　　　2 見て　　　　3 貝て　　　　4 目て

(かいとうようし)　│ (れい)　① ● ③ ④ │

---

8 きのう かれしと わかれました。

1 分れました　　2 転れました　　3 別れました　　4 離れました

9 ここで すこし まって いて ください。

1 持って　　　　2 侍って　　　　3 待って　　　　4 特って

10 そらを 見たら とりが たくさん とんで いました。

1 島　　　　2 魚　　　　3 鳥　　　　4 烏

11 この お店の てんいんは みんな しんせつです。

1 親切　　　　2 親接　　　　3 新切　　　　4 新接

12 <ruby>高校生<rt>こうこうせい</rt></ruby>の ころ ここの しょくどうで よく ごはんを たべました。

1 食党　　　　2 食道　　　　3 食同　　　　4 食堂

もんだい3 （　　　）に　なにを　いれますか。

소요시간 7분

1・2・3・4から　いちばん　いい　ものを　ひとつ　えらんで　ください。

(れい)　くるまが　3（　　　）　あります。

　　　　　1　さつ　　　　　2　まい　　　　　3　だい　　　　　4　ひき

(かいとうようし)　　(れい)　① ② ● ④

13　この　プールは　（　　　）ので、　こどもが　およいでも　あんぜんです。

　　1　あさい　　　　　2　ひろい　　　　　3　つめたい　　　　4　ふかい

14　かれは　先生から　もらった　ペンを　（　　　）に　している。

　　1　ひつよう　　　　2　ねっしん　　　　3　だいじ　　　　　4　なるほど

15　やくそくの　じかんに　おくれた　かのじょは　「ごめんなさい」と（　　　）。

　　1　ふった　　　　　2　うかがった　　　3　ならった　　　　4　あやまった

16　ははからの　プレゼントが　きょう　（　　　）。

　　1　かぞえた　　　　2　とどいた　　　　3　さそった　　　　4　あんないした

17　スーパーの　（　　　）で　1,000円を　はらいました。

　　1　スクリーン　　　2　ワープロ　　　　3　レジ　　　　　　4　レポート

18　この　テレビは　ふるいので　ねだんは　（　　　）　たかく　ありませんよ。

　　1　たまに　　　　　2　よく　　　　　　3　やっと　　　　　4　あまり

19　わたしの　うちから　かいしゃまで　1じかんぐらい　（　　　）。

　　1　かえります　　　2　かかります　　　3　あるきます　　　4　はしります

20　その　おかしは　かたいから、　よく　（　　　）　食べて　ください。

　　1　つけて　　　　　2　おして　　　　　3　かんで　　　　　4　ふんで

もんだい４ ＿＿＿の ぶんと だいたい おなじ いみの ぶんが あります。

1・2・3・4から いちばん いい ものを ひとつ えらんで ください。

（れい） あの 人は うつくしいですね。

　　　　1 あの 人は きれいですね。

　　　　2 あの 人は 元気ですね。

　　　　3 あの 人は おもしろいですね。

　　　　4 あの 人は わかいですね。

（かいとうようし）

| （れい） | ● | ② | ③ | ④ |

---

21 雨が ふっているので うんどうかいは ちゅうしです。

　　1 雨が ふっているので うんどうかいは やりません。

　　2 雨が ふっても うんどうかいを します。

　　3 雨が ふっているので きをつけて うんどうかいを しましょう。

　　4 雨が ふったら うんどうかいは ちがう ひに します。

22 ごはんが ひえて しまいました。

　　1 ごはんが もう つめたく ありません。

　　2 ごはんが つめたく なって しまいました。

　　3 ごはんが よごれて しまいました。

　　4 ごはんが しずかに なって しまいました。

23 どんな かっこうでも かまいません。

　　1 きまった ふくを きて ください。

　　2 どんな ふくでも よく ありません。

　　3 どんな ふくを きても いいです。

　　4 きれいな ふくを きて ください。

24 おおさかは　でんしゃを　りようする　人が　多いです。

1　おおさかは　でんしゃの　かずが　多いです。

2　おおさかには　でんしゃに　くわしい　人が　たくさん　います。

3　おおさかには　でんしゃが　すきな　人が　たくさん　います。

4　おおさかは　でんしゃに　のる　人が　多いです。

もんだい5　つぎの　ことばの　つかいかたで　いちばん　いい　ものを

소요시간 3분

　　　　　　　　1・2・3・4から　ひとつ　えらんで　ください。

(れい)　おたく

　　　　1　こんど　おたくに　遊びに　きてください。

　　　　2　また、おたくをする　ときは　おしえて　ください。

　　　　3　もしもし、田中さんの　おたくですか。

　　　　4　こどもには　おたくが　ひつようです。

　　　　(かいとうようし)　│(れい)│① ② ● ④│

25　しっかり

　1　ゲームばかり　して　ないで　しっかり　仕事を　して　ください。

　2　少し　みない　あいだに　かれは　しっかり　かわって　しまいました。

　3　きょうは　天気が　いいので　しっかり　さむく　ないです。

　4　この　えいがは　しっかり　いって　おもしろく　ないです。

26　ふえる

　1　あさ　おきると　家の　そとに　ある　車に　ゆきが　ふえて　いました。

　2　あたまから　あしもとまで　ぜんぶ　雨に　ふえて　さむいです。

　3　おかしを　たくさん　たべて　体が　ふえたら　けんこうに　よくないです。

　4　私たちが　かえる　ころには　おまつりの　会場に　だんだん　人が　ふえて　きました。

27　ねぼう

　1　家の　ふろばで　ころんで　てを　ねぼうして　しまいました。

　2　たくさん　ありますから　ねぼうしないで　めしあがってください。

　3　きのう　おそくまで　テレビを　見ていたから　けさ　ねぼう　した。

　4　あなたたちが　昨日、がっこうで　していた　けんかの　ねぼうは　なんですか。

[28] こまかい

1 この　みちは　<u>こまかいので</u>　車では　とおれません。

2 あかちゃんの　ごはんを　作るために　やさいを　<u>こまかく</u>　きりました。

3 川が　おもったより　<u>こまかいので</u>　大人と　いっしょに　行きましょう。

4 大きくて　<u>こまかい</u>　木に　そだてるには　じかんが　かかります。

N4

言語知識（文法）・読解

(55分)

じゅけんばんごう 受験番号　Examinee Registration Number	

なまえ 名前　　Name	

もんだい1　(　　　　)に　何を　入れますか。
소요시간 12분
　　　　　　　　　1・2・3・4から　いちばん　いい　ものを　一つ　えらんで　ください。

(れい)　電車(　　　)　会社へ　行きます。

　　　　　　　1　し　　　　　2　と　　　　　3　で　　　　　4　に

(かいとうようし)　| (れい) | ① ② ● ④ |

---

① おいしい　ケーキを　もらったので、　2つ(　　　)　食べた。

　1　に　　　　　　2　の　　　　　　3　や　　　　　4　も

② つかれて　いるので、10分(　　　)　休んでも　いいですか。

　1　より　　　　　2　だけ　　　　　3　ずつ　　　　　4　しか

③ 3時から　会議が　あるので、これを　コピー(　　　)　ください。

　1　して　おいて　　2　して　くれて　　3　しなくて　　　4　して　あって

④ A「(　　　)　あの　とき　助けて　くれたんですか。」
　 B「それは　友だち　だから　ですよ。」

　1　どんなに　　　　2　どうして　　　3　いくら　　　4　どのくらい

⑤ 明日、娘の　卒業式が　(　　　)。

　1　行います　　　　2　行きます　　　3　行われます　　4　行いました

6 眠りたい(　　　) 眠れない　時は、どうすれば　いいですか。

　　1　ので　　　　　　　2　のに　　　　　　3　には　　　　　4　ても

7 家に　財布を　忘れたので、　母に　財布を　(　　　)。

　　1　もってきてくれました　　　　　　2　もってきてもらいました
　　3　もってきてあげました　　　　　　4　もってきていただきました

8 先週(　　　) 違って、今週は　ずっと　雨が　ふっている。

　　1　に　　　　　　　2　が　　　　　　3　も　　　　　4　と

9 夏休みに　(　　　)、海外に　遊びに　行こうと　思って　います。

　　1　なったら　　　　2　なるかどうか　3　なったり　　　4　なることにして

10 A「この　ドラマの　主題歌を　歌って　いる　歌手が　だれか　知って　いますか。」
　　B「いいえ、(　　　)。だれですか。」

　　1　知りません　　　　　　　　　　2　知りないです
　　3　知って　いません　　　　　　　4　知って　いないです

11 A「一緒に　この　ニュースに　ついて　話しませんか。」
　　B「いいですね。(　　　) わたしから　はじめても　いいですか。」

　　1　それから　　　　2　それに　　　3　それでは　　　4　そして

12　わからない　ことが　あっても　（　　　）　自分で　考えて　みて　ください。

　　1　やっと　　　　　　2　なかなか　　　　3　きっと　　　　　4　まず

13　れいぞうこに　（　　　）　食べて　いない　やさいが　たくさん　はいって　いる。

　　1　買った　まま　　2　買う　あいだ　　3　買う　とき　　4　買いそうで

もんだい2 ＿＿★＿＿に 入る ものは どれですか。

소요시간
5분
　1・2・3・4から いちばん いい ものを 一つ えらんで ください。

(問題例)

すみません。＿＿＿＿ ＿＿＿＿ ★ ＿＿＿＿か。

　　　　　　　1　です　　　　　2　は　　　　　　3　トイレ　　　　4　どこ

(答え方)

1. 正しい 文を 作ります。

> すみません。＿＿＿＿ ＿＿＿＿ ★ ＿＿＿＿か。
>
> 　　　　　　3　トイレ　　　2　は　　　　　4　どこ　　　　　1　です

2. ＿★＿に 入る 番号を 黒く 塗ります。

　　　　　　　　　　　　(解答用紙)　　(例)　① ② ③ ●

---

14 今日は 母の＿＿＿＿ ＿＿＿＿ ★ ＿＿＿＿買って 帰ります。

　　1　ケーキ　　　　　2　なので　　　3　を　　　　　4　誕生日

15 仕事が 終わったら＿＿＿＿ ＿＿＿＿ ★ ＿＿＿＿と 思います。

　　1　ほうが　　　　　2　いい　　　　3　すぐ　　　　4　帰った

16 この 部分を_____ ___★___ _____ _____よく わかりません。

　1　いいか　　　　　2　説明　　　　　3　どうやって　　4　すれば

17 A「明日　いっしょに_____ _____ ___★___ _____行きませんか。」
　B「ええ、行きましょう。」

　1　に　　　　　　　2　おちゃ　　　　3　のみ　　　　　4　を

もんだい3　　18 から 21 に　何を　入れますか。文章の　意味を　考えて、
〔소요시간 8분〕　　　１・２・３・４から　いちばん　いい　ものを　一つ　えらんで　ください。

　日本一　安い　自動販売機が　大阪に　あります。ジュースが　1本　10円
で　18 。安すぎる　自動販売機の　前には　毎日　たくさんの　人が　並んで
います。どうして　こんなに　安く　19 のでしょうか。

　その　理由は　ジュースの　日付です。食品は　日付が　古くなると　売れま
せん。20 　売れない　よりは　安く　売った　ほうがいいと　大阪の　会社の
社長が　考えました。

　まだ　食べられる　食品を　捨てるのは　よく　ありません。この方法なら、最
近、ニュースで　よく　聞く　「食品ロス」を　減らせるでしょう。

　社長の　話に　21 　なかなか　もうけは　出ないそうです。でも　このような
行動が　これから　役に立つはずです。

18

1 売られて　います　　　　　2 買わせて　います
3 売ります　　　　　　　　　4 買います

19

1 した　ことが　ある　　　　2 する　ことが　できる
3 したら　よい　　　　　　　4 すれば　できる

20

1 それに　　　　　　　　　　2 しかし
3 だから　　　　　　　　　　4 すると

21

1 だけ　　　　　　　　　　　2 では
3 ついて　　　　　　　　　　4 よると

もんだい4　つぎの（１）から（３）の文章を読んで、質問に答えてください。

소요시간
15분　　答えは、１・２・３・４から、いちばんいいものを一つえらんでください。

（1）

田村さんにメールがきました。

田村さん

今日の食事のやくそくですが、

急な仕事が入って会社に行かなければならなくなりました。

すみませんが、やくそくを来週の19日に変えることはできますか。

その日の午前中ならいつでも大丈夫です。

ただ、午後は仕事が入っています。

お返事、お待ちしております。

天野

22　天野さんが田村さんにメールを書いた理由は何ですか。

1　会社に行く日を田村さんに知らせたいから。

2　会う日付を変えてもらいたいから。

3　急な仕事が入って会社に行かなければならないから。

4　田村さんと今日、食事に行きたいから。

(2)

　さくら市では外国人に向けた相談センターを作ることを決めました。ここ数年、市役所に生活の色々な相談をしに来る外国人が増えましたが、市役所に外国語が話せるスタッフが少ないため、相談に来た人を長く待たせてしまうことが問題になっていました。そこで、英語、中国語、韓国語、ベトナム語を話せるスタッフがいる専門相談センターを作ることにしました。これをきっかけに、さくら市に住む外国人がより増えるのではないかと、市は期待しています。

23　さくら市は、なぜ外国人が増えると期待しているのですか。

　　1　相談するのが便利になるから。
　　2　案内してくれるスタッフがいるから。
　　3　日本語で相談ができるようになるから。
　　4　相談所が今より多くなるから。

（３）

　　わたしはいつも、財布（さいふ）を持って学校へ行きます。とてもかわいい、星（ほし）の絵（え）がある
むらさき色（いろ）の財布です。今日も財布をもって学校に行きました。わたしの友だちも
むらさきの財布を持っていますが、友だちの財布にはハートの絵があります。学校
が終わったあと、わたしはバスに乗るために自分の財布を出しました。その財布に
はハートの絵がありました。わたしはとてもおどろきました。そして、いそいで学
校へ帰りました。

24　わたしはどうしていそいで学校へ行きましたか。

　　1　財布を家においてきてしまったから。

　　2　友だちの財布を忘れてしまったから。

　　3　友だちの財布を持ってきてしまったから。

　　4　財布を学校においてきてしまったから。

もんだい5　つぎの文章を読んで、質問に答えてください。

〔소요시간 10분〕　答えは、1・2・3・4から、いちばんいいものを一つえらんでください。

　私の将来の夢はパティシエになることです。パティシエとは、ケーキやクッキーなどを作るお仕事です。パティシエになろうと思ったのは小学生のころです。小学生のころ、料理の授業がありました。そこで私ははじめてケーキを作りました。先生が作る方法をわかりやすく教えてくれたので、きれいに作ることができました。できたケーキは仲のいい友だちにあげました。友だちは私に「これ、すごくおいしいよ。もっと食べたい。」と言ってくれました。私が作ったものを誰かがおいしいと言ってくれたことがはじめてだったのでとても嬉しかったです。それから、私はケーキを作ることが好きになり、パティシエという夢をもつようになりました。

　今、私は高校に通っています。そして、毎週土曜日は料理教室に行ってケーキを作る勉強をしています。小学生のときよりも作れるケーキの種類がふえました。もっとケーキのことをたくさん勉強して、すてきなパティシエになれるようにこれからもがんばります。そして、パティシエになったらいろいろな人においしいケーキをプレゼントしてあげたいです。

25 パティシエとはどんな仕事ですか。

    1 料理を作る夢をもつ仕事
    2 甘いデザートを作る仕事
    3 料理を子どもに教える仕事
    4 甘いデザートをプレゼントする仕事

26 なぜ「とても嬉しかったです」と思いましたか。

    1 友だちがパティシエになれると言ってくれたから。
    2 はじめて作ったケーキがきれいにできたから。
    3 私が作ったケーキを友だちがおいしいと言ったから。
    4 先生がケーキを作る方法を教えてくれたから。

27 「私」は今何をしていますか。

    1 いろんな人にケーキを作ってあげています。
    2 学校に通いながら料理教室で勉強しています。
    3 料理教室でケーキの作り方を教えています。
    4 仲のいい友だちと毎週土曜日料理教室に通っています。

もんだい6 **右のページのテレビ番組表を見て、下の質問に答えてください。**

答えは、1・2・3・4から、いちばんいいものを一つえらんでください。

> 소요시간
> 5분

28 田中さんは今日、サッカーの試合が見たいです。何時に何テレビを見ればいいですか。

1 18時からCテレビ

2 20時半からAテレビ

3 21時からBテレビ

4 22時からAテレビ

29 鈴木さんはニュース番組が大好きです。毎日、ニュース番組を見ます。鈴木さんにおすすめのテレビは何テレビですか。

1 Aテレビ、Cテレビ

2 Aテレビ

3 Cテレビ

4 Bテレビ、Cテレビ

これは今日10月12日(火曜日)のテレビ番組表です。

	5	Aテレビ	8	Bテレビ	10	Cテレビ
18	00 55	まいにちニュース みんなのうた	00	火曜ドラマ「警察官(けいさつかん)24」第3話	00	今日のスポーツ(サッカー、野球、テニスを学(まな)ぼう)
19	00	七時のニュース ▽最新(さいしん)のニュースをお伝えします	00 30	ニュース一番 お願い！ランキング 気になるあの人！話題(わだい)の場所！今人気(にんき)のレストランまで…	00 10	一週間の天気 ミュージックステージ (今、人気(にんき)の曲(きょく)ベスト3を発表)
20	00 30	海外(かいがい)ニュース スポーツ世界大会 野球1位決定(けってい)「日本対韓国(かいせつ)」解説(ひらた)：平田	00	日本スペシャル「東京スカイツリー」高さ634メートル、世界一高いタワーでどんな景色(しき)(け)が見えるのか	00	クイズみんなに質問、1億人に聞いてみた！？スペシャル
21			00	2024FIFAサッカー「日本対オーストラリア」もう絶対に負けられない！解説(かいせつ)：松木(まつき)	00 20	明日の天気 火曜ぐるぐるめ 東京の人気店「日本一(にんきてん)」チャーハンvsラーメン！？
22	00	みんなで映画「イヌとネコの時間」 出演(しゅつえん)　木緑光 岩間りこ　砂利チエ 鈴木二郎　青木加奈			20	日本の昔ばなし＃2 「おむすびころりん」 「つるのおんがえし」 「かぐやひめ」

N4

ちょうかい
聴解
ふん
(35分)

ちゅう　　　い
注　意
Notes

1. 試験が始まるまで、この問題用紙を開けないでください。
   Do not open this question booklet until the test begins.

2. この問題用紙を持って帰ることはできません。
   Do not take this question booklet with you after the test.

3. 受験番号と名前を下の欄に、受験票と同じように書いてください。
   Write your examinee registration number and name clearly in each box below as written on your test voucher.

4. この問題用紙は、全部で 15 ページあります。
   This question booklet has 15 pages.

5. この問題用紙にメモをとってもいいです。
   You may make notes in this question booklet.

じゅけんばんごう
受験番号　Examinee Registration Number

なまえ
名前　Name

もんだい1

　もんだい1では、まず　しつもんを　聞（き）いて　ください。それから　話（はなし）を　聞（き）いて、もんだいようしの　1から4の　中（なか）から、いちばん　いい　ものを　一（ひと）つ　えらんで　ください。

れい

1　とまる　ばしょを　よやくする

2　友（とも）だちを　あんないする

3　ひこうきに　のる

4　のりものを　きめる

1ばん

1

2

3

4

2ばん

1 まんがを持っていく

2 しょうせつを読む

3 きょうしつに行く

4 しょうせつを買いに行く

3ばん

1 5つ

2 4つ

3 3つ

4 2つ

4ばん

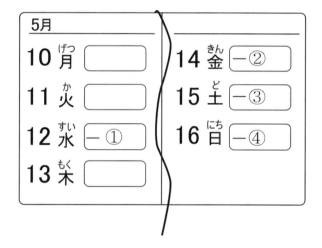

5ばん

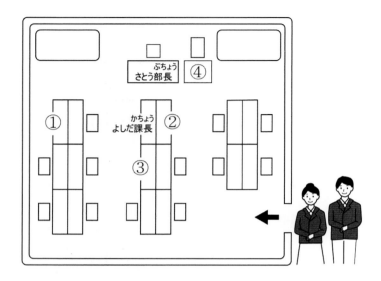

6ばん

1

2

3

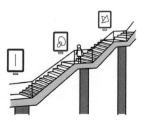

4

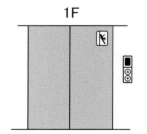

7ばん

1

2

3

4

8ばん

1　えい語で　にっきを　つける

2　みじかい　ほんを　読む

3　えい語で　さくぶんを　書く

4　にほん語で　にっきを　つける

もんだい2

　もんだい2では、まず　しつもんを　聞いて　ください。そのあと、もんだいようしを　見て　ください。読む　時間が　あります。それから　話を　聞いて、もんだいようしの　1から4の　中から、いちばん　いい　ものを　一つ　えらんで　ください。

れい

1　おなかが　なおったから

2　びょういんに　行きたかったから

3　高い　ねつが　下がったから

4　くすりが　なかったから

1ばん

1　あたまが　おもかったから

2　きゅうに　きりたくなったから

3　ずっと　みじかく　したかったから

4　にあうと　おもったから

2ばん

1　りんごと　こおり

2　りんごと　バナナ

3　バナナと　いちご

4　いちごと　ぎゅうにゅう

3ばん

1 　1くみと　2くみの　きょうしつ

2 　2かいの　りかしつ

3 　2かいの　がくしゅうしつA

4 　3がいの　がくしゅうしつB

4ばん

1 　としょかんの　外にある　はこ

2 　としょかんの　うけつけ

3 　としょかんの　中にある　はこ

4 　としょかんの　入り口

5ばん

1　はしってきた

2　お父_{とう}さんの　車_{くるま}で　きた

3　お母_{かあ}さんの　車_{くるま}で　きた

4　じてんしゃで　きた

6ばん

1　大雨_{おおあめ}が　ふっているから

2　かさの　水_{みず}で　ぬれて　あぶないから

3　エレベーターが　こしょうしたから

4　こうじを　しているから

7 ばん

1 あおい　くすり

2 白_{しろ}い　くすり

3 あかい　くすり

4 白_{しろ}い　くすりと　あかい　くすり

もんだい3

　もんだい3では、えを 見ながら しつもんを 聞いて ください。➡(やじる
し)の 人は 何と 言いますか。1から3の 中から、いちばん いい ものを
一つ えらんで ください。

れい

1ばん

2ばん

3 ばん

4 ばん

5ばん

もんだい4

　　もんだい4では、えなどが　ありません。まず　ぶんを　聞いて　ください。
それから、そのへんじを　聞いて、1から3の　中から、いちばん　いい　ものを
一つ　えらんで　ください。

－　メモ　－

최신 기출 유형
N4 실전문제
제3회

1교시 언어지식(문자·어휘) 25분
1교시 언어지식(문법)·독해 55분
2교시 청해 35분

테스트 전 확인 사항

☐ 해답 용지 준비하셨나요?　　　☐ 연필과 지우개 챙기셨나요?　　　☐ 청해 음성 들을 준비하셨나요?

제3회 청해 전체 음성 MP3
시원스쿨 일본어 홈페이지
(japan.siwonschool.com)의
수강신청>교재/MP3에서 무료 다운로드

고득점 부스터 암기카드 PDF
시원스쿨 일본어 홈페이지
(japan.siwonschool.com)의
수강신청>교재/MP3에서 무료 다운로드

시험 시간: 1교시 80분 ｜ 2교시 35분

목표 점수:	점		
시작 시간:	시	분 ~ 종료 시간:	시　　　분

문자·어휘·독해

		문제유형	문항 및 배점	점수	총점
문자·어휘	문제1	한자 읽기	7문제 × 1점	7	28점
	문제2	표기	5문제 × 1점	5	
	문제3	문맥 규정	8문제 × 1점	8	
	문제4	유의 표현	4문제 × 1점	4	
	문제5	용법	4문제 × 1점	4	
문법	문제1	문법형식 판단	13문제 × 1점	13	21점
	문제2	문장 만들기	4문제 × 1점	4	
	문제3	글의 문법	4문제 × 1점	4	
독해	문제4	내용 이해(단문)	3문제×6점	18	48점
	문제5	내용 이해(중문)	3문제×6점	18	
	문제6	정보 검색	2문제×6점	12	
합계					97점

★ 득점환산법(120점 만점) [득점] ÷ 97 × 120 =[   ]점

🎧 청해

		문제유형	문항 및 배점	점수	총점
청해	문제1	과제 이해	8문제 × 2점	16	56점
	문제2	포인트 이해	7문제 × 2점	14	
	문제3	발화 표현	5문제 × 2점	10	
	문제4	즉시 응답	8문제 × 2점	16	
합계					56점

★ 득점환산법(60점 만점) [득점] ÷ 56 × 60=[   ]점

※위 배점표는 시원스쿨어학연구소가 작성한 것으로 실제 시험과는 다소 오차가 있을 수 있습니다.

N4

げんごちしき(もじ・ごい)
(25ふん)

ちゅうい
Notes

1. しけんが　はじまるまで、この　もんだいようしを　あけない
　　で　ください。
　　Do not open this question booklet until the test begins.

2. この　もんだいようしを　もって　かえる　ことは　できません。
　　Do not take this question booklet with you after the test.

3. じゅけんばんごうと　なまえを　したの　らんに、じゅけんひ
　　ょうと　おなじように　かいて　ください。
　　Write your examinee registration number and name clearly in each
　　box below as written on your test voucher.

4. この　もんだいようしは、　ぜんぶで　7ページ　あります。
　　This question booklet has 7 pages.

5. もんだいには　かいとうばんごうの 1 、 2 、 3 …が　あります
　　す。かいとうは、かいとうようしに　ある　おなじ　ばんごう
　　の　ところに　マークして　ください。
　　One of the row numbers 1 , 2 , 3 … is given for each question. Mark
　　Your answer in the same row of the answer sheet.

じゅけんばんごう　Examinee Registration Number	

なまえ　Name	

もんだい1　＿＿＿＿の　ことばは　ひらがなで　どう　かきますか。

【소요시간 7분】

　　　　　　　1・2・3・4から　いちばん　いい　ものを　ひとつ　えらんで　ください。

(れい)　あしたは　雨ですか。

　　　　　　1　はれ　　　　　　2　あめ　　　　　3　ゆき　　　　　4　くもり

　　　(かいとうようし)　　| (れい)　| ①　● ③ ④ |

1　今日は　あさから　曇って　います。

　　　1　ふって　　　　　　2　ひかって　　　　3　くもって　　　4　さがって

2　ぼくは　クラスの　なかで　いちばん　背が　低いです。

　　　1　たかい　　　　　2　かたい　　　　　3　にくい　　　　4　ひくい

3　つぎの　駅で　急行電車に　のって　ください。

　　　1　きゅうこう　　2　ぎゅこう　　　3　きゅこう　　　4　きゅうぎょう

4　わたしは　まいあさ　こうえんで　運動を　します。

　　　1　れんど　　　　　2　うんとう　　　3　うんどう　　　4　うんど

5　小説を　よむのが　すきです。

　　　1　しょせつ　　　2　しょうぜつ　　3　しょぜつ　　　4　しょうせつ

6　その日は　都合が　わるいので　さんか　できません。

　　　1　とごう　　　　　2　とあい　　　　3　つごう　　　　4　ばあい

7　わたしは　この　かわを　泳いで　わたる　ことが　できる。

　　　1　かいで　　　　　2　さわいで　　　3　いそいで　　　4　およいで

もんだい2　　＿＿＿の　ことばは　どう　かきますか。

소요시간 5분

　　　　　　1・2・3・4から　いちばん　いい　ものを　ひとつ　えらんで　ください。

(れい)　この　ざっしを　みて　ください。

　　　　1　買て　　　　　2　見て　　　　　3　貝て　　　　　4　目て

　　　　(かいとうようし)　　| (れい) | ① | ● | ③ | ④ |

8　ともだちの　かわりに　てがみを　かきました。

　　1　代わり　　　　2　休わり　　　　3　変わり　　　　4　伏わり

9　わたしは　あねに　しゅくだいを　てつだって　もらいました。

　　1　姉　　　　　2　娘　　　　　3　妹　　　　　4　好

10　明日は　父の　たんじょうびなので、りょうりを　つくる　よていです。

　　1　料里　　　　2　科理　　　　3　料理　　　　4　科里

11　いま　とても　ねむいです。

　　1　睡い　　　　2　眠い　　　　3　昵い　　　　4　眼い

12　せんぱいに　しゃかい　せいかつの　けいけんを　きいた。

　　1　経験　　　　2　計験　　　　3　経検　　　　4　営験

もんだい3　(　　　)に　なにを　いれますか。
1・2・3・4から　いちばん　いい　ものを　ひとつ　えらんで　ください。

（소요시간 7분）

(れい)　くるまが　3(　　　)　あります。

　　　　　　1　さつ　　　　　2　まい　　　　　3　だい　　　　　4　ひき

　　　(かいとうようし)　　| (れい) | ① ② ● ④ |

13　かんこくの　たべものの　なかでも　(　　　)　キムチが　すきだ。

　　1　すっかり　　　　　2　ほとんど　　　　　3　はっきり　　　　　4　とくに

14　二つを　よく　(　　　)　より　自分に　にあう　ふくを　買った。

　　1　つたえて　　　　　2　くらべて　　　　　3　かぞえて　　　　　4　はらって

15　きゅうに　さむくなってきたので　あたらしい　(　　　)を　かいました。

　　1　てぶくろ　　　　　2　ゆびわ　　　　　3　しゃしん　　　　　4　めがね

16　しゅくだいが　むずかしくて　(　　　)　います。

　　1　みつかって　　　　2　あやまって　　　　3　こまって　　　　4　いのって

17　この　コンビニの　(　　　)は　いつも　やさしいです。

　　1　きょういく　　　　2　じむしょ　　　　3　せんしゅ　　　　4　てんいん

18　かれは　やくそくした　じかんを　まもる　人です。(　　　)　ちこくしません。

　　1　かならず　　　　　2　けっして　　　　　3　なるべく　　　　　4　やっと

19　きょうは　(　　　)から　映画でも　みに　いきましょうか。

　　1　ふべんだ　　　　　2　ひまだ　　　　　3　すてきだ　　　　　4　ふくざつだ

20　車が　とおる　道の　そばで　あそぶのは　(　　　)ですよ。

　　1　あぶない　　　　　2　いそがしい　　　　3　ぬるい　　　　　4　くるしい

もんだい 4　_____の　ぶんと　だいたい　おなじ　いみの　ぶんが　あります。
1・2・3・4から　いちばん　いい　ものを　ひとつ　えらんで　ください。

[소요시간 3분]

(れい)　<u>あの　人は　うつくしいですね。</u>

　　　　1　あの　人は　きれいですね。

　　　　2　あの　人は　元気ですね。

　　　　3　あの　人は　おもしろいですね。

　　　　4　あの　人は　わかいですね。

(かいとうようし)　| (れい) | ● | ② | ③ | ④ |

21　<u>わたしは　ともだちに　あやまりました。</u>

　　1　わたしは　ともだちに　「ありがとう。」と　言いました。

　　2　わたしは　ともだちに　「ごめんなさい。」と　言いました。

　　3　わたしは　ともだちに　「よろしくね。」と　言いました。

　　4　わたしは　ともだちに　「こんにちは。」と　言いました。

22　<u>あの　きかいは　こしょうして　います。</u>

　　1　あの　きかいは　なおりました。

　　2　あの　きかいは　よく　うごきます。

　　3　あの　きかいは　こわれて　います。

　　4　あの　きかいは　しゅうりしました。

23　<u>明日の　パーティーに　いもうとを　つれて　いきます。</u>

　　1　明日　いもうとと　いっしょに　パーティーに　いきます。

　　2　明日　いもうとを　パーティーの　かいじょうまで　おくります。

　　3　明日の　パーティーは　いもうとだけ　いきます。

　　4　明日　いもうとは　パーティーに　さんか　しません。

24 わたしは　とうきょうえきで　のりかえを　します。

1　わたしは　とうきょうえきで　おりて　いえまで　あるきます。

2　わたしは　とうきょうえきで　ちがう　くるまから　おります。

3　わたしは　とうきょうえきで　ちがう　じてんしゃに　のります。

4　わたしは　とうきょうえきで　ちがう　でんしゃに　のります。

もんだい5 つぎの ことばの つかいかたで いちばん いい ものを

1・2・3・4から ひとつ えらんで ください。

（れい） おたく

　　　1　こんど おたくに 遊びに きて　　　　　　　　ください。

　　　2　また、おたくをする ときは おしえて ください。

　　　3　もしもし、田中さんの おたくですか。

　　　4　こどもには おたくが ひつようです。

（かいとうようし）　（れい）　① ② ● ④

25　めいわく

1　べんきょう したが もんだいが めいわくで わかりませんでした。

2　ピアノを ならっていますが うたも とても めいわくです。

3　おおきな こえで はなすのは みんなに めいわくです。

4　うみの ちかくは めいわくですから こどもだけで いっては いけません。

26　ほとんど

1　きのうより ほとんど あついですから うすく 着て 出かけて ください。

2　パソコンを つかって 仕事を するので まんねんひつは ほとんど つかいません。

3　大きな おみせの 中には ほとんど 50にんほど いました。

4　きょうは 見たい ドラマが あるので ほとんど 早く かえりたいです。

27　おどろく

1　大きな 木が おどろくくらいに つよい 風が ふいた。

2　いちにちじゅう 仕事を したので おどろいてしまった。

3　フランスの おかしを ひとくち たべて その おいしさに おどろきました。

4　つくえの 上に きれいな えを おどろきました。

28 さかん

1 みなさんのために よういしたので さかんに 使って ください。

2 ここは 高くて さかんですから ちゅういして ください。

3 だれが 見ても わかるように もじは さかんに かいて ください。

4 水が きれいで あたたかい 日が おおいので のうぎょうが さかんです。

N4

げんごちしき　　ぶんぽう　　　どっかい
言語知識（文法）・ 読解

ふん
（55分）

ちゅう　　い
注　意
Notes

し けん　はじ　　　　　　　　　　　もんだいようし　あ
1. 試験が始まるまで、この問題用紙を開けないでください。
  Do not open this question booklet until the test begins.

もんだいようし　も　　かえ
2. この問題用紙を持って帰ることはできません。
  Do not take this question booklet with you after the test.

じゅけんばんごう　な まえ　した　らん　じゅけんひょう　おな　　か
3. 受験番号と名前を下の欄に、受験票と同じように書いてください。
  Write your examinee registration number and name clearly in each
  box below as written on your test voucher.

もんだいようし　　　ぜん ぶ
4. この問題用紙は、全部で 14 ページあります。
  This question booklet has 14 pages.

もんだい　　　かいとうばんごう
5. 問題には解答番号の 1 、 2 、 3 … があります。解答は、解答
  ようし　　　　おな　ばんごう
  用紙にある同じ番号のところにマークしてください。
  One of the row numbers 1 , 2 , 3 … is given for each question. Mark
  Your answer in the same row of the answer sheet.

じゅけんばんごう
受験番号　Examinee Registration Number

な まえ
名前　Name

もんだい1 （　　　）に　何を　入れますか。

1・2・3・4から　いちばん　いい　ものを　一つ　えらんで　ください。

（れい）　電車（　　　）　会社へ　行きます。

　　　　　　1　し　　　　　2　と　　　　　3　で　　　　　4　に

（かいとうようし）　│（れい）│ ① ② ● ④ │

1　A「今日は　仕事が　早く　終わりましたね。ご飯を　食べに　行きませんか。」

　　B「いいですね。（　　　　　）。」

　　1　行きませんか　　　　　　　　　2　行くでしょう

　　3　行ったことがあります　　　　4　行きましょう

2　彼は　（　　　　）　サッカーが　好きで、毎日　サッカーを　して　います。

　　1　何より　　　　2　これより　　　3　いつより　　　4　どこより

3　この　きそくは　校長（　　　　）　作られました。

　　1　について　　　2　からは　　　3　によって　　　4　からで

4　A「駅から　会社までは　（　　　　）　かかりますか。」

　　B「バスで　30分　かかります。」

　　1　どんなに　　　2　どのように　　3　どのくらい　　4　どうして

5　東京は　よく　いきますが　（　　　　）　レストランは　はじめて　ききました。

　　1　その　　　　　2　あの　　　　　3　この　　　　　4　どの

6　もし　うまく　(　　　　)　教えて　ください。私が　手伝います。

1　しなかったら　　2　できなかったら　3　すると　　　　　4　できると

7　太田「この　お弁当　おいしそうですね。　山田さんが　作りましたか。」

山田「いいえ、　母が　作って　(　　　　)。」

1　あげました　　　2　もらいました　　3　くださいました　　4　くれました

8　先生に　がっこうが　(　　　　)　どうか　聞かれた。

1　きまっても　　　2　きまったか　　　3　きまるの　　　　4　きまる　ことが

9　わたしは　将来　医者(　　　　)　なりたいです。

1　が　　　　　　　2　へ　　　　　　　3　に　　　　　　4　を

10　空をみると　なんだか　今日は　雪が　(　　　　)　天気ですね。

1　降りたい　　　　2　降りそうな　　　3　降るらしい　　　4　降るような

11　山本「(　　　　)は　いま　何時ですか。」

田中「いま、ちょうど　午後　3時に　なりました。」

1　こっち　　　　　2　どっち　　　　　3　あっち　　　　　4　そっち

12 今日は　疲れているので、(　　　　) 家に　帰りたいです。

1　早い　　　　　　　2　早ければ　　　3　早くて　　　　4　早く

13 家族や　友だちに　会いたいので、冬休みには　国へ　(　　　　)。

1　帰る　ことに　なりました　　　　2　帰る　ように　して　ください

3　帰らない　ように　します　　　　4　帰る　ことに　しました

もんだい2　＿＿★＿＿に　入る　ものは　どれですか。

　　　　1・2・3・4から　いちばん　いい　ものを　一つ　えらんで　ください。

（問題例）

すみません。＿＿＿＿ ＿＿＿＿ ＿★＿＿ ＿＿＿＿か。

　　　　　　1　です　　　　2　は　　　　　　3　トイレ　　　　4　どこ

（答え方）

1. 正しい　文を　作ります。

> すみません。＿＿＿＿ ＿＿＿＿ ＿★＿＿ ＿＿＿＿か。
>
> 　　　　3　トイレ　　　2　は　　　　　4　どこ　　　　　1　です

2. ＿★＿＿に　入る　番号を　黒く　塗ります。

（解答用紙）　｜（例）　①　②　③　●　｜

---

14 この　料理は　辛くないので＿＿＿＿ ＿＿＿＿ ＿★＿＿ ＿＿＿＿できます。

　　1　でも　　　　　　2　ことが　　　　3　食べる　　　4　子ども

15 キムさんは　日本に　来て＿＿＿＿ ＿★＿＿ ＿＿＿＿ ＿＿＿＿上手だ。

　　1　日本語　　　　　2　5か月なのに　　3　が　　　　　4　まだ

16 A「昨夜、雨　すごかったですね。」

B「えっ、ほんとうですか。_____ _★_ _____ _____でした。」

1　いた　　　　　2　家に　　　　　3　わかりません　4　ので

17 週末は　おばあさんに_____ _____ _★_ _____です。

1　つもり　　　　2　行く　　　　　3　に　　　　　4　会い

もんだい3　**18**　から　**21**　に　何を　入れますか。文章の　意味を　考えて、

소요시간 8분　　　　１・２・３・４から　いちばん　いい　ものを　一つ　えらんで　ください。

つぎは　イソップ童話の　「うさぎとかめ」です。

　うさぎと　かめが　競争することに　なりました。うさぎは　足の　おそい　かめを　ばかにして　わらいました。　**18**　かめは「勝つのは　わたしです」と言いました。

　競争が　はじまると　足の　はやい　うさぎは　すぐに　遠くまで　行きました。うさぎは　かめが　まだ　来ないので　大きな　木の下で　休みました。　「かめは　おそいなあ。　**19**　来ないぞ。かめが　来るまで　ゆっくり　休もう」

　しかし　かめは　うさぎが　休んでいる　**20**　休まないで　歩き続けました。うさぎは　「そろそろ　行くか」と言って、走り出しました。そして　ゴールに着いたとき、うさぎは　自分が　**21**　だと思っていたけど、　かめの　ほうが　先に　ゴールに着いていました。

　これは　才能が　あるからといって　なまけてはいけない、まじめに　がんばることが　たいせつだ　ということを　伝えている　お話です。

18

1　すると
2　その結果
3　または
4　それに

19

1　だんだん
2　なかなか
3　ときどき
4　べつべつ

20

1　間で
2　前に
3　間に
4　後に

21

1　勝<ruby>か</ruby>つばかり
2　勝<ruby>か</ruby>った予定<ruby>よてい</ruby>
3　勝<ruby>か</ruby>つらしい
4　勝<ruby>か</ruby>ったはず

もんだい4　つぎの(1)から(3)の文章を読んで、質問に答えてください。

答えは、1・2・3・4から、いちばんいいものを一つえらんでください。

（1）

あいう本屋のお知らせです。

いつもありがとうございます。

あいう本屋では、小説やまんが、辞書など、いろいろな本を販売しています。

あしたから特別セールが始まります。あいう本屋のレシートがあればすべての本が100円安くなります。そして、これから新しく本屋の会員になれば1,000円クーポンがもらえます。

みなさん、ぜひ来てください。

22　佐藤さんはあした、あいう本屋で本を買おうと思っています。きのうのレシートもあります。佐藤さんは先月、あいう本屋の会員になりました。佐藤さんが買いたい本は3さつで、ぜんぶで5,200円です。いくらになりますか。

1　4,900円

2　3,900円

3　5,100円

4　4,100円

(2)

あまのダンス教室の案内文です。

みなさん、こんにちは。あまのダンス教室のあまのです。

あまのダンス教室では来月から、特別クラスがあたらしくはじまります。

ダンスがはじめての方も、ダンスをやったことがある方も、みんながたのしむことができるクラスです。

さんかしたい人は来週の9月12日(金)までに私のところに来てください。特別クラスは一か月3,000円です。

---

23 特別クラスにさんかするためには、どうすればいいですか。

1 さんかしたいというメールをおくる。

2 ダンスがはじめての人を集めて教室に行く。

3 来週、平日に、あまの先生のところを訪ねる。

4 3,000円をもって、あまの先生のところに行く。

(3)

> 　わたしはいつも本を読んでいます。本の中には色々なストーリーがあるので、わ
> たしは本がすきです。今日も本を読んでいましたが、急に頭がいたくなりました。
> だから、びょういんに行きました。お医者さんは「本を読みすぎたのかもしれませ
> ん」と言いました。これからは本を読む時間を少しずつ減らすことにします。

24　「わたし」はこれからどうすることにしましたか。

1　本を読まないことにした。

2　頭がいたくなるようにした。

3　びょういんに行くことにした。

4　本を読む時間を少なくすることにした。

もんだい5　つぎの文章を読んで、質問に答えてください。

答えは、1・2・3・4から、いちばんいいものを一つえらんでください。

〔소요시간 10분〕

　大学三年生のころ、友だちと一緒にアメリカに行きました。大学の先生が、ディズニーランドの近くのホテルで6か月働くことができると教えてくれたからです。私は、大学を卒業した後、ホテルで働くのが夢だったので、参加したいと先生に言いました。両親もいい経験になるだろうと応援してくれました。

　出発の準備を終えてアメリカに行く前の日、アメリカに留学したことのある先輩に電話をしました。「アメリカに持っていった方がいいものはありますか」と聞くと、先輩は「みそ汁」と言いました。考えてもいなかったものが出てきたので、わらってしまいました。アメリカにいる時、一番食べたくなったものだったそうです。

　6か月のアメリカ生活は、とてもいい経験になりました。そして、先輩の言っていたみそ汁がなぜ必要なのか、よく分かりました。日本に着いてすぐ、電話をして「先輩、みそ汁を持っていって本当に良かったです。ありがとうございます」と伝えました。先輩も、わらいながら「やっと、私の気持ちが分かったか」と言いながらよろこんでいました。

25 「私」は、なぜアメリカに行きましたか。

    1 英語を勉強するため

    2 先輩に会うため

    3 ホテルで働くため

    4 アメリカの大学に行くため

26 先輩はなぜ「みそ汁」を持っていくのがいいと言いましたか。

    1 アメリカでは高く売っているから。

    2 食べたくなった経験があるから。

    3 アメリカ人はみそ汁が大好きだから。

    4 他の人に持っていくように言われたから。

27 先輩はなぜよろこんでいましたか。

    1 アメリカで先輩に電話をしたから。

    2 先輩の話を聞いてわらってしまったから。

    3 気持ちを理解してくれたのがうれしかったから。

    4 先輩にアメリカのおみやげをわたしたから。

もんだい6　右のページのお知らせを見て、下の質問に答えてください。

答えは、1・2・3・4から、いちばんいいものを一つえらんでください。

28 中村さんは3歳の娘と一緒に金曜日の正午にABCショッピングセンターに行きました。
今、午後4時半です。12,000円の買い物をしたので駐車料金が割引されました。中村
さんの駐車料金はいくらでしょうか。

1　800円

2　1,200円

3　1,800円

4　0円

29 田中さんはABCショッピングセンターで4,000円以上の買い物をしました。なので、
駐車料金を安くしてもらいたいです。田中さんは何を持ってどこに行かなければなり
ませんか。

1　レシートを持ってお客様サービスセンターに行く。

2　レシートと駐車券を持って駐車場の出口に行く。

3　レシートと駐車券を持ってお客様サービスセンターに行く。

4　レシートと駐車券を持ってサービスセンターに電話する。

ABCショッピングセンター駐車料金のご案内

平日(月〜金)		
駐車場　A	1時間	300円
駐車場　B	1時間	200円
土・日・祝日		
駐車場　A	1時間	450円
駐車場　B	1時間	300円

※ 最初の30分は無料です。

※ 駐車場BはABCショッピングセンターまで徒歩3分のところにあります。

　　小さなお子様(6歳以下)がいるご家族は駐車場Aをお使いください。

※ バイクの方は駐車場Bをご利用ください。駐車場Aにはバイクの駐車場はございません。

割引

4,000円(税込)以上お買い上げのお客様	300円割引
10,000円(税込)以上お買い上げのお客様	1,500円割引

※ 必ずレシートと駐車券を持って1階にあるお客様サービスセンターまでお越しください。

　　駐車場の出口では割引サービスや料金の支払いができません。

お問い合わせ

駐車場に関するお問い合わせはお客様サービスセンターまで。

ABCショッピングセンター　お客様サービスセンター

(午前9時から午後7時まで)　TEL　0120-155-1558

N4

ちょうかい
聴解
ふん
(35分)

ちゅう　　い
注　意
Notes

しけん　はじ　　　　　　　　　もんだいようし　　あ
1.　試験が始まるまで、この問題用紙を開けないでください。
　　Do not open this question booklet until the test begins.

もんだいようし　　も　　かえ
2.　この問題用紙を持って帰ることはできません。
　　Do not take this question booklet with you after the test.

じゅけんばんごう　な まえ　した　らん　じゅけんひょう　おな　か
3.　受験番号と名前を下の欄に、受験票と同じように書いてく
　　ださい。
　　Write your examinee registration number and name clearly in each
　　box below as written on your test voucher.

もんだいようし　ぜん ぶ
4.　この問題用紙は、全部で 15 ページあります。
　　This question booklet has 15 pages.

もんだいようし
5.　この問題用紙にメモをとってもいいです。
　　You may make notes in this question booklet.

じゅけんばんごう
受験番号　Examinee Registration Number

な まえ
名前　Name

もんだい1

　もんだい1では、まず　しつもんを　聞いて　ください。それから　話を　聞いて、もんだいようしの　1から4の　中から、いちばん　いい　ものを　一つ　えらんで　ください。

れい

1　とまる　ばしょを　よやくする

2　友だちを　あんないする

3　ひこうきに　のる

4　のりものを　きめる

1 ばん

1

2

3

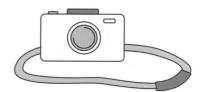

4

2 ばん

3 ばん

1 　600円

2 　700円

3 　800円

4 　1,000円

4 ばん

1

2

3

4

5 ばん

6 ばん

1

2

3

4

7ばん

1 カレーを　つくる

2 やさいを　くばる

3 どうぐを　よういする

4 おさらを　よういする

8ばん

1 10時

2 11時

3 1時

4 2時

もんだい２

　もんだい２では、まず　しつもんを　聞いて　ください。そのあと、もんだいようしを　見て　ください。読む　時間が　あります。それから　話を　聞いて、もんだいようしの　１から４の　中から、いちばん　いい　ものを　一つ　えらんで　ください。

れい

1　おなかが　なおったから

2　びょういんに　行きたかったから

3　高い　ねつが　下がったから

4　くすりが　なかったから

1 ばん

1　十八日
<ruby>十八日<rt>じゅう は ち に ち</rt></ruby>

2　二十五日
<ruby>二十五日<rt>に じゅう ご に ち</rt></ruby>

3　六日
<ruby>六日<rt>む い か</rt></ruby>

4　七日
<ruby>七日<rt>な の か</rt></ruby>

2 ばん

1　つくえの　上
<ruby>上<rt>うえ</rt></ruby>

2　つくえの　中
<ruby>中<rt>なか</rt></ruby>

3　いすの　上
<ruby>上<rt>うえ</rt></ruby>

4　つくえの　下
<ruby>下<rt>した</rt></ruby>

3ばん

1 きむら先生を　すきになったから

2 きむら先生の　おしえかたが　よかったから

3 すうがくは　かんたんだと　分かったから

4 きむら先生が　おもしろい人だったから

4ばん

1 2時半ごろ

2 5時半ごろ

3 6時半ごろ

4 7時半ごろ

5ばん

1　あじが　からすぎること

2　おもったよりも　おいしかったこと

3　インドのカレーと　ちがって　からくないこと

4　やさいと　にくが　たくさん　入っていること

6ばん

1　いつもより　100円　安くなる

2　いつもと　同じ　値段で　二つ　買える

3　午前中だけ　250円で　六個　買える

4　午後だけ　250円で　六個　買える。

7ばん

1　メールを　おくった

2　本_{ほん}を　読_よんだ

3　ドラマを　見_みた

4　何_{なに}も　しなかった

もんだい3

　もんだい3では、えを　見_みながら　しつもんを　聞_きいて　ください。➡(やじるし)の　人_{ひと}は　何_{なん}と　言_いいますか。1から3の　中_{なか}から、いちばん　いい　ものを　一_{ひと}つ　えらんで　ください。

れい

1ばん

2ばん

3 ばん

4 ばん

5 ばん

もんだい4

　　もんだい4では、えなどが　ありません。まず　ぶんを　聞いて　ください。
それから、そのへんじを　聞いて、1から3の　中から、いちばん　いい　ものを
一つ　えらんで　ください。

－　メモ　－

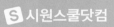

JLPT
최신기출유형
실전모의고사

N4

전략 해설집

Ⓢ 시원스쿨닷컴

JLPT

최신기출 유형
실전모의고사

N4

전략 해설집

S 시원스쿨닷컴

목차

언어지식(문자·어휘)

もんだい1		もんだい4	
1	2	21	2
2	3	22	4
3	3	23	1
4	1	24	3
5	1	もんだい5	
6	4	25	3
7	2	26	2
もんだい2		27	2
8	3	28	1
9	1		
10	3		
11	4		
12	2		
もんだい3			
13	4		
14	2		
15	1		
16	3		
17	4		
18	1		
19	2		
20	3		

언어지식(문법)·독해

もんだい1		もんだい3	
1	3	18	1
2	3	19	2
3	1	20	3
4	4	21	4
5	3	もんだい4	
6	4	22	4
7	1	23	2
8	2	24	4
9	4	もんだい5	
10	3	25	3
11	4	26	1
12	4	27	2
13	2	もんだい6	
もんだい2		28	3
14	4	29	4
15	3		
16	4		
17	4		

청해

もんだい1		もんだい3	
れい	1	れい	2
1ばん	3	1ばん	1
2ばん	4	2ばん	2
3ばん	3	3ばん	3
4ばん	4	4ばん	3
5ばん	4	5ばん	3
6ばん	3	もんだい4	
7ばん	3	れい	3
8ばん	4	1ばん	2
もんだい2		2ばん	3
れい	2	3ばん	2
1ばん	3	4ばん	2
2ばん	2	5ばん	3
3ばん	3	6ばん	2
4ばん	3	7ばん	2
5ばん	2	8ばん	3
6ばん	2		
7ばん	4		

1교시 언어지식(문자·어휘)

본책 27 페이지

もんだい1 ＿＿＿의 말은 히라가나로 어떻게 씁니까? 1·2·3·4에서 가장 알맞은 것을 하나 고르세요.

1 정답 2

추우니까 창문을 닫아도 괜찮을까요?

해설 「閉」의 훈독에는 「閉まる(닫히다)」와 「閉める(닫다)」가 있다. '닫히다'는 목적어를 갖지 않는 자동사, '닫다'는 목적어를 갖는 타동사이기 때문에 자타동사 구분도 함께 기억해 두자. 다른 선택지 1 あける(열다) 3 とめる(멈추다) 4 やめる(중지하다, 그만두다)도 함께 암기해 두자.

빈출 開ける(열다) | 開く(열리다)

어휘 さむい(춥다) | まど(창문) | 閉める(닫다) | ～てもいいですか(~해도 괜찮습니까?)

2 정답 3

이번에 일본에 쉬러 갑니다.

해설 「今」의 음독은 「こん」이며, 「度」의 음독은 「ど」이므로 「こんど」라고 읽는다.

빈출 今週(이번 주) | 今夜(오늘 밤) | ただ今(지금, 현재) | 丁度(꼭, 마침, 마치)

어휘 やすむ(쉬다) | いく(가다)

3 정답 3

책은 10일 이내에 반드시 돌려주세요.

해설 「以」의 음독은 「い」이고 「内」의 음독은 「ない」이므로, 「以内(이내)」의 음독은 「いない」가 된다. 다른 선택지 1 いがい「以外(이외)」, 2 いぜん「以前(이전), 4 いご「以後(이후)」도 같이 등장하는 경우가 많으니 한자와 읽는 법을 잘 체크해 두자.

빈출 以前(이전) | 以後(이후) | 内部(내부) | 外部(외부)

어휘 とおか(10일) | 以内(이내) | かならず(반드시) | かえす(되돌리다, 돌려주다)

4 정답 1

어제 파티는 매우 즐거웠습니다.

해설 「楽」의 음독은 「らく」이고 훈독은 「楽しい(즐겁다)」이다. 다른 선택지 2 かなしい 「悲しい(슬프다)」, 3 いそがしい 「忙しい(바쁘다)」, 4 やさしい 「優しい(친절하다)」도 한자와 읽는 법을 꼼꼼하게 체크해 두자.

빈출 楽だ(편하다) | 音楽(음악)

어휘 きのう(어제) | パーティー(파티) | とても(매우, 몹시) | 楽しい(즐겁다)

5 정답 1

버스를 타고 싶은데 돈이 부족합니다.

해설 「足」의 음독은 「そく」이고, 훈독은 「たりる・たす」이다. 「足りる」는 '족하다, 충분하다'라는 의미의 자동사이고, 「足す」는 '더하다, 보태다'라는 의미의 타동사가 된다.

빈출 足(발) | 不足(부족) | 足す(더하다, 보태다)

어휘 バス(버스) | のる(타다) | お金(돈)

6 정답 4

할머니가 움직이는 강아지 장난감을 사 주었다.

해설 「動」의 음독은 「どう」이고 훈독은 「動く(움직이다)」로 읽는다. 다른 선택지 1 なく「泣く(울다)」, 2 とどく「届く(닿다, 도달하다)」, 3 はたらく「働く(일하다)」도 한자와 읽는 법을 꼼꼼히 체크해 두자.

빈출 運動(운동) | 動物(동물)

어휘 おばあちゃん(할머니) | 動く(움직이다) | おもちゃ(장난감) | 買う(사다)

7 정답 2

책상 위에 빨간 사과가 있습니다.

해설 「赤」의 음독은 「せき」이고 훈독은 「赤い」로 읽는다. 1 しろい「白い(하얗다)」, 3 くろい「黒い(검다)」, 4 あおい「青い(파랗다)」 등 색상에 관한 단어들도 자주 나오니 함께 정리해 두자.

빈출 青い(파랗다) | 黒い(검다) | 白い(하얗다) | 黄色い(노랗다)

어휘 つくえ(책상) | うえ(위) | りんご(사과)

もんだい 2 ＿＿＿의 말은 어떻게 씁니까? 1·2·3·4에서 가장 알맞은 것을 하나 고르세요.

8 정답 3

무거운 짐은 보내기로 했습니다.

해설 「おくる」는 '보내다'라는 뜻으로 한자는 「送る」로 쓴다. 물건 등을 보낸다는 뜻도 있지만, '시간을 보내다'처럼 사용되는 경우도 있으니 기억해 두자.

빈출 放送(방송)

어휘 おもい(무겁다) | にもつ(짐) | 送る(보내다)

9 정답 1

매일 역까지 걸어서 갑니다.

해설 「あるく」는 '걷다'라는 뜻의 동사로 한자는 「歩く」로 쓴다. '걷다, 달리다, (~에) 들르다' 등 기본적인 동작에 관한 단어는 시험에 자주 나오니 기억해 두자.

빈출 走る(뛰다) | 寄る(들르다)

어휘 まいにち(매일) | えき(역) | 歩く(걷다)

10 정답 3

가족과 아키타현에 여행을 갔습니다.

해설 「りょこう」는 '여행'이란 뜻으로 한자는 「旅行」로 쓴다. 선택지에 유사한 모양의 한자들이 있으니 획순 하나까지 꼼꼼하게 살펴보고 정답을 고르자. 2번 「族」은 음독으로 「ぞく」로 읽으며 「家族(가족)」처럼 사용된다. 4번 「流行」은 「りゅうこう」라고 읽으며 '유행'이란 뜻이다.

빈출 旅(여행) | 旅館(여관)

어휘 かぞく(가족) | あきたけん(아키타현) | 旅行(여행)

11 정답 4

죄송합니다. 펜을 빌려 주세요.

해설 「かす」는 '빌려 주다'란 뜻으로 한자는 「貸す」로 쓴다. 1번의 「賃」은 음독으로는 「ちん」이라고 읽으며, '임금, 품삯'이란 뜻이다. 3번의 「資」는 음독으로 「し」라고 읽으며, '자본, 밑천'이란 뜻이다.

빈출 借りる(빌리다) | 貸し出し(대출, 빌려 줌)

어휘 ペン(펜) | ～てください(~해 주세요)

12 정답 2

올해는 작년보다 빨리 벚꽃이 피었습니다.

해설 「きょねん」은 '작년'이란 뜻으로 한자는 「去年」으로 쓴다. 3번 「前年」도 '전년, 작년'이라는 뜻으로 쓰이니 참고하자. 오답 선택지 1 今年(올해), 3 前年(작년, 지난해), 4 来年(내년)도 한자를 잘 체크해 두자.

빈출 毎年(매년)

어휘 ことし(올해) | 去年(작년) | ～より(~보다) | はやく(빨리) | さくら(벚꽃) | さく(피다)

もんだい 3 (　　　)에 무엇을 넣습니까? 1·2·3·4에서 가장 알맞은 것을 하나 고르세요.

13 정답 4

어제 역에서 가까운 (백화점)에서 안경을 샀습니다.

해설 문맥상 괄호 안에는 안경을 살 수 있는 장소가 들어가야 하므로, 정답은 장소를 나타내는 명사 「デパート(백화점)」가 된다.

오답 1 アルバイト(아르바이트) 2 カレンダー(달력) 3 オートバイ(오토바이)

어휘 えき(역) | ちかい(가깝다) | めがね(안경) | 買う(사다)

14 정답 2

2월부터 마라톤 (연습)을 시작할 예정입니다.

해설 앞에서 마라톤이라는 단어가 등장하고 있으므로 문맥상 괄호에 들어갈 가장 적합한 단어는 2번 「れんしゅう(연습)」이다. 다른 선택지 어휘들도 자주 출제되기 때문에 메모해 두자.

오답 1 しゅうかん(습관) 3 しゅみ(취미) 4 けいけん(경험)

어휘 マラソン(마라톤) | はじめる(시작하다) | つもり(~할 예정)

가게 앞에 차를 (세우지) 말아 주세요.

해설 문맥상 '차를 세우다'라는 표현이 나와야 하므로 괄호 안에 넣을 수 있는 가장 자연스러운 단어는 1번「とめる(세우다)」가 된다.「とめる」는 한자로「止める」라고 쓰며, '(차 혹은 움직이고 있는 것을) 세우다'라는 의미가 있다.「やめる」의 한자도「止める」로,「とめる」와 같은 한자를 쓰는데, '(움직이고 있던 동작, 행위를) 끝내다'라는 의미이다.

오답 2 うえる(심다) 3 やめる(그만두다) 4 なげる(던지다)

어휘 みせ(가게)｜まえ (앞, 전)｜くるま (자동차)｜～ないで (~하지 말고)

---

16 정답 3

시험이 잘 되도록 (바라고) 있습니다.

해설「うまく いくように」는 '잘 되도록, 잘 풀리도록'이란 의미이므로 괄호에는 '빌다, 기도하다'라는 의미의 동사「いのる」가 들어가야 한다.

오답 1 こまる(난처하다) 2 あやまる(사과하다) 4 みつかる(발견되다)

어휘 しけん(시험)｜うまくいく(잘 되다, 잘 풀리다)｜～ように(~하도록)

---

17 정답 4

이 약은 (쓰)기 때문에 먹고 싶지 않습니다.

해설「くすり」는 '약'이란 의미의 단어로, 뒤에서 '먹고 싶지 않다'라고 했으므로 문맥상 들어갈 수 있는 단어는 4번「にがい(쓰다)」뿐이다.

오답 1 あまい(달다) 2 わかい(젊다) 3 くらい(어둡다)

어휘 くすり(약)｜のむ(약을 먹다)

---

18 정답 1

어제는 많이 운동해서 지쳤기 때문에 (푹) 잤습니다.

해설 문맥상「ねる(자다)」와 어울릴 수 있는 어휘는 1번「ぐっすり(푹)」이다.「ぐっすりね(寝)る(푹 자다)」를 관용 표현처럼 기억해 두면 좋다.

오답 2 はっきり(확실히) 3 びっくり(깜짝) 4 すっかり(모두, 전부)

어휘 たくさん(잔뜩, 많이)｜うんどう(운동)｜つかれる(지치다)

---

19 정답 2

주말에 가족 모두가 집을 (치웠)습니다.

해설「かたづける」는 '정돈하다, 치우다'라는 의미로 문맥상 '집을 치우다'라는 표현이 가장 자연스러우므로 정답은 2번이 된다.

오답 1 てつだう(돕다) 3 むかえる (마중하다, 배웅하다) 4 のりかえる(갈아타다, 환승하다)

어휘 しゅうまつ(주말)｜かぞく(가족)｜みんなで(모두, 모두 함께)｜いえ(집)

---

20 정답 3

도둑이 제 가방을 훔쳐서 (도망)갔습니다.

해설 '도둑이 가방을 훔쳐서 ~해 갔다'라는 상황이기 때문에 문맥상 자연스러운 것은 3번「にげて(도망쳐서)」이다. 참고로「～ていく」는 '~을 해 가다, ~을 한 채로 가다'는 의미를 나타낸다. 2번「き(消)える」는 '사라지다'라는 뜻으로 '불이나 빛이 꺼지다', '당연히 있어야 할 것이 없어지다'라는 의미를 나타낸다.

오답 1 まわる(돌다) 2 きえる(꺼지다, 사라지다) 4 とる(잡다)

어휘 どろぼう(도둑)｜かばん(가방)｜ぬすむ(훔치다)

もんだい 4 ＿＿＿의 문장과 대체로 같은 의미의 문장이 있습니다. 1・2・3・4에서 가장 알맞은 것을 하나 고르세요.

21 정답 2

친구에게 일본어를 배웠습니다.

1 친구가 나에게 일본어를 배웠습니다.
2 친구가 나에게 일본어를 가르쳤습니다.
3 내가 친구에게 일본어를 운반했습니다.
4 내가 친구에게 일본어를 받았습니다.

해설「おそわる」는 '배우다'라는 뜻이며, '내가 친구에게 일본어를 배운다'는 문맥이므로, 정답은 2번이 된다. 일본어를 배운 사람은 '나'이므로 1번은 오답이고, 일본어는 받거나 운반할 수 없으므로 3번과 4번도 오답이 된다.

오답 1 ならう(배우다) 3 はこぶ(나르다, 운반하다) 4 もらう(받다)

어휘 ともだち(친구)｜にほんご(일본어)｜おそわる(배우다)｜ならう(배우다)｜おしえる(가르치다)｜はこぶ (나르다, 운반하다)｜もらう(받다)

어머니께 드릴 선물을 찾고 있습니다.

1 어머니께 건넬 편지를 찾고 있습니다.
2 어머니께 보낸 것을 찾고 있습니다.
3 어머니께 보낼 사진을 찾고 있습니다.
4 어머니께 건넬 선물을 찾고 있습니다.

해설 포인트 단어는 「おくりもの」인데 '선물'이라는 의미이므로, 4번 「プレゼント」가 가장 유사한 표현이 되어 4번이 정답이다. 동사 기본형 「贈る(선물하다, 보내다)」도 함께 암기해 두자.

오답 1 てがみ(편지) 2 もの(것, 물건) 3 しゃしん(사진)

어휘 母(엄마, 어머니) | さがす(찾다) | プレゼント(선물) | おくる(보내다) | しゃしん(사진) | わたす(건네 주다)

---

23 정답 1

저 가게는 항상 붐빈다.

1 저 가게는 항상 사람이 많다.
2 저 가게는 항상 물건이 적다.
3 저 가게는 항상 사람이 적다.
4 저 가게는 항상 물건이 길다.

해설 「こむ」에는 '한 장소에 사람이나 물건이 가득 모여 있다'라는 의미가 있는데, 문맥상 '가게에 사람이 많다'이므로, 정답은 '사람이 많다'는 1번이 된다.

오답 2 ものが 少ない(물건이 적다) 3 ひとが 少ない(사람이 적다) 4 ものが ながい(물건이 길다)

어휘 みせ(가게) | いつも(언제나, 항상) | 多い(많다) | 少ない(적다) | ながい(길다)

---

24 정답 3

전차가 역을 나갔습니다.

1 전차가 역에 도착했습니다.
2 전차가 역에 들어갔습니다.
3 전차가 역을 출발했습니다.
4 전차가 역을 이용했습니다.

해설 포인트가 되는 표현은 「でる(나가다, 나오다)」이며, 「えきを でる(역을 나오다)」라는 표현과 가장 의미가 가까운 것은 3번의 '출발하다'가 되므로 정답은 3번이다.

오답 1 つく(도착하다) 2 はいる(들어가다) 4 りようする(이용하다)

어휘 でんしゃ(전차, 전철) | えき(역) | でる(나가다, 나오다) | つく(도착하다) | はいる(들어가다) | しゅっぱつする(출발하다) | りようする(이용하다)

もんだい 5 다음 말의 사용법으로 가장 알맞은 것을 1·2·3·4에서 하나 고르세요.

25 정답 3

집을 일주일 정도 비우겠습니다.

해설 「るすにする」에는 '집이나 자리를 비우다'라는 뜻이 있으므로 가장 자연스러운 문장은 3번이 된다.

오답 1번은 「やすみ(휴가, 휴식)」, 2번은 「あいた(빈)」, 4번은 「ひまな(한가한)」가 들어가야 문장이 자연스러워진다.

어휘 さいきん(최근) | いそがしい(바쁘다) | のる(타다) | せき(자리, 좌석) | 家(집) | 一週間(일주일간) | ひさしぶりに(오랜만에) | 一日(하루) | やすむ(쉬다) | あく(비다) | ひまな(한가한)

---

26 정답 2

위험하니까 뒤로 한 걸음 물러나 주세요.

해설 「さがる」에는 '(뒤, 아래)로 물러나다, 내려가다'라는 뜻이 있으며, 가장 자연스럽게 쓰인 문장은 2번이다.

오답 1번은 「落ちる(떨어지다)」, 3번은 「ぬれる(젖다)」, 4번은 「やせる(살이 빠지다)」가 들어가야 문장이 자연스러워진다.

어휘 しらない あいだに(모르는 사이에) | コート(코트) | ボタン(버튼, 단추) | ゆか(바닥) | あぶない(위험하다) | うしろ(뒤) | いっぽ(한 걸음) | ふく(옷) | さいきん(최근) | ごはん(밥)

---

27 정답 2

자동차 공장을 견학하러 갔습니다.

해설 「けんがく(견학)」는, '실제로 있는 어떤 모습을 보고 지식을 넓히는 것'이라는 뜻으로 가장 자연스럽게 쓰인 문장은 2번이다.

오답 1번은 「しょうたい(초대)」, 3번은 「みる(보다)」, 4번은 「しらべる(조사하다)」가 들어가야 자연스럽다.

어휘 ともだち(친구) | いえ(집) | いっしょに(함께) | じどうしゃ(자동차) | こうじょう(공장) | ちち(아빠, 아버지) | まいにち(매일) | ニュース(뉴스) | ことば(말, 단어) | じしょ(사전)

28 **정답** 1

> 会議に <u>遅刻</u>して社長さんに혼났다.

해설 「ちこく」는 '지각'이란 뜻으로 '정해진 시간에 늦는 것'을 나타내므로, 가장 자연스럽게 사용된 문장은 1번이다.

오답 2번은 「のり遅れる(놓치다)」, 3번은 「遅い(늦다)」, 4번은 「遅れる(늦다, 더디다)」가 들어가야 자연스럽다.

어휘 かいぎ(회의) | 社長(사장) | おこられる(혼나다) | ひこうき(비행기) | うでどけい(손목시계)

1교시 언어지식(문법)

본책 37 페이지

もんだい1 ( )에 무엇을 넣습니까? 1·2·3·4에서 가장 알맞은 것을 하나 고르세요.

1 **정답** 3

> 아버지는 나무(로) 의자를 만들었습니다.

해설 ★ 명사 + で : ~(으)로

「~で」에는 여러 용법이 있으며 시험에도 자주 출제되니 잘 숙지해 두기 바란다. 문제에 나온 용법은 '재료'를 나타내는 표현으로, '~(으)로 만들다'라는 뜻이다. 예를 들어, 「紙で飛行機を作る(종이로 비행기를 만들다)」처럼 사용된다.

오답 1 も(~도) 2 へ(~에) 4 が(~이/가)

어휘 木(나무) | 椅子(의자) | 作る(만들다)

2 **정답** 3

> 저희 아버지는 무섭습니다. (그렇지만) 열심히 했을 때는 칭찬해 줍니다.

해설 ★ けれども : 그렇지만(역접)

앞 문장에서 '무섭다'와 같은 부정적인 의미로 아버지를 묘사했지만, 두 번째 문장에서는 반대로 '칭찬해 주다'와 같이 긍정적인 의미의 동사가 나오므로, 앞뒤 문장을 가장 자연스레 연결해 주는 3번「けれども(그렇지만, 하지만)」가 정답이다.

오답 1 それから(그 뒤로, 그리고) 2 それでは(그럼, 그렇다면) 4 ですから(그러므로, 따라서)

어휘 怖い(무섭다) | がんばる(열심히 하다) | ほめる(칭찬하다) | ~てくれる(~해 주다)

3 **정답** 1

> 일이 끝나면, 다 같이 맥주(라도) 마시러 가지 않겠습니까?

해설 ★ でも : ~라도

「~でも」는 '~라도'라고 해석하는데, 어떤 사실을 특정 짓지 않고 한 가지 예를 들 때 사용하는 조사이다. 이 문제에서도 '맥주라도'라고 제안하고 있지만 반드시 맥주일 필요는 없다. 식사가 될 수도 있고 다른 가능성도 있다는 뉘앙스가 된다. 다른 선택지도 기억해 두자.

오답 2 や(~랑) 3 の(~의) 4 しか(~밖에)

어휘 仕事(일) | 終わる(끝나다) | みんなで(다 같이) | ~に行く(~하러 가다)

4 **정답** 4

> 오늘은 아르바이트가 쉬는 날이라, (늦게까지) 도서관에서 공부할 생각입니다.

해설 ★ 기간+まで : ~까지

문장의 흐름을 보면 우리말로 '늦게까지'가 들어가야 자연스러우므로 답은 4번이 된다. 「遅くまで(늦게까지)」를 한 단어처럼 외워 두자. 문제는 2번인데 「~までに(~까지)」 뒤에는 계속되지 않는 행위나 동작, 일회성적인 일을 나타내는 문장이 온다. 「勉強する(공부하다)」는 일정 기간 동안 계속되는 동작을 나타내는 행위이므로 4번「~まで(~까지)」가 정답이다.

오답 1 X 2 X 3 遅く(늦게)

어휘 休み(쉬는 날) | 遅い(늦다) | 図書館(도서관) | ~つもりだ(~할 생각이다)

5 정답 3

친구는 매년 가족끼리 해외여행을 가지만, 나는 해외에 한 번도 (간 적이 없다).

해설 ★동사 た+ことがない : ~한 적이 없다

「一度も(한 번도)」뒤에는 '~해 본 적이 없다'와 같이 부정의 경험 표현이 와야 하는데, 앞 문장인 '친구들은 매년 가족끼리 해외여행을 가고 있다' 뒤에 역접의 표현이 사용되고 있으므로, 문맥상 '친구들은 매년 여행을 간다. 하지만 나는 가지 못했다'라고 이어져야 하므로, 정답은 3번「~たことがない(~한 적이 없다)」가 가장 적합하다.

오답 1 行かないはずです(가지 않을 것입니다) 2 行くことがあります(가는 경우가 있습니다) 4 行くつもりだ(갈 예정이다)

어휘 友だち(친구) | 毎年(매년) | 家族(가족) | 海外旅行(해외여행) | 一度も(한 번도) | ~たことがない(~한 적이 없다) | ~たことがある(~한 적이 있다)

6 정답 4

숟가락은 몇 개 (정도) 준비하면 됩니까?

해설 ★ぐらい・くらい : 정도

문맥상 숟가락을 몇 개 '정도' 준비해야 좋을지에 대한 질문이므로, 4번「ぐらい(정도)」를 사용해야 한다. 참고로 명사에는「くらい」와「ぐらい」모두 사용할 수 있다.

오답 1 しか(~밖에) 2 より(~보다) 3 など(~등)

어휘 スプーン(숟가락) | 何本(몇 개) | ~ぐらい(~정도, ~쯤) | 用意する(준비하다)

7 정답 1

내일은 아침부터 회의가 있어서, 평소보다 일찍 회사에 (가지 않으면 안 됩니다).

해설 ★~なければならない : ~하지 않으면 안 된다, ~해야 한다

문장에서 '아침부터 회의가 있다'고 했으므로 '빨리 회사에 가지 않으면 안 된다'는 표현이 이어져야 하기 때문에, 1번「行かなければなりません(가지 않으면 안 됩니다)」이 가장 적합하다.

오답 2 行ってはいけません(가서는 안 됩니다) 3 行ったことがあります(간 적이 있습니다) 4 X

어휘 朝から(아침부터) | 会議(회의) | いつもより(평소보다) | 早く(일찍) | ~なければなりません(~하지 않으면 안 됩니다, ~해야 합니다)

8 정답 2

포도를 잼으로 (만들어서) 먹어 보았다.

해설 ★~を~にする : ~을 ~로 하다

「명사1을 명사2에する」에는 '명사1을 명사2의 상태로 만들다'라는 뜻이 있다, 따라서 정답은 2번이 된다.

오답 1 ~になって(~가 되어) 3 ~にされて(~가 되어) 4 ~にさせられて(억지로 ~당해서)

어휘 ぶどう(포도) | ジャム(잼) | 食べる(먹다) | ~てみる(~해 보다)

9 정답 4

A "점심에 간 레스토랑 맛있었죠."
B "그러게요. 또 (갑시다)."

해설 ★~ましょう : ~합시다

A는 B에게 레스토랑의 음식이 맛있었다는 사실을 언급하였고, B는 여기에 동의를 했기 때문에 이어서 나올 내용은 '또 갑시다'라는 긍정적 대답이 가장 적절하므로 4번이 정답이다.

오답 1 行きました(갔습니다) 2 行くようです(가는 것 같습니다) 3 行きたがります(가고 싶어 합니다)

어휘 昼(점심, 낮) | そうですね(그러게요) | また(또) | ~ましょう(~합시다)

10 정답 3

A "여보세요, 이토입니다만, 와타나베 씨는 계십니까?"
B "네, 잠시 (기다려 주세요)."

해설 ★お+동사 ます형+ください : ~해 주세요, ~해 주십시오

와타나베 씨를 호출하는 전화에 '잠시 기다려 주세요'가 가장 적절한 반응이므로 답은 3번이 된다. 참고로 이 표현은 존경 의뢰 공식「お+동사 ます형+ください(~해 주세요)」를 활용한 것으로 시험에 자주 출제되니 정리해서 꼭 기억해 두자. 예시 표현으로「お入りください(들어오세요)」가 있다.

오답 1 X 2 X 4 おまちになります(기다리시겠습니다)

어휘 もしもし(여보세요) | いらっしゃる(계시다) | すこし(잠시, 조금)

11 정답 4

> 백화점에서 장난감을 (갖고 싶어서) 울고 있는 남자아이를 보았다.

해설 ★ ほしがる : 갖고 싶어 하다

'백화점에서 장난감을' 뒤에 '남자아이가 울고 있다'는 문장이 이어지므로, 문맥상 아이가 '장난감을 갖고 싶어서' 울고 있다는 문장이 가장 자연스러우므로 정답은 4번 「ほしがる(갖고 싶어 하다)」가 된다. 「ほしい(갖고 싶다)」는 1, 2인칭에 사용하고, 「ほしがる(갖고 싶어 하다)」는 3인칭에 사용된다.

오답 1 ほしいように(갖고 싶도록) 2 ほしそうで(갖고 싶은 것 같아서) 3 ほしいまま(갖고 싶은 채)

어휘 デパート(백화점) | おもちゃ(장난감) | ほしがる(갖고 싶어 하다) | 泣く(울다) | 男の子(남자아이)

12 정답 4

> 학생 "이 2번 문제를 가르쳐 (주시지 않겠습니까)?"
> 선생님 "물론이에요."

해설 ★ くださいませんか : ~주시지 않겠습니까?

학생과 선생님의 대화로 학생이 찾아와 질문을 한다고 하는 문맥을 고려할 때, 정중한 요청 표현인 4번 「くださいませんか(주시지 않겠습니까?)」가 가장 적합하다.

오답 1 X 2 X 3 くれませんでしたか(~주지 않았습니까?)

어휘 問題(문제) | 教える(가르치다) | ~てくださいませんか(~해 주시지 않겠습니까?) | もちろん(물론)

13 정답 2

> 일본에 여행을 (간다면) 홋카이도는 어떻습니까?

해설 ★ ~なら : ~라면

가정법 또는 조건을 의미하는 「~なら」의 정확한 용법을 알아야 한다. 「~なら」의 가장 기본 용법인 '전제 조건'이 사용된 문장이다. '전제 조건'이란 말 그대로 상대가 한 말을 듣고, 그런 '전제'라면 이런 방법은 어떻겠냐고 조언할 때 사용하는 표현이다. 이 문제에서는 상대가 '일본에 여행 간다'는 의사를 나타낸 것에 대해서 「~なら」를 사용하여 일본에 여행 간다는 조건에 대해서 홋카이도는 어떠냐고 권하는 뉘앙스가 담겨 있다. 「たばこを吸うなら、外で吸ってください(담배를 피울 거라면, 밖에서 피워 주세요)」라는 문장도 상대가 '담배를 피운다'는 전제라면 나가서 피우라고 하고 있는 것이다.

오답 1 行けば(가면) 3 行くと(가면) 4 行ったら(가면)

어휘 日本(일본) | 旅行(여행) | 行く(가다) | 北海道(홋카이도) | どうだ(어떠하다)

もんだい 2 ★ 에 들어갈 것은 어느 것입니까? 1 · 2 · 3 · 4 에서 가장 알맞은 것을 하나 고르세요.

14 정답 4 (2-4-3-1)

> 2 に   4 ★なって   3 から   1 行く
> 이   4 ★되고   나서   갈

해석 A "언제 일본에 갑니까?"
　　B "겨울 방학이 되고 나서 갈 예정입니다."

해설 언제 일본에 갈 것인지 묻는 A의 질문에 대한 B의 답은 '겨울 방학이 ~예정입니다'이다. '겨울 방학이 되고 나서 갈 예정이다'라는 의미가 되도록 문장을 배열해야 하기 때문에 「冬休み(겨울 방학)」 뒤에 조사 'に'가 이어진다. 그리고 동사의 て형에 「~から」를 접속하면 '~을 하고 나서'라는 의미가 되므로 「なって+から(되고 나서)」가 되고, 그 뒤에 「行く(가다)」가 나와야 문장 구조가 자연스럽다. 따라서 2-4-3-1 순서로 문장을 배열해야 한다.

어휘 いつ(언제) | 日本(일본) | 冬休み(겨울 방학) | ~てから(~하고 나서) | 予定(예정)

15 정답 3 (4-2-3-1)

> 4 ゴミ   2 を   3 ★すて   1 ては
> 쓰레기   를   3 ★ 버려   서는

해석 여기에 쓰레기를 버려서는 안 됩니다.

해설 「동사 て형+てはいけない(~해서는 안 된다)」는 금지를 나타내는 문형이다. 따라서, 우선 3-1의 순서로 문장을 배열할 수 있다. 그 앞에는 '쓰레기를 버리다'라는 문장이 와야 자연스럽기 때문에 순서는 4-2-3-1이 된다.

어휘 ゴミ(쓰레기) | すてる(버리다) | ~てはいけない(~해서는 안 된다)

16 정답 4 (1-4-2-3)

> 1 映画は   4 ★何回   2 見ても   3 おもしろい
> 영화는   4 ★몇 번   보도   재미있

해석 이 영화는 몇 번 봐도 재미있습니다.

해설 「この」는 명사와 연결되어 '이~'라는 의미를 나타내기 때문에, 「この」 뒤에는 1번 「映画は(영화는)」가 올 수 있다. 여기에 '몇 번을 ~해도'란 의미를 가진 「何回 ~ても」를 사용하여 배열하면 1-4-2 순서가 된다. 마지막으로 선택지 3번이 이어져, 전체 문장은 '이 영화는 몇 번 봐도 재미있다'는 문장이 되어야 자연스럽기 때문에 1-4-2-3 순서로 나열해야 한다.

어휘 映画(영화) | 何回(몇 번) | おもしろい(재미있다)

17 정답 4 (3-1-4-2)

3 図書館	1 は	4 ★まだ	2 開いて
도서관	은	4 ★아직	열려

해석 A "학교 도서관은 아직 열려 있습니까?"
B "9시니까, 이미 닫혀 있어요."

해설 「学校の(학교의)」 뒤에 명사가 와야 하므로 3번+1번이 합쳐져 「図書館は(도서관은)」가 된다. 그리고 B가 도서관이 이미 닫혔다고 언급하고 있기 때문에, 「まだ(아직)」와 「開いて(열려)」를 연결하여 4-2의 순서로 도서관이 지금도 열려 있는지 묻는 문장이 와야 자연스럽다. 따라서 정답은 3-1-4-2가 된다.

어휘 図書館(도서관) | まだ(아직) | 開く(열리다) | だから(~이니까) | もう(이미, 벌써) | しまる(닫히다)

문제 3 18 부터 21 에 무엇을 넣습니까? 글의 의미를 생각하여 1·2·3·4에서 가장 알맞은 것을 하나 고르세요.

18~21

다음은 하라다 씨의 작문입니다.

나의 취미

하라다

제 취미는 과자 만들기입니다. 주말에 집에서 만듭니다. 쿠키 18 나 치즈 케이크 등 다양한 과자를 만듭니다. 처음에는 어려울 것 같다고 생각했습니다. 하지만, 만들어 보니 생각한 것보다 간단했습니다.

저는 과자를 만들기 위한 특별한 도구를 가지고 있지 않습니다. 하지만 집에 있는 도구로 맛있는 과자를 만들 수 있습니다. 19 그리고 저는 케이크를 굽고 있는 시간이 가장 좋습니다. 케이크가 20 구워졌는지 어떤지 오븐의 창에서 케이크를 봅니다.

얼마 전에 치즈 케이크를 친구에게 만들어 주었습니다. 친구는 가게에서 산 과자 같다고 정말 21 기뻐해 주었습니다.

어휘 つぎ(다음) | 作文(작문) | しゅみ(취미) | おかし作り(과자 만들기) | 週末(주말) | 作る(만들다) | クッキー(쿠키) | チーズケーキ(치즈 케이크) | ~など(~등) | いろいろな(다양한) | おかし(과자) | はじめ(처음) | むずかしい(어렵다) | ~そうだ(~할 것 같다, ~일 것 같다) | ~てみる(~해 보다) | ~より(~보다) | 簡単だ(간단하다) | ~ための(~위한) | とくべつだ(특별하다) | 道具(도구) | でも(하지만) | 焼く(굽다) | いちばん(가장, 제일) | オーブンのまどから(오븐의 창에서) | このまえ(요전, 얼마 전) |

~てあげる(~해 주다) | お店(가게) | 買う(사다) | ~ようだ(~할 것 같다, ~일 것 같다) | だから(따라서, 그러므로) | そして(그리고) | しかし(그러나) | まだ(아직) | 焼ける(구워지다) | ~かどうか(~인지 아닌지) | ~かもしれない(~일지도 모른다) | 喜ぶ(기뻐하다, 좋아하다) | ~てくれる(~해 주다)

---

18 정답 1

1 ~나	2 ~의
3 ~도	4 ~로

해설 「~や~など(~나 ~등)」는 사물을 열거할 때 사용하는 표현이다. '비슷한 것이 많이 있는데 그중에서 예를 들자면 ~가 있다'라는 뉘앙스를 나타낸다. 문맥상 쿠키와 치즈 케이크를 나열하고 있으므로, '쿠키나 치즈 케이크 등'이 되어야 자연스럽기 때문에 1번이 정답이 된다. 참고로 「と」도 '~와'라는 의미로 명사 2~3개를 나열할 때 사용하며 「~と(~와), ~など(~등)」은 사용하지 않는다. 3번 「~も(~도)」는 명사를 강조할 때 사용하며, 4번 「~へ(~로, ~에)」는 '~에 가다'처럼 도착점을 나타낼 때 사용한다.

---

19 정답 2

1 그러니까	2 그리고
3 그러나	4 아직

해설 앞 문장에서는 집에 있는 도구로 맛있는 과자를 만들 수 있다는 이야기를 했고, 뒤 문장에서는 케이크를 굽는 시간을 가장 좋아한다고 한다. 따라서 두 문장을 이어주는 접속사인 「そして(그리고)」를 사용하는 것이 가장 적합하다.

---

20 정답 3

1 구워져 있다	2 구워져 버린다
3 구워졌는지 어떤지	4 구워졌을지도 모른다

해설 하라다 씨는 오븐 창에서 케이크를 본다고 했다. 이는 케이크가 구워졌는지 어떤지를 확인하기 위한 것이므로 「~かどうか(~인지 아닌지)」를 사용하는 것이 가장 적절하다.

21 **정답** 4

1	기뻐해 받았습니다	2	기뻐한 것 같습니다
3	기뻐해 주었습니다	4	기뻐해 주었습니다

해설 친구는 하라다 씨가 만든 치즈 케이크를 먹고 기뻐해 주었다. 따라서 '~해 주다'라는 의미의 수수 표현인 「〜てくれる」를 사용한 4번이 정답이 된다. 참고로 수수 표현에는 '주다'와 '받다'가 있는데, '받다'는 주어와 상관없이 모두 「もらう」를 사용하면 된다. 예를 들어 「私は彼から本をもらいました(나는 그에게 책을 받았습니다)」, 「彼は私から本をもらいました(그는 나에게 책을 받았습니다)」와 같이 사용할 수 있다. 그러나 '주다'는, 「彼は私に本をくれました(그는 나에게 책을 주었습니다)」, 「私は彼に本をあげました(나는 그에게 책을 주었습니다)」 등과 같이 받는 사람이 '나 자신' 혹은 '나와 관계 있는 사람'이라면 「くれる」, 그 외라면 「あげる」를 사용해야 한다는 점에 주의해야 한다.

もんだい4 다음 (1)부터 (3)의 문장을 읽고 질문에 답하세요. 답은 1·2·3·4에서 가장 알맞은 것을 하나 고르세요.

22 정답 4

(1) (회사에서)
야마다 씨의 책상 위에 메모가 있습니다.

> 야마다 씨에게
>
> 회사에 오면 복사기 회사에 전화해 주세요.
> 어젯밤부터 복사를 할 수 없습니다.
> 전화를 하려고 했는데 시간이 늦어서 못 했습니다.
> 복사기가 고쳐질 때까지는 옆방의 복사기를 사용해 주세요.
> 사용법이 조금 다르므로 설명서를 야마다 씨의 책상 위에 두었습니다.
> 사용법을 모를 때에는 읽어 주세요.
> 잘 부탁드립니다.
>
> 다카하시

야마다 씨는 다카하시 씨에게 무엇을 부탁받았습니까?
1 옆방의 복사기를 보러 가는 것
2 복사기 사용법 설명서를 만드는 것
3 옆방에서 자료를 복사하는 것
4 **복사기 회사에 전화하는 것**

해설 지문 내에서 「電話してください(전화해 주세요)」라고 직접 부탁(의뢰)하고 있으므로, 4번이 정답이다. 1번은 지문과 다른 내용이며, 2번의 「作ること(만드는 것)」와 3번의 「コピーすること(복사하는 것)」는 부탁한 내용이 아니기 때문에 오답이다.

어휘 会社(회사) | つくえ(책상) | 上(위) | 来る(오다) | ~たら(~면) | コピー機(복사기) | 電話する(전화하다) | ~てください(~해 주세요, ~하세요) | 昨日(어제) | 夜(밤) | ~ようとする(~하려고 하다) | 時間(시간) | おそい(늦다) | 直る(고쳐지다, 바로잡히다) | となり(옆) | 部屋(방) | 使う(사용하다) | 使い方(사용법) | 少し(조금) | ちがう(다르다) | 説明書(설명서) | 置く(두다) | わかる(알다) | よむ(읽다) | たのむ(부탁하다) | 見に行く(보러 가다) | 資料(자료)

23 정답 2

(2)
실내 수영장 이용 안내입니다.

> ● 매주 화요일부터 일요일까지 열려 있습니다.
> ● 열려 있는 시간은 오전 9시부터 오후 8시까지입니다.
>   오후 7시 30분부터는 표를 살 수 없습니다. 주의해 주세요.
> ● 수영장 안에서는 음식을 먹지 말아 주세요. 음료를 마시지 말아 주세요. (물 이외는 마셔서는 안 됩니다.)
> ● 빌린 수영복은 반드시 접수처에 돌려주세요.
> ● 다음 주부터 수영장이 닫히는 시간이 오후 7시 30분으로 바뀝니다. 표는 7시까지 판매합니다.

수영장 이용 설명으로 옳은 것은 어느 것입니까?
1 수영장에서는 물을 마셔서는 안 된다.
2 **매주 월요일은 수영장에 들어갈 수 없다.**
3 다음 주부터 닫히는 시간이 오후 7시로 바뀐다.
4 접수처에서 수영복을 살 수 있다.

해설 지문의 내용에 따르면 수영장은 매주 화요일부터 일요일까지 열려 있다. 따라서 월요일은 닫혀 있어서 들어갈 수 없으므로 2번이 정답이다. 1번의 경우 물 이외의 음료수는 마시지 말라고 하고 있으므로 물은 마셔도 괜찮기 때문에 오답이며, 3번의 경우 다음 주부터는 닫는 시간이 7시가 아니라 7시 30분으로 바뀌기 때문에 오답이다. 마지막으로 4번에 주의할 필요가 있는데 빌린 수영복을 접수처에 꼭 반납하라고만 말하고 있고 접수처에서 수영복을 판매하는지에 대해서는 언급이 없으므로 오답이다.

어휘 室内プール(실내 수영장) | 利用(이용) | お知らせ(안내) | 毎週(매주) | 火曜日(화요일) | ~から(~부터) | 日曜日(일요일) | ~まで(~까지) | 開く(열리다, 열다) | 時間(시간) | 午前(오전) | 午後(오후) | チケット(티켓) | 買う(사다, 구매하다) | ~ことができる(~할 수 있다) | 注意(주의, 조심) | プール(수영장) | 内(내) | 食べ物(음식) | 食べる(먹다) | ~ないでください(~하지 말아 주세요) | 飲み物(음료) | 飲む(마시다) | 以外(이외, 그 밖) | かりる(빌리다) | 水着(수영복) | かならず(반드시) | 受付(접수처) | 返す(돌리다, 돌려주다) | 来週(다음 주) | 閉まる(닫히다) | 変わる(변하다, 바뀌다) | 販売(판매) | せつめい(설명) | ただしい(옳다, 정확하다) | ~てはいけない(해서는 안 된다) | 入る(들어가다)

(3)

> 어제 친구의 집에 놀러 갔습니다. 친구는 고양이를 기르고 있습니다. 저는 고양이를 가까이에서 보는 것이 처음이었기 때문에 고양이의 머리를 만져 보았습니다. 그러자, 갑자기 눈이 가려워지고 재채기가 나왔습니다. 그런 저를 본 친구는 "그거, 고양이 알레르기 아니야?"라고 말했습니다. 나중에 병원에 가기로 하고 친구의 집을 나왔습니다. 정말 귀여운 고양이였는데…… 너무 슬픕니다.

내가 슬픕니다라고 말한 것은 왜인가요?
1 무서워서 고양이를 만질 수 없었기 때문에
2 몸이 아파서 병원에 가게 되었기 때문에
3 친구와 놀 수 없었기 때문에
4 고양이를 만질 수 없을지도 모르기 때문에

해설 화자는 고양이를 처음 보았고 만져 보았는데, 알레르기가 의심되는 상황이다. 따라서 화자의 심리 상태는 귀여운 고양이를 앞으로도 계속 만지고 싶은데 만질 수 없을지도 모른다는 것에 대해 슬퍼하고 있음을 알 수 있으므로 4번이 정답이다. 1번은 내용과 다르며, 나중에 병원에 가겠다고 했으므로 2번도 내용과 다르며, 2번과 3번 모두 화자가 '슬프다'고 느낀 감정의 원인은 아니므로 오답이다. 몸이 아파서 슬퍼진 것이 아니고 귀여운 고양이를 만질 수 없는 것이 슬픔의 원인이므로 4번이 정답이다.

어휘 きのう(어제) | 友だち(친구) | 家(집) | 遊ぶ(놀다) | 行く(가다) | ねこ(고양이) | 飼う(기르다, 키우다) | ～ている(~하고 있다) | 近く(가까운 곳, 근처) | 見る(보다) | はじめて(처음) | 頭(머리) | さわる(닿다, 손을 대다, 쓰다듬다) | ～てみる(~해 보다) | 急に(갑자기) | かゆい(가렵다) | くしゃみ(재채기) | でる(나오다) | そんな(그런, 그러한) | それ(그것) | アレルギー(알레르기) | 言う(말하다) | あと(나중, 이후) | 病院(병원) | とても(매우) | かわいい(귀엽다) | 悲しい(슬프다, 애처롭다) | ～ことができる(~할 수 있다) | かもしれない(~일지도 모른다)

もんだい5 다음 문장을 읽고 질문에 답하세요. 답은 1·2·3·4에서 가장 알맞은 것을 하나 고르세요.

25~27

> 저는 유학생에게 일본어를 가르치고 있습니다. 일본어 선생님이 되고 싶다고 생각한 것은 대학생 때입니다. 대학교 3학년 때 영국에 1년간 유학했습니다. 그곳에서 영국인 친구에게 일본어를 공부하고 싶으니 가르쳐 달라는 말을 들었습니다. 25 저는 일본어에 흥미를 가져 주는 사람이 있다는 것이 기뻐서 일주일에 한 번 일본어를 가르치기로 했습니다. 교과서를 한 권 정해서 함께 공부를 시작했습니다. 친구는 모르는 것이 있으면 영어로 질문을 해 주었습니다. 하지만 26 어느 질문에도 제대로 대답할 수가 없었습니다. 저는 일본인이어도 문법을 가르치기는 어렵다고 생각했습니다. 그리고 더 공부해서 다시 한번 외국인에게 일본어를 가르치고 싶다고 생각하게 되었습니다.
>
> 일본어 선생님이 되어서 여러 나라의 유학생에게 일본어를 가르치고 있는데, 학생들에게도 여러 나라에 대해 많이 배우고 있습니다. 27 학생들은 항상 제가 모르는 것을 가르쳐 줍니다. 새로운 것을 알게 되는 것은 매우 즐겁습니다. 앞으로도 많은 학생과 만나고 싶습니다. 그리고 언젠가 학생들의 나라에 놀러 가는 것이 제 꿈입니다.

어휘 留学生(유학생) | 大学生のころ(대학생 때) | 1年間(1년간) | そこで(그곳에서) | ～てほしい(~하기 바라다) | 興味(흥미) | ～てくれる(~해 주다) | うれしい(기쁘다) | 週に(1주일에) | 1回(한 번) | 教えることにする(가르치기로 하다) | 教科書(교과서) | 1冊(한 권) | 決める(정하다) | いっしょに(함께) | 始める(시작하다) | 英語で(영어로) | 質問(질문) | しかし(그러나) | うまく(잘) | 答える(대답하다) | 日本人でも(일본인이라도) | 文法(문법) | 難しい(어렵다) | そして(그리고) | もっと(더욱) | もう一度(다시 한번) | 外国(외국) | 思うようになる(생각하게 되다) | 色々な(여러) | 国(나라) | 新しい(새롭다) | 楽しい(즐겁다) | これからも(앞으로도) | たくさんの(많은) | 出会う(만나다) | いつか(언젠가) | 夢(꿈) | ～に関する(~에 관한) | あまり～ない(그다지 ~하지 않다) | 文(글, 문장) | がんばる(열심히 하다) | どんな(어떤)

25 정답 3

> 이 사람은 영국에 유학했을 때 무엇을 했습니까?
>
> 1 대학에서 유학생에게 일본어를 가르쳤다.
>
> 2 친구에게 일본어 교과서를 1권 주었다.
>
> **3 영국인 친구에게 일본어를 가르쳤다.**
>
> 4 선생님은 영어로 질문했다.

해설 필자는 대학생 때 영국에 유학한 적이 있고, 「そこでイギリス人の友達に日本語を勉強したいから教えてほしいと言われました。私は日本語に興味を持ってくれる人がいるのがうれしくて週に1回日本語を教えることにしました(그곳에서 영국 친구에게 일본어를 공부하고 싶으니 가르쳐 달라는 말을 들었습니다. 저는 일본어에 흥미를 가져 주는 사람이 있다는 것이 기뻐서 1주일에 한 번 일본어를 가르치기로 했습니다)」라고 했다. 즉, 영국인 친구에게 개인적으로 일본어를 가르쳤던 경험을 계기로 일본어 선생님이 되었으므로 3번이 정답이 된다. 대학에서 일본어를 가르친 것이 아니므로 1번은 오답이다. 교과서를 정해서 영국인 친구에게 일본어를 가르쳤다고 했지 교과서를 주었다는 말이 아니므로 2번도 오답이다. 영어로 질문한 것은 필자에게 배우던 영국인 친구이므로 4번도 오답이다.

26 정답 1

> 필자가 일본어 문법을 공부하고 싶다고 생각하게 된 것은 왜인가요?
>
> 1 **일본어에 흥미를 가지고 있는 외국인에게 제대로 가르치고 싶었기 때문에.**
>
> 2 일본에 관한 질문에 잘 대답하지 못하는 것이 창피했기 때문에.
>
> 3 외국인 친구가 일본어 문법을 별로 공부하지 않았기 때문에.
>
> 4 친구 중에 일본어 선생님이 아무도 없었기 때문에.

해설 화자가 일본어 문법을 가르치기가 어렵고 공부해야겠다고 생각하게 된 것은 자신이 일본인이기는 하지만 어느 질문에도 제대로 대답할 수가 없었기 때문이다. 따라서 1번이 정답이 된다. 일본어 문법에 대한 질문에 대답을 하지 못했다고 했고, 일본에 관한 질문이 아니므로 2번은 오답이며, 3번과 4번은 언급되지 않은 내용이므로 오답이다.

27 정답 2

> (   )에 넣기에 가장 좋은 문장은 어느 것입니까?
>
> 1 또 영국에 유학 가고 싶습니다
>
> **2 학생들은 항상 제가 모르는 것을 가르쳐 줍니다**
>
> 3 모두 일본어 공부를 열심히 하고 있습니다
>
> 4 어떤 질문에도 답할 수 있습니다

해설 결정적 힌트는 바로 뒤에 있다. 「新しいことを知ることができるのはとても楽しいです(새로운 것을 알 수 있게 되는 것은 매우 즐겁습니다)」라고 했다. '새로운 것을 알게 되는 것'이 즐겁다고 했고, '새로운 것'은 곧 '모르는 것'이므로 2번이 들어가야 문맥이 자연스러워진다.

もんだい 6 오른쪽 페이지의 시간표를 읽고, 아래 질문에 답하세요. 답은 1·2·3·4에서 가장 알맞은 것을 하나 고르세요.

오늘의 버스 시간

버스	미카즈키역 ⇒ 호시산		호시산 ⇒ 미카즈키역	
101번	10:00	12:00	15:30	17:30
102번	13:50	15:50	16:50	18:50
103번	14:00	16:00	17:50	19:50
28 104번	15:00	17:00	18:30	20:30
105번	17:00	19:00	19:20	21:20

오늘의 전철 시간

사쿠라역 ⇒ 미카즈키역		미카즈키역 ⇒ 사쿠라역	
13:00	13:20	16:10	16:30
14:30	14:50	17:00	17:20
15:00	15:20	18:10	18:30
16:00	16:20	**29** 19:40	20:00

어휘 学校(학교) | 駅(역) | 近く(근처, 가까운 곳) | ある(있다) | 今日(오늘) | 終わる(끝나다) | ~てから(~하고 나서) | 行く(가다) | どの(어느) | バス(버스) | 乗る(타다) | 番(번) | 今(지금) | 山(산) | ~から(~부터) | ~まで(~까지) | 後(후, 이후) | 電車(전철) | 何時(몇 시) | 時間(시간)

나카무라 씨의 학교는 미카즈키역 근처에 있습니다. 나카무라 씨의 학교는 오늘 14시에 끝납니다. 나카무라 씨는 학교가 끝나고 나서 호시산에 가고 싶습니다. 어느 버스를 탑니까?

1　102번

2　103번

3　104번

4　105번

해설 미카즈키 역에서 14시 이후에 출발하는 버스는 15시에 출발하는 104번 버스이므로 3번이 정답이다.

다무라 씨는 지금 호시산에 있습니다. 지금은 16시입니다. 호시산에서 미카즈키역까지 버스로 간 후, 미카즈키역에서 전철을 탑니다. 20시까지 사쿠라역에 가고 싶습니다. 다무라 씨는 몇 시 전철을 탑니까?

1　16:10

2　17:00

3　18:10

4　19:40

해설 호시산에서 16시 이후에 출발하는 버스는 16시 50분 출발 버스이다. 이후에 미카즈키역에서 출발하는 전철은 19시 40분이고, 미카즈키역에서 사쿠라역까지는 20분이 소요된다. 따라서 다무라 씨는 19시 40분 전철을 탑승해야 하기 때문에 정답은 4번이다.

2교시　청해

본책 55 페이지

もんだい1　もんだい1では、まず　しつもんを　聞いて　ください。それから　話を　聞いて、もんだいようしの　1から4の　中から、いちばん　いい　ものを　一つ　えらんで　ください。

문제1　문제 1에서는 먼저 질문을 들으세요. 그리고 이야기를 듣고, 문제용지의 1에서 4 중에서 가장 알맞은 것을 하나 고르세요.

れい

男の人と女の人が話しています。女の人は次に何をしなければなりませんか。

M：今年の夏休みは何をしますか。

F：友達がアメリカから遊びに来るので、一緒に東京と沖縄に行く予定です。

M：それはいいですね。田中さんが案内するんですか。

F：いえ、私も初めてなので。

M：そうでしたか。旅行の準備は全部できましたか。

F：いえ、ホテルと飛行機がまだ。

M：それは急いで決めなければなりませんね。

女の人は次に何をしなければなりませんか。

1　とまる　ばしょを　よやくする

2　友だちを　あんないする

3　ひこうきに　のる

4　のりものを　きめる

예 정답 1

남자와 여자가 이야기하고 있습니다. 여자는 다음에 무엇을 해야 합니까?

M：올해 여름 방학은 무엇을 합니까?

F：친구가 미국에서 놀러 오기 때문에, 함께 도쿄와 오키나와에 갈 예정입니다.

M：그거 좋네요. 다나카 씨가 안내하는 겁니까?

F：아뇨, 저도 처음이라서요.

M：그랬군요. 여행 준비는 다 되었습니까?

F：아뇨, 호텔과 비행기가 아직입니다.

M：그러면 서둘러 결정해야겠네요.

여자는 다음에 무엇을 해야 합니까?

1　묵을 장소를 예약한다

2　친구를 안내한다

3　비행기를 탄다

4　탈것을 정한다

駅前で女の人と男の人が話しています。女の人はどこへ行きますか。

F：どうしよう、もう9時だ。あと30分で試験が始まっちゃう。あ、すみません。南高校までの行き方を教えてもらえませんか。

M：南高校ですか。えっと、あ、そうだ。南高校は、あのバス停からバスが出ていますよ。30分くらいで着きます。

F：えっ、30分もかかるんですか。早く行く方法はありませんか。

M：そうですね、急いでいるならバスよりもタクシーのほうがいいと思います。電車は乗り換えがあるし、着いたあと駅からちょっと歩くので。

F：タクシーですね。分かりました。ありがとうございました。

M：いえいえ。ああ、タクシー乗り場はこっちですよ。

F：あ、すみません。ありがとうございます。

女の人はどこへ行きますか

1

2

3

4

역 앞에서 여자와 남자가 이야기하고 있습니다. 여자는 어디로 갑니까?

F : 어쩌지, 벌써 9시야. 앞으로 30분 후에 시험이 시작되어 버려. 아, 죄송합니다. 미나미 고등학교까지 가는 법을 알려주실 수 없을까요?

M : 미나미 고등학교요? 으음, 아, 맞다. 미나미 고등학교는 저 버스 정류장에서 버스가 나오고 있어요. 30분 정도면 도착합니다.

F : 에, 30분이나 걸립니까? 빨리 가는 방법은 없습니까?

M : 그렇군요. 서두르는 거라면 버스보다 택시 쪽이 좋다고 생각합니다. 전철은 환승이 있고, 도착한 후에 역에서 조금 걷기 때문입니다.

F : 택시군요. 알겠습니다. 감사합니다.

M : 아닙니다. 아, 택시 승차장은 이쪽입니다.

F : 아, 죄송합니다. 감사합니다.

여자는 어디로 갑니까?

1

2

3

4

해설 여자의 목적지를 묻는 문제로 어디로 향하게 될지 문맥에 따라 잘 메모하면서 들어볼 필요가 있다. 여자는 시험이 30분 후에 시작되기 때문에 미나미 고등학교에 서둘러 가기를 원하고 있지만, 버스는 30분이나 걸리고 전철은 환승 후에 걷는 등 조건에 적합하지 않다. 남자가 버스를 타는 것보다 택시를 타는 것을 조언하고 있기 때문에 여자는 택시 승차장으로 향할 것이므로 3번이 정답이다.

어휘 駅前(역 앞) | どこ 어디 | もう(벌써) | あと(이후, 나중) | 試験(시험) | 始まる(시작되다) | ~てしまう・~ちゃう(~해 버리다) | 高校(고등학교) | ~まで(~까지) | 行き方(가는 법) | 教える(알리다, 가르치다) | バス停(버스 정류장) | 出る(나오다) | ~ている(~하고 있다) | ~くらい(~정도) | 着く(도착하다, 닿다) | かかる(걸리다) | 早く(빨리) | 行く(가다) | 方法(방법) | 急ぐ(서두르다) | ~より(~보다) | タクシー(택시) | ~のほうがいい(~쪽이 좋다) | 思う(생각하다) | 電車(전차, 전철) | 乗り換え(환승) | ある(있다) | ちょっと(조금) | 歩く(걷다) | 分かる(알다) | 乗り場(타는 곳, 승차장) | こっち(이쪽)

女の人と男の人が話しています。二人はこれからどこのカフェへ行きますか。

F：わあ、人が多いですね。私、ちょっと席があるか見てきますね。うーん、二人で座れる場所はありませんね。どうしましょうか。

M：うーんと、じゃあ、隣のデパートの喫茶店に行ってみようか。

F：あそこも土曜日は人が多いと思います。駅から少し遠いところだったら、人が少ないと思うんですが。

M：そうだね。じゃあ、交番の隣のカフェにしようか。

F：あ、いいですね。あそこなら広いですし、土曜日でも座れそうですね。

二人はこれからどこのカフェへ行きますか。

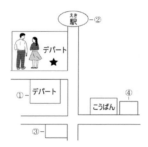

여자와 남자가 이야기하고 있습니다. 두 사람은 이제부터 어디의 카페에 갑니까?

F：와아, 사람이 많네요. 저, 잠깐 자리가 있나 보고 올게요. 으음, 둘이서 앉을 수 있는 자리는 없네요. 어떻게 할까요?

M：으음, 그러면, 옆 백화점의 찻집에 가 볼까?

F：거기도 토요일은 사람이 많을 것이라고 생각해요. 역에서 조금 먼 곳이라면, 사람이 적을 것이라고 생각하는데요.

M：그러게. 그럼, 파출소 옆 카페로 할까?

F：아, 좋네요. 거기라면 넓고, 토요일이어도 앉을 수 있을 것 같네요.

두 사람은 이제부터 어디의 카페에 갑니까?

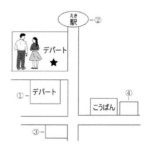

해설 남녀는 지금 있는 곳이 자리가 없으니 다른 카페로 가자고 의견을 교환하고 있다. 그런데 토요일이라서 백화점과 역 근처는 사람이 많으니 다른 곳을 찾자고 이야기를 하는 중에 「交番の隣のカフェ(파출소 옆 카페)」라고 언급하였으므로 4번이 정답이다.

어휘 どこ(어디) | カフェ(카페) | 行く(가다) | 人(사람) | 多い(많다) | ちょっと(조금) | 席(자리) | ある(있다) | 見る(보다) | ~てくる(~하고 오다) | 座る(앉다) | ~(ら)れる(~할 수 있다) | 場所(장소) | 隣(옆, 이웃) | デパート(백화점) | 喫茶店(찻집, 카페) | ~てみる(~해 보다) | あそこ(저기, 거기) | 土曜日(토요일) | 思う(생각하다) | 駅(역) | 少し(조금, 약간) | 遠い(멀다) | ところ(곳, 장소) | 少ない(적다) | 交番(파출소) | 広い(넓다)

女の人と男の人が話しています。女の人は何時にパーティー会場に着きますか。

F：たけしさん、明日のパーティー、何時から始まるか知っていますか。

M：ゆりさんが５時に始めると言っていましたよ。

F：５時ですか。私、４時に病院に行くので、少し遅れそうです。

M：少しくらい遅れても大丈夫ですよ。みんなには伝えておきますね。

F：ありがとうございます。病院からパーティー会場までは近いので、６時には着きそうです。

M：分かりました。

女の人は何時にパーティー会場に着きますか。

1　４時
2　５時
3　６時
4　７時

3번 정답 3

여자와 남자가 이야기하고 있습니다. 여자는 몇 시에 파티 행사장에 도착합니까?

F：다케시 씨, 내일 파티 몇 시부터 시작되는지 아세요?

M：유리 씨가 5시에 시작한다고 했어요.

F：5시입니까? 저는 4시에 병원에 가기 때문에 조금 늦을 것 같아요.

M：조금 늦어도 괜찮아요. 모두에게는 전해 둘게요.

F：감사합니다. 병원에서 파티 행사장까지는 가깝기 때문에, 6시에는 도착할 것 같아요.

M：알겠습니다.

여자는 몇 시에 파티 행사장에 도착합니까?

1　4시
2　5시
3　6시
4　7시

해설 여자의 도착 시간을 묻고 있는 문제로, 대화에서 '도착'이라는 키워드와 시간과 관련된 표현, 행동을 메모하면서 듣는 것이 좋다. 여자가 마지막에 「６時には着きそうです(6시에는 도착할 것 같아요)」라고 말했기 때문에 정답은 3번이 된다.

어휘 何時(몇 시, 어느 때) | パーティー(파티) | 会場(행사장) | 着く(도착하다, 닿다) | 明日(내일) | ～から(~부터) | 始まる(시작되다) | 知る(알다) | ～ている(~하고 있다) | 始める(시작하다) | 言う(말하다) | 病院(병원) | 行く(가다) | 少し(조금) | 遅れる(늦다) | ～そうだ(~할 것 같다, ~일 것 같다) | ～くらい(~정도, ~쯤) | 大丈夫だ(괜찮다) | 伝える(전하다, 알리다) | ～ておく(~해 두다) | 近い(가깝다) | 分かる(알다, 이해하다)

小学校の教室で女の先生が話しています。生徒はこのあと まず何をしますか。

초등학교 교실에서 여자 선생님이 이야기하고 있습니다. 학생은 이 다음에 우선 무엇을 합니까?

F : 皆さん、先生の話をよく聞いてください。今からバス で東京スカイツリーへ行きます。まず、皆さんが乗る バスには、下のほうにトランクルームという荷物を入れ るところがあります。大きな荷物は全部そこに入れてく ださい。入れ終わった人からバスに乗って、昨日決めた 席に座ってくださいね。東京に着いてから、みんなで お昼ごはんを食べますから、それまでお弁当は食べない ように。いいですね。では、荷物を持って廊下に並んで ください。順番に外に出ますよ。

F : 여러분, 선생님 이야기를 잘 들어주세요. 지금부터 버스로 도쿄 스카이트리에 갑니다. 우선, 여러분이 타는 버스에는 아래쪽에 트렁크 룸이라는 짐을 넣는 곳이 있습니다. 큰 짐은 전부 거기 에 넣어 주세요. 다 넣은 사람부터 버스를 타고, 어제 정한 자리 에 앉아 주세요. 도쿄에 도착하고 나서, 다 같이 점심을 먹을테 니까, 그때까지 도시락은 먹지 않도록. 알겠죠? 그럼, 짐을 갖 고 복도에 줄 서 주세요. 순서대로 밖으로 나갈게요.

生徒はこのあとまず何をしますか。

학생은 이 다음에 우선 무엇을 합니까?

1

2
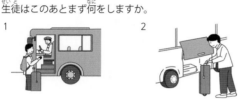

3

4

1

2

3

4

해설 선생님이 학생들에게 여러 가지를 지시하고 있다. 언제, 어느 타이밍에 해야 하는 일인지 잘 파악할 필요가 있다. 초반에 나온 「まず(우 선)」라는 말은 학생이 해야 하는 행동에 대해서 사용한 말이 아니므로 헷갈리지 말아야 한다. 선생님이 가장 마지막에 「では、荷物を持 って廊下に並んでください(그럼, 짐을 갖고 복도에 줄 서 주세요)」라고 했으므로 정답은 4번이다.

어휘 小学校(초등학교) | 教室(교실) | 先生(선생님) | 生徒(학생) | まず 우선 | 皆さん(여러분) | 話(말, 이야기) | 聞く(듣다) | ~てく ださい(~해 주세요) | 今(지금) | バス(버스) | 乗る((탈것 등에) 타다) | 下(아래) | ほう(쪽, 방향) | 荷物(짐) | 入れる(넣다) | とこ ろ(곳, 데) | 大きい(크다) | 全部(전부, 모두) | そこ(거기, 그곳) | 終わる(끝나다) | 昨日(어제) | 決める(정하다, 결정하다) | 席(자 리, 좌석) | 座る(앉다) | 着く(도착하다) | ~てから(~하고 나서) | 昼ごはん(점심(밥)) | 食べる(먹다) | それまで(그때까지) | 弁当 (도시락) | 持つ(들다, 가지다) | 廊下(복도) | 並ぶ(줄 서다) | 順番(순번, 차례) | 外(밖) | 出る(나가다)

家で女の人と男の人が話しています。男の人はどこからハンカチを出しますか。

F：あなた。ちょっと、私のハンカチ、取ってもらってもいい？

M：何？　ハンカチ？　どこにあるの？

F：その棚の上から二番目のところ。そこにハンカチとか靴下が入っているから。

M：え、ここ？　ないよ。シャツしか入ってないみたいだけど。

F：あー、そっちの二番目じゃなくて、右のほうの二番目。あるでしょ？

男の人はどこからハンカチを出しますか。

정답 4

집에서 여자와 남자가 이야기하고 있습니다. 남자는 어디서 손수건을 꺼냅니까?

F：여보. 잠깐만, 내 손수건 좀 집어줄 수 있어?

M：뭐? 손수건? 어디 있어?

F：그 선반의 위에서 두 번째. 거기 손수건이랑 양말이 들어 있어.

M：어, 여기? 없어. 셔츠밖에 안 들어있는 것 같은데.

F：아~ 그쪽 두 번째가 아니라 오른쪽 두 번째. 있지?

남자는 어디서 손수건을 꺼냅니까?

해설 위치를 나타내는 표현에 주의해서 푸는 문제로 선반 오른쪽의 위에서 두 번째라고 했으니 정답은 4번이 된다.

어휘 家(집)｜どこ(어디)｜ハンカチ(손수건)｜出す(내다, 내놓다, 꺼내다)｜ちょっと(잠깐)｜取る(잡다, 들다, 쥐다)｜～てもらう(~받다, ~해 받다)｜ある(있다)｜棚(선반)｜上(위)｜～から(~부터)｜二番目(두 번째)｜ところ(곳, 장소)｜そこ(거기, 그곳)｜靴下(양말)｜入る(들어가다)｜～ている(~해 있다, ~인 상태이다)｜ここ(여기)｜シャツ(셔츠)｜～しか(~밖에)｜～みたいだ(~같다)｜そっち(그쪽)｜右(오른쪽)｜ほう(방향, 쪽)｜～でしょう・でしょ(~이겠지요)

教室で女の生徒と男の生徒が話しています。女の生徒はこのあとまず何をしますか。

F：やっとテスト期間が終わったね。今回のテスト、少し難しかったと思わない？

M：うん、英語がいつもより難しかったね。あー、今日からまたゲームができる。

F：サトシ君って、ほんとゲームが好きだね。私は図書館で本を返したら、駅前に買い物に行くつもりだよ。欲しかった服があるんだ。

M：そうなんだ。誰と行くの？

F：隣のクラスのレイナと。サトシ君も一緒に行く？

M：ううん。僕は家で友達とゲームをするから、また今度にするよ。

女の生徒はこのあとまず何をしますか。

1   2

3   4

정답 3

교실에서 여학생과 남학생이 이야기하고 있습니다. 여학생은 이 다음에 우선 무엇을 합니까?

F : 드디어 시험 기간이 끝났네. 이번 시험, 조금 어려웠다고 생각하지 않아?

M : 응, 영어가 평소보다 어려웠지. 아~, 오늘부터 다시 게임을 할 수 있어.

F : 사토시 군은 정말 게임을 좋아하네. 나는 도서관에서 책을 반납하면, 역 앞에 쇼핑을 하러 갈 생각이야. 갖고 싶었던 옷이 있거든.

M : 그렇구나. 누구랑 가는데?

F : 옆 반 레이나랑. 사토시 군도 같이 갈래?

M : 아니. 나는 집에서 친구랑 게임을 할 거니까, 다음에 갈게.

여학생은 이 다음에 우선 무엇을 합니까?

1   2

3   4

해설 여학생에게 지금 가장 중요한 일은 역 앞에 쇼핑을 하러 가는 것이다. 하지만 그 이전에 「図書館で本を返したら(도서관에서 책을 반납하면)」라고 했으므로 정답은 3번이다.

어휘 教室(교실) | まず(우선) | やっと(드디어, 겨우) | テスト(시험) | 期間(기간) | 今回(이번, 이번 회) | 難しい(어렵다) | 思う(생각하다) | 英語(영어) | いつも(평소) | ゲーム(게임) | 好きだ(좋아하다) | 図書館(도서관) | 本(책) | 返す(돌려주다, 반납하다) | ～たら(~라면, ~하면) | 駅前(역 앞) | 買い物(쇼핑) | 行く(가다) | つもり(~할 생각) | 欲しい(바라다, 탐나다) | 服(옷) | 誰(누구) | 隣(옆, 이웃) | 一緒(함께) | 家(집) | 友達(친구) | 今度(다음)

7ばん

会社で女の人と男の人が話しています。女の人はエアコンの温度を何度にしますか。

F：うわ、この部屋、寒いですね。

M：あー。今日、外、35度だろ。暑くて暑くて、エアコンつけたんだよ。

F：それは分かりますけど、今ここ、20度ですよ。夏は28度って会社で決まってるの、知らないんですか。

M：え、そうだっけ。

F：そうですよ。寒いと体に悪いですから、温度上げますね。

M：分かったよ。

女の人はエアコンの温度を何度にしますか。

1　20度

2　27度

3　28度

4　35度

7번　정답 3

회사에서 여자와 남자가 이야기하고 있습니다. 여자는 에어컨 온도를 몇 도로 합니까?

F : 우와, 이 방, 춥네요.

M : 아~. 오늘 바깥, 35도잖아. 너무 더워서, 에어컨을 켰어.

F : 그건 이해하지만, 지금 여기 20도예요. 여름은 28도라고 회사에서 정해져 있는 거 모르시나요?

M : 어, 그랬던가?

F : 그래요. 추우면 몸에 좋지 않으니까 온도 올릴게요.

M : 알았어.

여자는 에어컨 온도를 몇 도로 합니까?

1　20도

2　27도

3　28도

4　35도

해설　여자는 방에 들어오자마자 춥다고 이야기하고 있다. 그래서 여자는 현재 온도인 20도는 너무 낮고, 추우면 몸에 안 좋으니 온도를 올리겠다고 말하고 있다. 하지만, 몇 도로 올리는지는 함께 말하지 않았기 때문에 대화를 통해 온도를 유추해야 한다. 「夏は28度って会社で決まってる(여름은 28도라고 회사에서 정해져 있다)」라고 말한 부분에서 몇 도로 온도를 올릴지 파악할 수 있기 때문에 정답은 3번이 된다.

어휘　会社(회사) | エアコン(에어컨) | 温度(온도) | 何度(몇 도) | 部屋(방) | 寒い(춥다) | 今日(오늘) | 外(밖, 바깥) | 度(도, 온도의 단위) | 暑い(덥다) | 分かる(알다, 이해하다) | 夏(여름) | 決まる(정해지다, 결정되다) | ~ている(~해 있다, ~인 상태이다) | 知る(알다) | 体(몸) | 悪い(나쁘다, 좋지 않다) | 上げる(올리다)

お店で男の人と女の人が話しています。男の人はどのタオルを買いますか。

M：あの、すみません。タオルを買いたいんですが。

F：はい、どんなタオルをお探しですか。

M：明日、野球の試合があるんです。そのときに使うスポーツタオルが欲しいのですが。

F：スポーツタオルですね。少しお待ちください。えーっと、すみません。今、スポーツタオルはこの白のタオル、一つしかありませんね。

M：白か、汚れちゃうからな。じゃ、顔を拭くフェイスタオルはありませんか。

F：フェイスタオルでしたら、たくさんありますよ。スポーツタオルより少し小さいですが、汗を拭くには十分だと思います。この棚の、上から2番目の、ここからあそこまでが全部フェイスタオルです。

M：わあ、たくさんありますね。うーん。あ、この黒、かっこいい。これにします。

男の人はどのタオルを買いますか。

1 しろの　スポーツタオル

2 くろの　スポーツタオル

3 しろの　フェイスタオル

4 くろの　フェイスタオル

가게에서 남자와 여자가 이야기하고 있습니다. 남자는 어느 타월을 삽니까?

M：저기, 죄송합니다. 타월을 사고 싶은데요.

F：네, 어떤 타월을 찾으시나요?

M：내일 야구 시합이 있어요. 그때 사용할 스포츠 타월을 갖고 싶은데요.

F：스포츠 타월이군요. 잠시 기다려 주세요. 으음, 죄송합니다. 지금, 스포츠 타월은 이 하얀 타월 하나밖에 없네요.

M：하얀색이라, 더러워져 버리니까. 그럼, 얼굴을 닦는 페이스 타월은 없나요?

F：페이스 타월이라면 많이 있어요. 스포츠 타월보다 조금 작지만 땀을 닦는 데는 충분하다고 생각해요. 이 선반 위에서 2번째의, 여기서부터 저기까지가 모두 페이스 타월이에요.

M：우와, 많이 있네요. 으음. 아, 이 검은색 멋있다. 이걸로 할게요.

남자는 어느 타월을 삽니까?

1 하얀색 스포츠 타월

2 검은색 스포츠 타월

3 하얀색 페이스 타월

4 검은색 페이스 타월

해설 이 문제는 남자의 의사결정 과정을 잘 따라가는 것이 중요하다. 남자는 처음에 스포츠 타월을 찾았지만, 매장에는 하얀색 타월밖에 없었다. 하지만 남자는 하얀색 타월은 금방 더러워지기 때문에 구매하고자 하는 타월을 페이스 타월로 변경한다고 했고, 결국에는 매장의 많은 종류의 페이스 타월 중에서 검은색을 구매하기로 결정했기 때문에 정답은 4번이 된다.

어휘 お店(가게) | どの(어느) | タオル(타월) | 買う(사다, 구매하다) | ～たい(~하고 싶다) | どんな(어떤) | 探す(찾다) | 明日(내일) | 野球(야구) | 試合(시합) | そのとき(그때) | 使う(쓰다, 사용하다) | スポーツタオル(스포츠 타월) | 欲しい(바라다, 탐나다) | 少し(조금) | 待つ(기다리다) | 今(지금) | 白(하얀색) | 一つ(하나) | ある(있다) | 汚れる(더러워지다) | 顔(얼굴) | 拭く(닦다) | フェイスタオル(페이스 타월) | たくさん(많이) | 小さい(작다) | 汗(땀) | 十分(충분) | 棚(선반) | 上(위) | ～から(~부터) | 2番目(2번째) | ここ(여기) | あそこ(저기) | 全部(전부, 모두) | 黒(검은색) | かっこいい(멋있다) | これ(이것)

もんだい2 もんだい2では、まず しつもんを 聞いて ください。 そのあと、もんだいようしを 見て ください。読む 時間が あります。 それから 話を 聞いて、 もんだいようしの 1から4の 中から、いちばん いい ものを 一つ えらんで ください。

れい

男の人と女の人が話しています。女の人はどうして学校を休みましたか。

M：昨日、学校休んだみたいだけど、何かあった？
F：うん、前の日から、おなかがずっと痛くて。
M：え、大丈夫？
F：うん。おなかは寝たら大分よくなったんだけど、起きたら熱もあって、病院に行ったほうがいいかなと思って。
M：そうだったんだね。あまり無理しないでね。

女の人はどうして学校を休みましたか。

1　おなかが　なおったから
2　びょういんに　行きたかったから
3　高い　ねつが　下がったから
4　くすりが　なかったから

문제 2 문제 2에서는 먼저 질문을 들으세요. 그 후 문제용지를 보세요. 읽을 시간이 있습니다. 그리고 이야기를 듣고, 문제용지의 1에서 4 중에서 가장 알맞은 것을 하나 고르세요.

예 정답 2

남자와 여자가 이야기하고 있습니다. 여자는 왜 학교를 쉬었습니까?

M : 어제 학교 쉰 것 같던데, 무슨 일 있었어?
F : 응, 전날부터 배가 계속 아파서.
M : 어, 괜찮아?
F : 응. 배는 잤더니 꽤 괜찮아졌는데, 일어났더니 열도 있어서 병원에 가는 편이 좋을 것 같아서.
M : 그랬구나. 너무 무리하지 마.

여자는 왜 학교를 쉬었습니까?

1　배가 나았기 때문에
2　병원에 가고 싶었기 때문에
3　높은 열이 내렸기 때문에
4　약이 없었기 때문에

1ばん

アパートの廊下で、男の人と女の人が話しています。男の人は缶とプラスチックのごみをいつ出しますか。

M：はじめまして。今日からここに住む北村と申します。これからよろしくお願いします。

F：あ、どうも。私は202号室の斉藤です。こちらこそよろしくお願いします。

M：すみません。一つ聞きたいんですが、ごみを出す日を教えてもらえませんか。

F：えっと、ごみは朝に出すことになっていて、燃えるごみは月、水、金曜日の朝に出します。

M：そうですか。缶やプラスチックも同じですか。

F：いいえ。そういうのは、火曜日とその次の日ですよ。

M：そうなんですね。家の前に出せばいいですか。

F：家の前ではなくて、駐車場の前に出してくださいね。

M：はい、分かりました。どうもありがとうございます。

男の人は缶とプラスチックのごみをいつ出しますか。

1　げつようびと　すいようびと　きんようび

2　かようび

3　かようびと　すいようび

4　きんようび

1번 정답 3

아파트 복도에서 남자와 여자가 이야기하고 있습니다. 남자는 캔과 플라스틱 쓰레기를 언제 내놓습니까?

M : 처음 뵙겠습니다. 오늘부터 여기에 사는 기타무라라고 합니다. 앞으로 잘 부탁드립니다.

F : 아, 반가워요. 저는 202호실의 사이토입니다. 저야말로 잘 부탁드립니다.

M : 죄송합니다. 한 가지 묻고 싶은데요, 쓰레기를 내놓는 날을 알려주실 수 없을까요?

F : 으음, 쓰레기는 아침에 내놓게 되어 있고, 타는 쓰레기는 월, 수, 금요일 아침에 내놓습니다.

M : 그렇습니까? 캔이나 플라스틱도 똑같나요?

F : 아뇨. 그런 것은 화요일과 그 다음 날이에요.

M : 그렇군요. 집 앞에 내놓으면 되나요?

F : 집 앞이 아니라 주차장 앞에 내놓아 주세요.

M : 네, 알겠습니다. 정말 감사합니다.

남자는 캔과 플라스틱 쓰레기를 언제 내놓습니까?

1　월요일과 수요일과 금요일

2　화요일

3　화요일과 수요일

4　금요일

해설 문제에 제시된 「缶やプラスチック(캔이나 플라스틱)」라는 핵심 단어를 잘 듣는 것이 중요하다. 대화 내에서 캔이나 플라스틱을 내놓는 날은 「火曜日とその次の日(화요일과 그 다음 날)」라고 언급했으므로 3번이 정답이다. 이 문장만 듣고 2번 화요일을 고르지 않도록 조심해야 한다.

어휘 廊下(복도) | 缶(깡통, 캔) | プラスチック(플라스틱) | ごみ(쓰레기) | いつ(언제) | 出す(내다, 내놓다) | 住む(살다, 거주하다) | ～と申します(~라고 합니다) | これから(앞으로) | ～号室(~호실) | こちらこそ(저야말로) | 一つ(하나) | 聞く(묻다, 질문하다) | 教える(알려 주다) | ～てもらう(~받다, ~해 받다) | 朝(아침) | ～ている(~해 있다, ~인 상태이다) | 燃える(타다, 불타다) | 同じだ(같다, 동일하다) | 火曜日(화요일) | 次(다음) | 日(날) | 家(집) | 前(앞) | ～ば(~면) | 駐車場(주차장) | ～てください(~해 주세요)

家で母親と男の子が話しています。男の子はどうして家に戻ってきましたか。

F：あら、さっき出たはずじゃなかった？　どうして戻ってきたの？　そんなに急いで、何かあった？
M：いや、ちょっと忘れ物しただけ。
F：もう。また鍵を持って出るのを忘れたの？
M：違うよ。鍵は持っているんだけど、英語の辞書を部屋に置いてきたの。
F：あらそう。早く行かないとスクールバスに乗れないわよ。
M：分かってるよ。いってきます。

男の子はどうして家に戻ってきましたか。

1　かぎを　もっていくのを　わすれたから
2　じしょを　もって　いかなかったから
3　バスに　のれなかったから
4　へやに　かぎをかけるのを　わすれたから

집에서 어머니와 남자아이가 이야기하고 있습니다. 남자아이는 왜 집에 돌아왔습니까?

F : 어머, 아까 나간 거 아니었어? 왜 돌아왔어? 그렇게 급하게, 무슨 일 있었어?
M : 아니, 좀 잊어버리고 두고 나간 게 있어서.
F : 정말. 또 열쇠를 갖고 나가는 걸 잊은 거야?
M : 아니야. 열쇠는 갖고 있는데, 영어 사전을 방에 두고 왔어.

F : 어머, 그렇구나. 빨리 가지 않으면 스쿨 버스에 못 탈 거야.
M : 알아. 다녀오겠습니다.

남자아이는 왜 집에 돌아왔습니까?

1　열쇠를 가져가는 걸 잊어버렸기 때문에
2　사전을 가지고 가지 않았기 때문에
3　버스를 타지 못했기 때문에
4　방 자물쇠를 잠그는 것을 잊었기 때문에

해설　「鍵は持っている(열쇠는 갖고 있다)」라고 말했으니 1번은 오답이다. 열쇠와 버스 단어들도 언급되지만 모두 남자아이가 집에 돌아온 이유는 될 수 없다. 정답으로 이어지는 문장인 「英語の辞書を部屋に置いてきたの(영어 사전을 방에 두고 왔어)」를 잘 들으면 두고 온 물건이 사전이라는 것을 알 수 있기 때문에 2번이 답이 된다.

어휘　家(집) | 母親(어머니) | どうして(왜, 어째서) | 戻る(되돌아오다, 되돌아가다) | さっき(아까) | 出る(나가다) | 急ぐ(서두르다) | 忘れ物(물건을 깜빡 잊고 두고 옴) | 鍵(열쇠) | 持つ(쥐다, 들다) | 忘れる(잊다) | 違う(다르다, 틀리다) | 英語(영어) | 辞書(사전) | 部屋(방) | 置く(두다) | ～てくる(~하고 오다) | 早く(빨리) | 行く(가다) | ～ないと(~하지 않으면) | スクールバス(스쿨 버스) | 乗る(타다) | かける(걸다, 잠그다)

ホテルで男の人と女の人が話しています。女の人はどうして男の人を呼びましたか。

M：田中様、お呼びでしょうか。1階の受付から参りました。

F：ありがとうございます。シャワーのお湯が出ないみたいなんですよ。

M：申し訳ございません。すぐに確認いたしますので、中に入ってもよろしいでしょうか。

F：はい、お願いします。何回やってみても、ずっと水のままなんです。

M：そうでしたか。少しお待ちください。あ、お客様、お湯は、水道のこちらの部分を右側ではなく、左側に変える必要があります。

F：あ、そうだったんですね。さっき電話で説明してもらえばよかったですね。すみません。ありがとうございました。

M：いえ。また何かございましたら、受付までご連絡ください。

女の人はどうして男の人を呼びましたか。

1　シャワーを　こわしたから
2　シャワーが　きたなかったから
3　シャワーの　おゆが　出なかったから
4　シャワーの　水が　出なかったから

호텔에서 남자와 여자가 이야기하고 있습니다. 여자는 왜 남자를 불렀습니까?

M : 다나카 님, 부르셨습니까? 1층 접수처에서 왔습니다.

F : 감사합니다. 샤워기의 온수가 나오지 않는 것 같아요.

M : 죄송합니다. 바로 확인할 테니, 안에 들어가도 되겠습니까?

F : 네, 부탁드립니다. 몇 번을 해 봐도, 계속 찬물 그대로예요.

M : 그랬습니까? 잠시만 기다려 주세요. 아, 손님, 온수는 수도꼭지의 이쪽 부분을 오른쪽이 아니라 왼쪽으로 바꿀 필요가 있습니다.

F : 아, 그렇군요. 아까 전화로 설명을 들으면 좋았겠네요. 죄송합니다. 감사합니다.

M : 아뇨. 또 무언가 있으시다면, 접수처로 연락 주십시오.

여자는 왜 남자를 불렀습니까?

1　샤워기를 부쉈기 때문에
2　샤워기가 더러웠기 때문에
3　샤워기의 온수가 나오지 않았기 때문에
4　샤워기의 물이 나오지 않았기 때문에

해설　「シャワーのお湯が出ないみたいなんですよ(샤워기의 온수가 나오지 않는 것 같아요)」라고 했으니 여자는 샤워기에서 온수가 나오지 않아서 남자를 불렀음을 알 수 있으므로 3번이 정답이다. 1번은 여자가 샤워기를 부순 것이 아니라, 샤워기가 고장난 것으로 생각하고 있으므로 오답이며, 「汚い」는 '더럽다'는 뜻으로, 대화에는 샤워기가 더럽다는 언급은 없었으므로 2번도 오답이다. 「何回やってみても、ずっと水のままなんです(몇 번을 해 봐도 계속 찬물 그대로예요)」라고 했으니 물이 아예 나오지 않는 것은 아님을 알 수 있으므로 4번도 오답이다.

어휘　ホテル(호텔) | 呼ぶ(부르다) | 様(~씨, ~님) | 階(층, 층계) | 受付(접수처) | 参る(오다) | シャワー(샤워, 샤워 장치) | お湯(뜨거운 물) | 出る(나오다) | 確認(확인) | 中(안) | 入る(들어가다) | ~ても(~해도, ~하더라도) | よろしい(괜찮다) | 何回(몇 번) | やる(하다) | ~てみる(~해 보다) | ずっと(계속) | 水(물) | ~まま(~그대로, ~채로) | 少し(조금) | 待つ(기다리다) | お客様(손님) | 水道(수도, 상수도) | こちら(이쪽) | 部分(부분) | 右側(오른쪽) | 左側(왼쪽) | 変える(바꾸다) | 必要(필요) | ある(있다) | さっき(아까) | 電話(전화) | 説明(설명) | ~てもらう(~해 받다) | 連絡(연락) | こわす(고장 내다) | きたない(더럽다)

女の子と男の子が話しています。女の子は将来、何になりたいですか。

F：コウキ君は将来、何になりたいの？
M：僕は、悪い人たちを捕まえたいから、警官になりたいな。
F：かっこいいね。でもコウキ君、サッカー選手にもなりたいんじゃなかったっけ。
M：うん。でも、そんなに上手じゃないから、やめたんだ。アヤちゃんは？
F：私は歯医者さんになりたいな。歯はとても大事だから、みんなの歯を守るの。
M：前はケーキ屋さんになりたいって言ってたけど、変わったんだね。

女の子は将来、何になりたいですか。

1　けいかん
2　サッカーせんしゅ
3　はいしゃさん
4　ケーキやさん

여자아이와 남자아이가 이야기하고 있습니다. 여자아이는 장래에 무엇이 되고 싶습니까?

F：코키 군은 장래에 무엇이 되고 싶어?
M：나는 나쁜 사람들을 잡고 싶으니까, 경찰관이 되고 싶어.
F：멋있네. 그런데 코키 군, 축구 선수도 되고 싶은 거 아니었어?
M：응. 그런데, 그렇게 잘하지 못하니까 그만뒀어. 아야는?

F：나는 치과 의사가 되고 싶어. 치아는 정말 중요하니까, 모두의 치아를 지키는 거야.
M：전에는 케이크 가게 주인이 되고 싶다고 말했었는데, 바뀌었구나.

여자아이는 장래에 무엇이 되고 싶습니까?

1　경찰
2　축구 선수
3　치과 의사
4　케이크 가게 주인

해설 '의사 선생님, 케이크 가게 주인, 치과 의사'와 같은 직업 이름을 잘 듣고 푸는 문제이다. 「はいしゃさん(치과 의사)」과 발음이 비슷한 「おいしゃさん(의사 선생님)」과 혼동하지 않도록 주의하자. 「サッカーせんしゅ(축구 선수)」는 남자아이의 장래 희망이니 대화의 주어를 잘 파악할 필요가 있다. 여자아이가 마지막에 「はいしゃさん(치과 의사)」이 되고 싶다고 했으므로 4번이 정답이다. 덧붙여 「警官(경찰관)」은 「警察官」, 「お巡りさん」이라고도 하므로 함께 알아 두자.

어휘 将来(장래) | なる(되다) | ～たい(～하고 싶다) | 悪い(나쁘다) | 捕まえる(잡다) | 警官(경찰관) | かっこいい(멋있다) | サッカー(축구) | 選手(선수) | そんなに(그렇게) | 上手だ(잘하다, 능숙하다) | やめる(그만두다) | 歯医者(치과 의사) | 歯(이빨, 치아) | とても(정말, 매우) | 大事だ(소중함, 중요함) | みんな(모두) | 守る(지키다) | 前(전, 이전) | ケーキ(케이크) | ～屋(~가게, 그 직업을 가진 사람) | 変わる(변하다, 바뀌다) | 医者(의사)

先生が生徒に話しています。生徒は明日、何時に集まりますか。

M：皆さん、集まってください。明日は、清水高校でバスケの試合がありますね。会場は清水高校の体育館です。朝9時に最初の試合が始まります。私たちは、えっと、11時から試合ですが、ほかの学校の試合を見たり、体を動かしたりしたいと思うので、朝8時50分に清水高校の体育館前に来てください。では明日、全部の試合で勝てるように頑張りましょう。

生徒は明日、何時に集まりますか。
1 午前7時50分
2 午前8時50分
3 午前9時
4 午前11時

선생님이 학생에게 이야기하고 있습니다. 학생은 내일 몇 시에 모입니까?

M：여러분, 모여 주세요. 내일은 시미즈 고등학교에서 농구 시합이 있죠. 회장은 시미즈 고등학교 체육관입니다. 아침 9시에 첫 시합이 시작됩니다. 우리는, 으음, 11시부터 시합인데요, 다른 학교의 시합을 보거나 몸을 움직이거나 하고 싶다고 생각하므로, 아침 8시 50분에 시미즈 고등학교 체육관 앞에 와 주세요. 그럼 내일, 모든 시합에 이길 수 있도록 열심히 합시다.

학생은 내일 몇 시에 모입니까?
1 오전 7시 50분
2 오전 8시 50분
3 오전 9시
4 오전 11시

해설 선택지를 미리 확인할 수 있는 경우, 지문을 들을 때 선택지와 연관된 내용을 주의 깊게 듣는 것이 문제 풀이에 도움이 된다. 선생님은 첫 시합 시간을 비롯하여 여러 시간을 언급했지만, 모이는 시간은「朝8時50分に清水高校の体育館前に来てください(아침 8시 50분에 시미즈 고등학교 체육관 앞으로 와 주세요)」라고 했으므로 2번이 정답이다.

어휘 明日(내일) | 何時(몇 시, 어느 때) | 集まる(모이다) | ～てください(~해 주세요) | 高校(고등학교) | バスケ(농구) | 試合(시합) | 会場(회장) | 体育館(체육관) | 最初(최초, 처음) | 始まる(시작되다) | ～から(~부터) | ほか(다른 것) | 見る(보다) | 体(몸) | 動かす(움직이다) | ～たり～たりする(~하거나 ~하거나 하다) | 思う(생각하다) | 朝(아침) | 前(앞) | 全部(모두, 전부) | 勝つ(이기다) | 頑張る(힘내다, 열심히 하다) | ～ましょう(~합시다) | 午前(오전)

女の人と男の人が話しています。男の人は、どうして残念だったと言っていますか。

F：昨日、見に行った映画、どうだった？　おもしろかった？

M：あー、それが、ほんと残念だった。

F：え？　今やってる映画の中でいちばん人気があるってテレビで見たけど、つまらなかったの？

M：映画はとてもおもしろかったよ。でも、隣の席の人がずっと携帯電話を触っていて、それが気になって気になって、なんかゆっくり見られなかったんだ。

F：あー、そういうことか。暗い映画館で携帯電話の光って、邪魔だよね。そのマナーのよくない人に注意しなかったの？　やめてくださいって。

M：うん。怖そうなおじさんで、言えなかった。

F：そっか。今度映画館に行くときは朝早い時間にするといいよ。人が少なくて、ゆっくり見られるから。

男の人は、どうして残念だったと言っていますか。

1　えいがが　つまらなかったから
2　マナーの　わるい　きゃくが　いたから
3　人が多くて　うるさかったから
4　こわい　えいがだったから

여자와 남자가 이야기하고 있습니다. 남자는 왜 아쉬웠다고 말하고 있습니까?

F : 어제 보러 간 영화 어땠어? 재밌었어?

M : 아~, 그게, 정말 아쉬웠어.

F : 어? 지금 하고 있는 영화 중에서 가장 인기있다고 TV에서 봤는데, 재미없었어?

M : 영화는 정말 재미있었어. 그런데 옆 자리 사람이 계속 휴대전화를 만지고 있어서, 그게 너무 신경이 쓰이고 신경이 쓰여서, 왠지 편하게 볼 수 없었어.

F : 아~, 그런 거구나. 어두운 영화관에서 휴대전화 빛이라니, 방해되지. 그 매너가 안 좋은 사람에게 주의를 주지 않았어? 그만해 달라고.

M : 응. 무서워 보이는 아저씨여서 말하지 못했어.

F : 그렇구나. 다음에 영화관에 갈 때는 아침 이른 시간으로 하면 좋아. 사람이 적어서 편하게 볼 수 있으니까.

남자는 왜 아쉬웠다고 말하고 있습니까?

1　영화가 재미없었기 때문에
2　매너가 나쁜 손님이 있었기 때문에
3　사람이 많아서 시끄러웠기 때문에
4　무서운 영화였기 때문에

해설 대화 속에서 영화 관람이 아쉬웠던 이유를 잘 찾아내는 것이 중요하다. 「マナーのよくない人(매너가 안 좋은 사람)」는 곧 「マナーの悪い客(매너가 나쁜 손님)」를 의미하므로 2번이 정답이다. 1번은 남자가 「映画はとてもおもしろかったよ(영화는 정말 재미있었어)」라고 했으므로 오답이며, 3번은 시끄러웠다는 이야기는 언급되지 않았으므로 오답이다. 마지막으로 남자가 무섭다고 말한 것은 영화가 아니라 옆에 앉아 있던 아저씨라고 했으므로 4번도 오답이다.

어휘 残念(유감스러움, 억울함) | 昨日(어제) | 映画(영화) | 面白い(재미있다) | やる(하다) | 〜ている(〜하고 있다) | いちばん(가장) | 人気(인기) | ある(있다) | つまらない(시시하다, 재미가 없다) | とても(정말) | 隣(옆, 이웃) | 席(자리, 좌석) | ずっと(계속) | 携帯電話(휴대전화) | 触る(손대다) | 気になる(신경 쓰이다) | なんか(왠지) | ゆっくり(편하게, 느긋하게) | 暗い(어둡다) | 光(빛) | 邪魔だ(방해가 되다) | マナー(매너, 예절) | 注意(주의) | やめる(그만두다) | 〜てください(〜해 주세요) | 怖い(무섭다) | 今度(다음에) | 映画館(영화관) | 朝(아침) | 早い(이르다, 빠르다) | 時間(시간) | 少ない(적다) | 〜(ら)れる(〜할 수 있다) | わるい(나쁘다) | うるさい(시끄럽다)

動物園の入り口で女の人と男の人が話しています。二人はどんなチケットを何枚買いますか。

M：えっと、入園料は全部でいくらになるんだろう。俺たち二人とお義母さんと真里香だから、大人三人と子供一人だ。

F：あら、あそこを見て。子供は11歳までって書いてあるわ。

M：え？　あ、本当だ。真里香は今日で12歳だから、子供ではなくなるのか。

F：そうみたいね。昨日来ればよかったわね。あ、ははは今63歳だから、安くなるかもしれないわよ。

M：それも書いてあるんじゃないか？　どれどれ。うーん。あー、安くなるのは65歳からだってさ。

F：なんだ、じゃ、みんな同じチケットね。

二人はどんなチケットを何枚買いますか。
1　大人　　3まいと　こども　1まい
2　大人　　3まい
3　大人　　2まいと　こども　1まい
4　大人　　4まい

동물원 입구에서 여자와 남자가 이야기하고 있습니다. 두 사람은 어떤 티켓을 몇 장 삽니까?

M : 으음, 입장료는 합해서 얼마가 되는 거지? 우리 2명과 장모님과 마리카니까, 어른 3명이랑 어린이 1명이야.

F : 어머, 저기 봐. 어린이는 11세까지라고 쓰여 있어.

M : 뭐? 아, 정말이네. 마리카는 오늘로 12살이니까, 어린이는 아니게 되는 건가.

F : 그런 것 같네. 어제 오면 좋았겠네. 아, 어머니는 지금 63세시니까, 할인될지도 몰라.

M : 그것도 쓰여 있는 거 아니야? 어디 보자. 으음. 아~, 할인되는 건 65세부터래.

F : 뭐야, 그럼, 모두 같은 티켓이네.

두 사람은 어떤 티켓을 몇 장 삽니까?
1　어른 3장과 어린이 1장
2　어른 3장
3　어른 2장과 어린이 1장
4　어른 4장

해설 티켓을 사는 인원은 여자와 남자, 장모님, 마리카 총 4명이다. 마리카는 생일이 지나서 어린이가 아닌 어른 요금을 내야 하며, 장모님은 63세이기 때문에 65살 이상 할인 혜택을 받지 못한다. 따라서 4명 모두 어른 요금을 지불해야 하므로 4번이 정답이다.

어휘 動物園(동물원) | 入り口(입구) | どんな(어떤) | チケット(티켓) | 何枚(몇 장) | 買う(사다, 구매하다) | 入園料(입원료, 입장료) | 全部(모두, 전부) | いくら(얼마) | 俺(나, 보통 남성이 자신을 격식 없이 부를 때) | ~たち(~들) | お義母さん(장모님) | 大人(어른, 성인) | 三人(3명) | 子供(어린이, 아이) | 一人(1명) | あそこ(저기) | 見る(보다) | ~歳(~세) | ~まで(~까지) | 書く(쓰다) | ~てある(~되어 있다) | 今日(오늘) | 昨日(어제) | 安い(값이 싸다, 저렴하다) | ~かもしれない(~일지도 모르다) | みんな(모두) | 同じ(같음, 동일함)

もんだい3では、えを 見ながら しつもんを 聞いて ください。➡ (やじるし)の 人は 何と 言いますか。 1から 3の 中から、いちばん いい ものを 一つ えらんで ください。

문제 3에서는 그림을 보면서 질문을 들으세요. ➡ (화살표)의 사람은 뭐라고 말합니까? 1에서 3 중에서 가장 알맞을 것을 하나 고르세요.

れい

一緒に映画を見に行きたいです。何と言いますか。

F : 1 映画、見に行ってきたの？
　　 2 今度、一緒に映画でも行かない？
　　 3 この映画、おもしろいよね。

예 정답 2

함께 영화를 보러 가고 싶습니다. 뭐라고 말합니까?

F : 1 영화 보러 갔다 왔어?
　　 2 다음에 같이 영화라도 보러 가지 않을래?
　　 3 이 영화, 재밌지?

1ばん

これから学校に行きます。何と言いますか。

M : 1 いってきます。
　　 2 参りました。
　　 3 いってらっしゃい。

1번 정답 1

이제부터 학교에 갑니다. 뭐라고 말합니까?

M : 1 다녀오겠습니다.
　　 2 왔습니다.
　　 3 잘 다녀와.

해설 외출할 때 사용하는 '다녀오겠습니다'라는 인사 표현은 「いってきます」를 사용하므로, 정답은 1번이 된다. 2번의 「参る」는 '가다', '오다'의 겸양 표현으로 오답이며, 3번 「いって(い)らっしゃい(다녀오세요)」는 화살표의 인물이 아니라 현관에서 배웅하는 어머니가 사용해야 하는 표현이기 때문에 오답이다.

어휘 これから(이제부터) | 学校(학교) | 行く(가다) | いってきます(다녀오겠습니다) | 参る(오다, 지다) | いってらっしゃい(잘 다녀와)

2ばん

友達が学校の庭に花を植えています。手伝いたいです。何と言いますか。

F : 1 あのう、手伝ってくれますか。
　　 2 きれいな花ですね。私も手伝いましょうか。
　　 3 きれいでしょう。一緒にやりませんか。

2번 정답 2

친구가 학교 정원에 꽃을 심고 있습니다. 돕고 싶습니다. 뭐라고 말합니까?

F : 1 저기, 도와주실래요?
　　 2 예쁜 꽃이네요. 저도 도울까요?
　　 3 예쁘죠. 같이 하지 않으실래요?

해설 2번의 「〜ましょうか」는 '~할까요?'라는 뜻으로, 스스로 도움을 제안하는 표현이므로 정답이다. 1번과 3번은 먼저 꽃을 심고 있는 친구가 '도와주세요' 혹은 '같이 할래요?'라는 의미로 사용할 수 있는 표현이므로 오답이다.

어휘 友達(친구) | 学校(학교) | 庭 (정원, 마당) | 花(꽃) | 植える(심다) | 〜ている(~하고 있다) | 手伝う(거들다, 돕다) | 〜たい(~하고 싶다) | 〜てくれる(~해 주다) | きれいだ(예쁘다, 아름답다) | 〜ましょうか(~할까요?) | 〜でしょう(~겠지요) | 一緒(함께, 같이) | 〜ませんか(~하지 않을래요?)

声が小さくて、よく聞こえません。何と言いますか。

M：1　先生、どういうことでしょうか。

　　　2　あのう、もっとゆっくりしてください。

　　　3　すみません、もう少し大きい声でお願いします。

소리가 작아서 잘 들리지 않습니다. 뭐라고 말합니까?

M：1　선생님, 어떻게 된 거죠?

　　　2　저기, 더 천천히 해 주세요.

　　　3　죄송합니다. 조금 더 큰 소리로 부탁드립니다.

해설　소리가 잘 안 들리는 상황이기 때문에, 소리를 크게 해 달라고 요청하는 내용이 이어져야 한다. 따라서 「大きい声でお願いします(큰 소리로 부탁드립니다)」라고 요청하고 있는 3번이 정답이다. 1번의 「どういうこと(어떻게)」라는 표현은 대화의 내용 자체에 대해서 묻고 있는 것이 되기 때문에 오답이며, 2번은 「ゆっくり(느긋하게, 천천히)」라는 의미로, 말을 천천히 해 달라는 표현이다. 이 문제에서는 말이 빠르다고 한 것이 아니기 때문에 대답으로 적합하지 않으므로 오답이다.

어휘　声(소리, 목소리) | 小さい(작다) | よく(잘) | 聞こえる(들리다) | 先生(선생님) | ～でしょうか(~인 거죠?) | もっと(조금 더) | ゆっくり(느긋하게, 천천히) | ～てください(~해 주세요) | 少し(조금) | 大きい(크다) | お願いします(부탁합니다)

友達のパソコンを借りたいです。何と言いますか。

F：1　ちょっと貸していい？

　　　2　パソコン、借りてあげる。

　　　3　ちょっと貸してくれない？

친구의 컴퓨터를 빌리고 싶습니다. 뭐라고 말합니까?

F：1　잠깐 빌려줘도 돼?

　　　2　컴퓨터 빌려줄게.

　　　3　잠깐 빌려주지 않을래?

해설　3번의 「～してくれない?(빌려주지 않을래?)」가 '상대방에게 빌려달라고 부탁'하는 표현이므로 정답이 된다. 1번은 컴퓨터 소유자에게 제3자에게 빌려줘도 되는지 묻는 표현으로, 이 문제에서는 자신이 빌리고자 하는 표현을 찾아야 하므로 적합하지 않다. 「借りる」는 '내가 상대방에게 빌리다'라는 뜻이고 「あげる」는 '내가 상대방에게 주다'라는 의미이기 때문에 2번 「借りてあげる」는 성립되지 않는 표현이므로 오답이 된다.

어휘　友達(친구) | パソコン(컴퓨터) | 借りる(빌리다) | ～たい(~하고 싶다) | ちょっと(조금, 잠깐) | 貸す(빌려 주다) | ～てもいい(~해도 괜찮다)

駅の切符売り場です。忘れ物に気づかない人がいます。何と言いますか。

F：1　あの、お金がないんですか。

　　　2　お財布、もらいましょうか。

　　　3　あの、お財布を忘れていますよ。

역의 매표소입니다. 분실물을 눈치채지 못하는 사람이 있습니다. 뭐라고 말합니까?

F：1　저기, 돈이 없나요?

　　　2　지갑, 받을까요?

　　　3　저기, 지갑을 잊으셨어요. (놓고 가셨어요.)

해설　「忘れ物(분실물)」를 눈치채지 못한 사람에게 해야 할 말은 분실물이 있다는 사실을 알려주거나 분실물을 돌려주는 일이다. 따라서 지갑을 잊었다는 사실을 알려주고 있는 3번이 정답이 된다. 1번은 돈이 없는지를 묻고 있으며, 2번은 '지갑을 받을까요?'라고 묻고 있으므로 적합하지 않다.

어휘　駅(역) | 切符売り場(매표소) | 忘れ物(깜빡 잊은 물건) | 気づく(깨닫다, 눈치 채다) | お金(돈) | 財布(지갑) | もらう(받다, 얻다) | 忘れる(잊다) | ～ている(~해 있다, ~인 상태이다)

もんだい4 もんだい4では、えなどが ありません。まず ぶんを 聞いて ください。それから、そのへんじを 聞いて、1から3の 中から、いちばん いい ものを 一つ えらんで ください。

문제 4 문제 4에서는 그림 등이 없습니다. 우선 문장을 들으세요. 그리고 그 대답을 듣고 1에서 3 중에서 가장 알맞은 것을 하나 고르세요.

れい

F：先輩、この資料、私が作っておきますね。

M：1　うん、作っておいたよ。
　　2　それなら作ろうか。
　　3　うん、よろしく頼むよ。

예 정답 3

F：선배, 이 자료, 제가 만들어 둘게요.

M：1　응, 만들어 뒀어.
　　2　그러면, 만들까?
　　3　응, 잘 부탁해.

1ばん

F：その服、どこで買いましたか。

M：1　昨日、駅前のお店に行きました。
　　2　家の近くにある新しいデパートです。
　　3　ここから近いところに行きます。

1번 정답 2

F：그 옷, 어디서 사셨나요?

M：1　어제 역 앞의 가게에 갔습니다.
　　2　집 근처에 있는 새 백화점입니다.
　　3　여기서 가까운 곳에 갑니다.

해설 옷을 어디서 샀는가를 묻고 있으므로 구체적인 장소를 대답해야 한다. 1번에서 가게에 갔다고 장소를 말하고 있어서 정답으로 혼동하기 쉽지만, 화자는 역 앞의 가게에 갔다는 행동에 대해서 설명하고 있는 문장이므로 정답으로 적합하지 않다. 2번은 백화점이라는 구체적인 장소를 언급하고 있기 때문에 정답이 된다. 3번의 경우 앞으로 가까운 곳에 갈 것이라는 미래의 이야기를 하고 있으므로 오답이 된다.

어휘 服(옷)｜どこ(어디, 어느 곳)｜買う(사다, 구매하다)｜昨日(어제)｜駅前(역 앞)｜店(가게)｜行く(가다)｜近く(근처)｜新しい(새롭다)｜デパート(백화점)｜ここから(여기서)｜近い(가까운)｜ところ(곳, 장소)

2ばん

M：冷蔵庫にあったケーキ、誰かに食べられちゃった。

F：1　えー、おいしかった？
　　2　えー、いいなあ。
　　3　えー、誰が食べたんだろう。

2번 정답 3

M：냉장고에 있던 케이크, 누가 먹어버렸어.

F：1　어, 맛있었어?
　　2　어, 좋겠다.
　　3　어, 누가 먹은 거지?

해설 주어진 문장은 '누군가'가 멋대로 먹어버렸다는 것이 중요 포인트다. 따라서 대답으로는 3번의 '누가 먹은 거지?'라는 표현이 가장 적합하므로 정답이 된다. 1번은 대화 상대가 '누가 먹었는지' 질문한 사람에게 맛있었냐고 묻는 내용이 되므로 대화로서 부자연스럽다. 2번의 '좋겠다'는 표현은 피해를 당한 화자에게 '좋겠다'라고 말하고 있으므로 대답으로서 적합하지 않아 오답이 된다.

어휘 冷蔵庫(냉장고)｜ある(있다)｜ケーキ(케이크)｜誰(누구)｜食べる(먹다)｜〜てしまう・〜ちゃう(~해 버리다)

F：急いで準備しないと間に合いませんよ。

M：1　いえ、似合っていますよ。
　　2　すみません、できるだけ急ぎます。
　　3　え、今、忙しくないんですか。

F : 서둘러서 준비하지 않으면 늦을 거예요.

M : 1　아뇨, 어울려요.
　　2　죄송합니다, 가능한 한 서두르겠습니다.
　　3　어, 지금 바쁘지 않나요?

해설 서둘러 준비해야 한다는 여자의 말에 대해서, 1번에서는 '어울린다'고 대답하고 있으므로 오답이 된다. 3번 역시 '바쁘지 않나요?'라고 되묻고 있으므로 대화로서 자연스럽지 못해 오답이 된다. 따라서, 2번「すみません、できるだけ急ぎます(죄송합니다, 가능한 한 서두르겠습니다)」라는 표현이 가장 자연스러우므로 정답이 된다.

어휘 急ぐ(서두르다) | 準備(준비) | ～ないと(~하지 않으면) | 間に合う(시간에 맞추다) | 似合う(어울리다, 잘 맞다) | ～ている(~인 상태이다) | できるだけ(가능한 한, 되도록) | 忙しい(바쁘다)

4ばん

F：欲しがっていたおもちゃを買ってあげたの？

M：1　うん、買ってもらったよ。
　　2　うん、買ってあげたよ。
　　3　うん、買ってあげよう。

F : 갖고 싶어 하던 장난감을 사 줬어?

M : 1　응, 사 받았어.
　　2　응, 사 줬어.
　　3　응, 사 주자.

해설 화자는 장난감을 누군가에게 사 주었느냐고 묻고 있다. 따라서 이에 대한 대답으로는 '사 주었다' 혹은 '사 주지 않았다'와 같은 표현이 적합하다. 2번은 '~해 주다'라는 의미로「～てあげる」를 사용하였으므로 정답이 된다. 1번은 '받다' 동사를 사용하였기에 오답이며, 3번은 (앞으로) 사 주자고 권유하고 있어 대답으로 적절하지 않으므로 오답이다.

어휘 欲しい(바라다, 원하다) | ～がる(~하고 싶어하다, ~해 하다) | ～ている(~하고 있다, ~인 상태이다) | おもちゃ(장난감) | 買う(사다, 구매하다) | ～てもらう(~해 받다) | ～てあげる(~해 주다)

5ばん

M：すみません。熱が出てきたので今日は帰らせてもらえませんか。

F：1　ええ、おかげさまで。
　　2　いえ、結構です。
　　3　いいですよ。大丈夫ですか。

M : 죄송합니다. 열이 나서 오늘은 돌아가도 될까요?

F : 1　네, 덕분입니다.
　　2　아뇨, 괜찮습니다.
　　3　좋아요. 괜찮아요?

해설 화자는「帰らせてもらえませんか(집에 돌아가도 될까요?)」라고 허가를 요청하고 있다. 따라서 '돌아가도 된다/안 된다'라는 허가와 관련된 대답이 이어져야 하기 때문에 3번의 '좋아요'가 적절하며,「大丈夫ですか(괜찮아요?)」는 몸이 좋지 않다는 말에 대한 위로 혹은 걱정의 마음을 담아 묻고 있는 표현이다. 1번은 근황을 묻는 말 등에 감사의 마음을 담아 대답할 때 사용하는 표현이며, 2번의「結構です(괜찮습니다)」는 상대방의 제안 등을 거절할 때 사용하는 표현으로 오답이다.

어휘 熱(열) | 出る(나오다) | ～てくる(~해 오다) | 今日(오늘) | 帰る(돌아가다) | ～てもらう(~해 받다) | おかげさま(덕분) | 結構(괜찮음, 사양하는 의미) | 大丈夫(괜찮음)

F：山本さん、ロッカーの鍵をどこで落としたか思い出しましたか。

M：1　上着のポケットに入れたことがあります。

　　2　一時間目に行った教室です。

　　3　ロッカーの中にちゃんと入れることにしました。

6번 **정답** 2

F：야마모토 씨, 로커 열쇠를 어디서 잃어버렸는지 생각났나요?

M：1　겉옷 주머니에 넣은 적이 있습니다.

　　2　1교시에 간 교실입니다.

　　3　락커 안에 잘 넣기로 했습니다.

해설 야마모토 씨는 열쇠를 어디서 잃어버렸는지에 대한 대답을 찾으면 되는데, 1번의 경우 「入れたことがあります(넣은 적이 있습니다)」라고 하며 자신의 경험에 대해서 말하고 있으므로 오답이며, 3번은 「入れることにしました(넣기로 했습니다)」라고 하며 앞으로 어떻게 할 것인지에 대해 말하는 표현으로 오답이다. 2번은 명확한 분실 장소를 말하며 생각났다는 것을 간접적으로 전달하고 있기 때문에 정답이 된다.

어휘 ロッカー(로커) | 鍵(열쇠) | どこ(어디) | 落とす(잃어버리다, 떨어뜨리다) | 思い出す(생각해 내다, 떠올리다) | 上着(겉옷) | ポケット(주머니) | 入れる(넣다) | ～たことがある(~한 적이 있다) | 一時間目(1교시) | 行く(가다) | 教室(교실) | 中(안) | ちゃんと(잘, 제대로, 확실히) | ～ことにする(~하기로 하다)

M：悪いけど、これ、エリさんに渡しておいて。

F：1　うん、お願いしてね。

　　2　えっ、私が？

　　3　うん、渡してくれたよ。

7번 **정답** 2

M：미안하지만 이거, 에리 씨에게 전해줘.

F：1　응, 부탁해 줘.

　　2　어? 내가?

　　3　응, 전해 줬어.

해설 남성은 '에리 씨에게 전해달라고 부탁하고 있으므로 이에 대한 대답은 '전해주겠다'는 승낙이나 거절이 와야 한다. 2번은 남자의 부탁에 놀라며 「えっ、私が？(어라, 내가?)」라고 반문하며 완곡히 거절하는 의미가 되므로 2번이 정답이 된다. 1번은 상대방에게, 누군가에게 부탁하라고 확인하는 의미가 되므로 자연스럽지 못하여 오답이 된다. 3번은 에리 씨에게 '전해달라'고 부탁하는 상황인데 상대방이 나에게 전해 주었다고 말하고 있으므로 오답이 된다.

어휘 悪い(미안하다) | 渡す(건네주다, 넘겨주다) | ～ておく(~해 두다) | お願いする(부탁하다) | 私(나) | ～てくれる((상대방이 나 혹은 나와 가까운 사람에게 내가 혹은 그룹의 사람에게) ~해 주다)

M：すみません。そこにあるボールペン、ちょっと使ってもいいですか。

F：1　借りられていいですね。

　　2　私の机に置いてありますよ。

　　3　もちろんです。どうぞ。

8번 **정답** 3

M：죄송합니다. 거기 있는 볼펜, 잠깐 써도 될까요?

F：1　빌릴 수 있어서 다행이네요.

　　2　제 책상에 놓여 있어요.

　　3　물론입니다. 여기요.

해설 사용해도 괜찮은지 허가를 요청하는 남자에 대한 대답으로 '물론입니다, 여기요'라고 흔쾌히 대답하는 3번이 가장 자연스러우므로 정답이 된다. 1번의 경우 '다행이네요'라고 다른 사람의 이야기처럼 대답하고 있기 때문에 오답이다. 2번은 어디에 있는지 위치를 대답하고 있기 때문에 완곡한 허가로도 생각될 수 있지만, 더욱 적합한 3번의 선택지가 있기 때문에 오답이 된다.

어휘 ボールペン(볼펜) | ちょっと(잠깐, 조금) | 使う(사용하다) | ～てもいい(~해도 좋다, ~해도 괜찮다) | 借りる(빌리다) | 私(나) | 机(책상) | 置く(두다, 놓다) | ～てある(~되어 있다) | もちろん(물론, 말할 것도 없이) | どうぞ(여기요, 상대방에게 무언가를 권하는 것)

언어지식[문자·어휘]

もんだい1		もんだい4	
1	4	21	1
2	2	22	2
3	4	23	3
4	4	24	4
5	2	もんだい5	
6	3	25	1
7	3	26	4
もんだい2		27	3
8	3	28	2
9	3		
10	3		
11	1		
12	4		
もんだい3			
13	1		
14	3		
15	4		
16	2		
17	3		
18	4		
19	2		
20	3		

언어지식[문법]·독해

もんだい1		もんだい3	
1	4	18	1
2	2	19	2
3	1	20	3
4	2	21	4
5	3	もんだい4	
6	2	22	2
7	2	23	1
8	4	24	3
9	1	もんだい5	
10	1	25	2
11	3	26	3
12	4	27	2
13	1	もんだい6	
もんだい2		28	3
14	1	29	2
15	1		
16	2		
17	3		

청해

もんだい1		もんだい3	
れい	1	れい	2
1ばん	1	1ばん	2
2ばん	4	2ばん	3
3ばん	4	3ばん	2
4ばん	3	4ばん	1
5ばん	3	5ばん	2
6ばん	3	もんだい4	
7ばん	1	れい	3
8ばん	1	1ばん	2
もんだい2		2ばん	2
れい	2	3ばん	2
1ばん	2	4ばん	3
2ばん	2	5ばん	3
3ばん	3	6ばん	1
4ばん	2	7ばん	2
5ばん	3	8ばん	1
6ばん	4		
7ばん	2		

1교시 언어지식(문자·어휘)

본책 75 페이지

もんだい1 _____의 말은 히라가나로 어떻게 씁니까? 1·2·3·4에서 가장 알맞은 것을 하나 고르세요.

1 정답 4

앞으로도 신세를 지겠습니다.

해설 「世」의 음독은 「せ」이고, 「話」의 음독은 「わ」이므로, 「世話(신세, 보살핌)」는 「せわ」라고 읽는다. 이 단어는, 「世話になる」의 형태가 되면 '신세를 지다, 폐를 끼치다'라는 의미가 되고, 「世話する」는 '보살피다, 돌보다'라는 뜻이 된다.

빈출 世の中(세상) | 話(이야기) | 電話(전화)

어휘 これからも(지금부터도, 앞으로도)

2 정답 2

섬과 섬 사이를 헤엄쳐서 건넙니다.

해설 「間」의 음독은 「かん」이고 훈독은 「あいだ」로, '사이'란 의미를 갖고 있다. 이 문장에서는 '섬과 섬 사이(의 거리)'라는 의미로 쓰이고 있으므로 훈독으로 읽어야 하고 정답은 2번이다.

빈출 期間(기간)

어휘 しま(섬) | 間(사이) | およぐ(헤엄치다) | わたる(건너다)

3 정답 4

이것은 레스토랑 주인이 만든 요리다.

해설 「主」의 음독은 「しゅ」이고 「人」의 음독은 「じん·にん」인데, 「主人」은 「しゅじん」으로 읽는다. 「主人」은 '1 업체나 사업장의 주인 2 남편'이라는 의미가 있으므로 문맥에 따라 의미를 판단해야 한다.

빈출 主婦(주부) | 個人(개인)

어휘 レストラン(레스토랑) | 主人(주인) | つくる(만들다) | りょうり(요리)

4 정답 4

이 뒤에 오늘의 일기 예보를 전하겠습니다.

해설 「予」의 음독은 「よ」이며 「報」의 음독은 「ほう」이므로 「予報」는 「よほう」로 읽는다. 「予」를 「よう」와 같이 장음을 넣어 읽지 않도록 주의하자.

빈출 予約(예약) | 予定(예정)

어휘 このあと(이 뒤) | 今日(오늘) | 天気予報(일기 예보) | つたえる(전하다)

5 정답 2

내일 오전 9시부터 회의를 하겠습니다.

해설 「行」의 음독은 「こう·ぎょう」이고, 훈독은 「行く(가다)·行う(행하다, 실행하다)」로, 답은 2번이 된다. 다른 선택지 1 かよう(다니다), 3 ならう(배우다), 4 つかう(사용하다)도 빈출 동사이니 꼭 기억해 두자.

빈출 行動(행동) | 通う(다니다) | 習う(배우다) | 使う(사용하다)

어휘 あした(내일) | ごぜん(오전) | ~時(~시) | ~から(~부터) | かいぎ(회의) | 行う(행하다, 실행하다)

6 정답 3

창문을 열고 깨끗한 공기를 마시고 싶다.

해설 「空」의 음독은 「くう」이고, 「気」의 음독은 「き」이므로, 「空気(공기)」는 「くうき」로 읽는다. 2번 선택지 「こうき」가 함정인 문제로, 「空」의 음독만 잘 알고 있다면 쉽게 정답을 찾을 수 있다.

빈출 空(하늘) | 病気(병) | 気分(기분)

어휘 まど(창문) | あける(열다) | きれいだ(깨끗하다) | 空気(공기) | すう(들이마시다)

7 정답 3

이건 상당히 편리한 도구군요.

해설 「便」의 음독은 「べん」이고, 「利」의 음독은 「り」이므로, 「便利(편리)」는 「べんり」로 읽는다.

빈출 不便だ(불편하다)

어휘 なかなか(상당히, 꽤나) | 便利だ(편리하다) | どうぐ(도구)

8 정답 3

어제 남자친구와 헤어졌습니다.

해설 「わかれる」는 '헤어지다'란 뜻으로 한자는 「別れる」인데, 동음이의어인 1번 「分かれる(갈라지다, 나뉘다)」와 혼동하지 않도록 주의하자. 다른 선택지 4 離れる(떨어지다)도 체크해 두자.

빈출 別に(딱히, 별로) | 忘れる(잊다)

어휘 かれし(남자친구) | わかれる(헤어지다)

9 정답 3

여기에서 조금 기다리고 있어 주세요.

해설 「まつ」는 '기다리다'란 뜻으로 한자는 「待つ」로 쓴다. 선택지 1번의 「もつ」는 한자로 「持つ」라고 쓰는데 헷갈리기 쉬우니 주의하자. 형태가 아주 유사한 한자로 실수를 유도하는 문제이기 때문에, 부수까지 세심하게 체크해서 오답을 줄이는 것이 필요하다.

빈출 持つ(갖다) | 取る(잡다, 쥐다)

어휘 ここ(여기) | すこし(조금) | ～てください(~해 주세요)

10 정답 3

하늘을 봤더니 새가 많이 날고 있었습니다.

해설 「とり」는 '새'란 뜻으로 한자는 「鳥」로 쓴다. 다른 선택지 1 島(섬), 2 魚(물고기), 4 烏(까마귀)도 함께 기억하자.

빈출 犬(개) | 馬(말) | 牛(소)

어휘 そら(하늘) | 鳥(새) | たくさん(많이) | とぶ(날다)

11 정답 1

이 가게의 점원은 모두 친절합니다.

해설 「しんせつ」는 '친절'이란 뜻으로 한자는 「親切」로 쓴다. 다른 선택지도 똑같이 「しんせつ」로 읽히지만 존재하지 않는 단어이다. 3번 오답 선택지에서 「新(새로울 신)」을 찾아낼 수 있는지가 포인트인 문제이다.

빈출 大切だ(중요하다, 귀중하다)

어휘 お店(가게) | てんいん(점원) | みんな(모두) | 親切だ(친절하다)

12 정답 4

고등학생 때 이(여기) 식당에서 자주 밥을 먹었습니다.

해설 「しょくどう」는 '식당'이란 뜻으로 한자는 「食堂」으로 쓴다.

빈출 食事(식사) | 教室(교실) | 図書館(도서관)

어휘 高校生(고등학생) | ころ(때, 쯤, 무렵) | 食堂(식당) | よく(자주) | ごはん(밥) | たべる(먹다)

13 정답 1

이 수영장은 (얕기) 때문에 아이가 헤엄쳐도 안전합니다.

해설 괄호 뒤에서 '어린이가 수영해도 안전하다'고 했으므로 이 수영장은 「あさい(얕다)」라는 것을 알 수 있다. 따라서 정답은 1번이 된다.

오답 2 ひろい(넓다) 3 つめたい(차갑다) 4 ふかい(깊다)

어휘 プール(수영장) | こども(아이, 어린이) | およぐ(수영하다) | あんぜんだ(안전하다)

14 정답 3

그는 선생님으로부터 받은 펜을 (소중)히 하고 있다.

해설 「だいじにする」는 '소중히 하다, 아끼다'라는 뜻이다. 이 문제에서는 '선생님에게 받은 펜을'에 이어져야 하므로 3번이 정답이다.

오답 1 ひつよう(필요) 2 ねっしん(열심) 4 なるほど(정말, 과연)

어휘 かれ(그) | 先生(선생님) | もらう(받다) | ペン(펜)

15 정답 4

약속 시간에 늦은 그녀는 '죄송합니다'라며 (사과했다).

해설 「ごめんなさい」는 '죄송합니다'라는 사과 표현으로, 다른 표현으로는 「すみません」, 더욱 공손한 사과 표현으로는 「申し訳ありません」이 있다. 따라서 괄호에는 '사과하다'의 의미인 4번 あやまる「謝る(사과하다)」가 오는 것이 가장 적합하다.

오답 1 ふる((비가) 내리다) 2 うかがう(여쭙다, 찾아 뵙다) 3 ならう(익히다, 배우다)

어휘 やくそく(약속) | じかん(시간) | おくれる(늦다) | かのじょ(그녀) | ごめんなさい(죄송합니다)

정답 2

엄마로부터의 선물이 오늘 (도착했다).

해설 '엄마가 보낸 선물이' 뒤에 이어져야 하므로 정답은 2번 「と
どく」이다. 「とどく」에는 '1 (보낸 것이) 닿다, 도착하다
2 (두루두루) 잘 미치다'라는 뜻이 있으며, 여기에서는 '선물
이 도착하다'라는 의미로 사용되었다.

오답 1 かぞえる(세다, 계산하다) 3 さそう(권하다, 유혹하다)
4 あんないする(안내하다)

어휘 はは(엄마, 어머니) | プレゼント(선물) | きょう(오늘)

17 **정답** 3

슈퍼마켓 (계산대)에서 1,000엔을 지불했습니다.

해설 괄호 뒤에서 돈을 지불하고 있다고 하고 있기 때문에 문맥상
자연스러운 것은 3번 「レジ(계산대)」이다. 나머지 선택지들
은 모두 슈퍼마켓과 어울리지 않는 명사이다.

오답 1 スクリーン(스크린) 2 ワープロ(워드 프로세서의 줄임
말) 4 レポート(리포트)

어휘 スーパー(슈퍼마켓) | レジ(계산대) | はらう(지불하다)

18 **정답** 4

이 텔레비전은 오래되어서 가격은 (그다지) 비싸지 않아요.

해설 문맥상 자연스러운 부사 표현을 고르는 문제이다. 괄호 앞에
서는 오래된 텔레비전의 「ねだん(가격)」을 언급하고 있고,
뒤에서는 비싸지 않다고 말하고 있기 때문에 정답은 4번 「あ
まり(그다지)」가 맞다. 참고로 「あまり(그다지)」는 「あま
り~ない(그다지 ~않다)」의 형태로 뒤에 부정형이 따라오
는 경우가 많으니 잘 메모하여 실전에서 문맥 파악에 활용해
보자.

오답 1 たまに(가끔) 2 よく(잘, 자주) 3 やっと(겨우, 드디
어)

어휘 ふるい(낡다, 오래되다) | ねだん(가격) | あまり(그다지)
| たかい(비싸다)

19 **정답** 2

우리 집에서 회사까지 1시간 정도 (걸립니다).

해설 「かかる」에는 '(시간, 비용 등이) 소요되다, 들다'라는 의미
가 있는데, 이 문장에서는 '회사까지 1시간' 뒤에 이어져야
하므로 정답은 2번이 된다.

오답 1 かえる(돌아가다) 3 あるく(걷다) 4 はしる(뛰다, 달리다)

어휘 わたし(나, 저) | うち(집) | じかん(시간) | ぐらい(정도)

20 **정답** 3

그 과자는 딱딱하니까, 잘 (씹어서) 먹으세요.

해설 괄호 앞 부분에서 '과자가 딱딱하다'고 말하고 있고, 괄호 뒤
에는 '먹으세요'라고 부탁하고 있으므로 문맥상 괄호 안에는
'씹다'라는 뜻의 3 「かむ」가 들어가야 적당하다.

오답 1 つける(붙이다) 2 おす(밀다, 누르다) 4 ふむ(밟다)

어휘 おかし(과자) | かたい(딱딱하다, 단단하다) | よく(잘, 자
주) | 食べる(먹다) | ~てください(~해 주세요)

もんだい 4 _____의 문장과 대체로 같은 의미의 문장이
있습니다. 1·2·3·4에서 가장 알맞은 것을
하나 고르세요.

21 **정답** 1

비가 오기 때문에 운동회는 중지입니다.

1 비가 오기 때문에 운동회는 하지 않습니다.

2 비가 와도 운동회를 합니다.

3 비가 오기 때문에 조심해서 운동회를 합시다.

4 비가 오면 운동회는 다른 날에 합니다.

해설 포인트 단어는 「中止(중지)」이므로 가장 가까운 문장은 1번
「うんどうかいは やりません(운동회는 하지 않습니다)」
이 된다.

오답 2 します(합니다) 3 しましょう(합시다) 4 ちがう ひに
します(다른 날에 합니다)

어휘 雨(비) | ふる(비, 눈이 오다) | うんどうかい(운동회) | ち
ゅうし(중지) | やる(하다) | きをつける(조심하다) | ち
がう(다르다) | ひ(날)

22 **정답** 2

밥이 식어 버렸습니다.

1 밥이 이제 차갑지 않습니다.

2 밥이 차가워져 버렸습니다.

3 밥이 더러워져 버렸습니다.

4 밥이 조용해져 버렸습니다.

해설 포인트 단어는 「ひえる(식다, 차가워지다)」이며, 가장 가까
운 표현은 2번 「つめたくなる(차가워지다)」이므로 정답은
2번이 된다.

오답 1 つめたく ない(차갑지 않다) 3 よごれる(더러워지다)
4 しずかに なる(조용해지다)

어휘 ごはん(밥) | もう(이미, 벌써) | つめたい(차갑다) | よご
れる(더러워지다) | しずかだ(조용하다)

23 정답 3

> 어떤 모습이어도 상관없습니다.

1 정해진 옷을 입으세요.
2 어떤 옷이어도 좋지 않습니다.
3 어떤 옷을 입어도 좋습니다.
4 예쁜 옷을 입어 주세요.

해설 포인트 단어는 「かっこう(모습, 옷차림)」이다. 그리고 「~でも」는 '~라도'란 뜻이므로 외관이 어떠하더라도 상관하지 않겠다는 의미가 되기 때문에 '어떤 옷을 입어도 좋다'는 3번이 정답이 된다. 참고로 「かっこう(格好)いい」는 '멋이 있는'이라는 의미의 관용 표현이며, 「きまる(정해지다, 결정되다)」에는 '틀이 잡히다'와 같은 의미도 있다.

오답 1 きまった(정해진, 결정된) 2 X 4 きれいな　ふく(예쁜 옷)

어휘 かっこう(모습) | かまいません(상관없습니다) | きまる(정해지다) | ふく(옷) | きる(입다) | ~てもいいです(~해도 좋습니다) | きれいだ(예쁘다)

24 정답 4

> 오사카는 전철을 이용하는 사람이 많습니다.

1 오사카는 전철의 수가 많습니다.
2 오사카에는 전철을 자세히 아는 사람이 많이 있습니다.
3 오사카에는 전철을 좋아하는 사람이 많이 있습니다.
4 오사카는 전철을 타는 사람이 많습니다.

해설 포인트가 되는 표현은 「でんしゃを　りようする　人が　多い(전철을 이용하는 사람이 많다)」이므로 가장 가까운 표현은 4번 「でんしゃに　のる　人が　多い(전철을 타는 사람이 많다)」가 된다.

오답 1 でんしゃの　かず(전철의 수) 2 でんしゃに　くわしい　人(전철에 대해 잘 아는 사람) 3 でんしゃが　すきな　人(전철을 좋아하는 사람)

어휘 でんしゃ(전차, 전철) | りよう(이용) | 多い(많다) | かず(수) | くわしい(자세하다, 자세히 잘 알고 있다) | たくさん(많이) | すきだ(좋아하다) | のる(타다)

もんだい5 다음 말의 사용법으로 가장 알맞은 것을 1·2·3·4에서 하나 고르세요.

25 정답 1

> 게임만 하고 있지 말고 제대로 일을 해 주세요.

해설 「しっかり」는 '제대로'라는 뜻으로, 「しっかり　仕事をして　ください(제대로 일을 해 주세요)」와 같이 사용할 수 있다. 참고로 「しっかりする」는 '제대로 한다'는 의미뿐만 아니라 '정신 차리다'와 같은 의미로 사용되기도 한다.

오답 2번은 「すっかり(완전히)」, 3번은 「全然(전혀)」, 4번은 「正直に(솔직히)」로 바꾸는 것이 적절하다.

어휘 しっかり(제대로) | ゲームばかり(게임만) | 仕事(일) | 少し(조금) | ~あいだに(~동안에, ~사이에) | かわる(변하다) | ~てしまう(~해 버리다) | きょう(오늘) | 天気(날씨) | さむい(춥다) | えいが(영화) | いう(말하다) | おもしろい(재미있다)

26 정답 4

> 저희가 돌아갈 즈음에는 축제 회장에 점점 사람이 늘어나 왔습니다.

해설 사람이 모이거나 해서 인원이 늘어나거나 불어날 때 동사 「増える(늘어나다)」를 사용한다. 따라서 4번의 용법이 가장 적절하다.

오답 1번은 「降る(내리다)」, 2번은 「ぬれる(젖다)」, 3번은 「太る(살찌다)」가 사용되어야 한다.

어휘 ふえる(늘어나다) | あさ(아침) | おきる(일어나다) | そと(밖) | 車(자동차) | ゆき(눈) | あたまから(머리부터) | あしもとまで(발끝까지) | ぜんぶ(전부) | 雨(비) | さむい(춥다) | おかし(과자) | たくさん(많이) | 体(몸) | けんこう(건강) | よくない(좋지 않다) | かえる(돌아가다) | ~ころ(~즈음, ~무렵) | おまつり(축제) | 会場(회장, 장소) | だんだん(점점) | ~てくる(~해 오다, ~하기 시작하다)

어제 늦게까지 텔레비전을 보고 있었기 때문에 오늘 아침 늦잠 잤습니다.

해설 3번은 '늦게까지 TV를 봤기 때문에 회사에 늦었다' 즉, 늦잠을 잔 것으로 해석할 수 있다. 따라서 늦잠을 의미하는 「ねぼう」를 가장 적절하게 사용하고 있기 때문에 정답이 된다.

오답 1번은 「怪我(부상)」, 2번은 「遠慮(사양)」, 4번은 「原因(원인)」이 사용되어야 한다.

어휘 ふろば(욕실) | ころぶ(넘어지다) | て(손) | ～てしまう (~해 버리다) | たくさん(많이) | めしあがる(드시다) | きのう(어제) | おそくまで(늦게까지) | けさ(오늘 아침) | あなたたち(당신들) | 昨日(어제) | がっこう(학교) | けんか(싸움)

아기 밥을 만들기 위해서 야채를 잘게 잘랐습니다.

해설 「こまかい」는 '잘다, 미세하다' 등의 의미로 「小さい(작다)」와 용법이 다르다는 점에 주의해야 한다. 야채를 '잘게' 자르다는 의미로 「こまかい」를 사용한 2번이 답이다.

오답 1번은 「狭い(좁다)」, 3번은 「深い(깊다)」, 4번은 「太い(굵다)」를 사용해야 한다.

어휘 細かい(잘다, 작다, 미세하다) | みち(길) | 車(자동차) | とおる(지나가다) | あかちゃん(아기) | ごはん(밥) | 作る(만들다) | ～ために(~위해) | やさい(채소) | きる (자르다) | 川(강) | おもう(생각하다) | ～より(~보다) | 大人(어른, 성인) | いっしょに(함께) | 大きい(크다) | 木 (나무) | そだてる(키우다) | ～には(~하려면) | じかん (시간) | かかる(걸리다)

もんだい1 (　　　　)에 무엇을 넣습니까? 1·2·3·4에서 가장 알맞은 것을 하나 고르세요.

1 정답 4

맛있는 케이크를 받았기 때문에, 2개(나) 먹었다.

해설 ★〜も: 〜(이)나, 〜도

「명사(숫자)+も」는 '〜도, 〜(이)나'란 의미로 '수량이 많은 것'을 나타내며, 수량이 많은 것에 대해서 화자가 놀라는 기분이 담겨 있는 표현이다. 따라서 정답은 선택지 4번이 된다.

오답 1 に(〜에, 〜에게) 2 の(〜의) 3 や(〜이랑, 〜이나)

어휘 おいしい(맛있다) ｜ ケーキ(케이크) ｜ もらう(받다) ｜ 二つ(2개)

2 정답 2

지쳐 있으니, 10분(만) 쉬어도 될까요?

해설 ★〜だけ: 〜만, 〜뿐

「だけ」는 '한정'의 의미를 나타내는 부조사로 '정도, 범위를 한정'할 때 사용한다. 이 문장에서는 '쉬어도 될까요?'라고 허락을 구하면서도 쉬는 시간을 '10분만'이라고 한정하고 있으므로 정답은 2번이 된다.

오답 1 〜より(〜보다) 3 〜ずつ(〜씩) 4 〜しか(〜밖에)

어휘 つかれる(지치다, 피로해지다) ｜ 10分だけ(10분만) ｜ 休む(쉬다)

3 정답 1

3시부터 회의가 있으니, 이것을 복사(해 놓아) 주세요.

해설 ★〜ておく: 〜해 두다, 〜해 놓다

회의가 있으니 자료를 '복사해 두어 달라'는 문맥이 적절하다. 따라서 '〜을 해 두다'라는 의미의 「〜ておく(〜해 두다, 〜해 놓다)」를 사용한 1번이 정답이 된다. 「〜ておいてください(〜해 놓아 주세요)」와 같은 형태로 자주 사용되니 체크해 두자.

오답 2 して くれて(해 줘서) 3 しなくて(하지 않아서) 4 X

어휘 3時から(3시부터) ｜ 会議(회의) ｜ コピー(복사)

4 정답 2

A "(왜) 그때 도와주었습니까?"
B "그건 친구이기 때문입니다."

해설 ★どうして: 왜, 어째서

A의 질문에 B는 「〜だから(〜때문에)」라고 답하고 있으므로 A의 괄호에는 '왜', '어째서'와 같은 이유를 묻는 의문사가 들어와야 한다. 따라서 정답은 2번 「どうして(왜, 어째서)」가 된다.

오답 1 どんなに(얼마나) 3 いくら(아무리) 4 どのくらい(어느 정도)

어휘 どうして(왜, 어째서)) ｜ 助ける(돕다) ｜ 〜てくれる(〜해 주다) ｜ それは(그건) ｜ 友だち(친구) ｜ 〜だから(〜이니까)

5 정답 3

내일, 딸 졸업식이 (행해집니다)."

해설 ★〜される: 〜되다

「行う」는 '실시하다, 거행하다'라는 뜻의 타동사인데, 이 문장에서는 「行う」의 앞에 조사 「が」가 있으므로, 뒤에는 수동형이나 자동사가 와야 하기 때문에 정답은 3번이 된다. 2번 「行く」는 '가다'라는 의미로, 조사 「に」를 사용해야 하며, '내일' 졸업식이 열린다고 했으므로, 미래의 일에 대해서 이야기하고 있으므로, 4번도 오답이다.

오답 1 行います(시행합니다) 2 行きます(갑니다) 4 行いました(시행했습니다)

어휘 明日(내일) ｜ 娘(딸) ｜ 卒業式(졸업식)

6 정답 2

자고 싶은(데) 잠을 못 잘 때는 어떻게 하면 좋을까요?

해설 ★〜のに: 〜한데, 〜는데(역접)

괄호 앞에서는 '자고 싶다'고 했고, 뒤에서는 '잠을 못 잘 때는 어떻게 하면 좋겠냐'고 말하고 있다. 즉, '자고 싶다'는 희망과 '잠을 못 잔다'는 내용이 모순되고 있으니 역접이 들어가야 하므로 정답은 2번 「のに(인데)」가 된다.

오답 1 〜ので(〜이기 때문에) 3 〜には(〜하려면) 4 〜ても(〜해도)

어휘 眠る(자다) ｜ 時(때) ｜ どうすれば(어떻게 하면)

7 정답 2

> 집에 지갑을 두고 와서, 엄마에게 지갑을 (가지고 와 받았습니다).

해설 ★〜てもらう: 〜해 받다

수수동사 문제를 풀 때는 항상 조사에 주목해야 한다. 일본어 수수동사 문제는 조사를 보고 힌트를 얻을 수 있다. 「〜てもらう」는 '(받는 사람)가/는 (주는 사람)에 〜てもらう(〜해 받다)'라는 문형으로 표현된다. 이 문장에서는 주어가 생략되어 있지만, 지갑을 집에 두고 온 사람은 '나'란 것을 알 수 있고, 내가 「母に(엄마에게)」라고 했으니 수수동사는 「もらう」가 나와서, 「〜に〜もらう(〜에게 〜받다)」로 표현해야 한다. 참고로 1번이 답이 되려면 「母がもってきてくれました(엄마가 갖고 와 주었습니다)」가 되어야 한다. 3번은 '내가 갖다 주었다'는 뜻이 된다. 가족에게는 존경어를 사용하지 않으므로, 「〜ていただく(〜해 주시다)」를 사용할 수 없어 4번은 오답이 된다.

오답 1 もってきてくれる(남이 나에게 가지고 와 주다) 3 もってきてあげる(내가 남에게 가지고 와 주다) 4 もってきていただく(가지고 와 주시다)

어휘 家(집) | 財布(지갑) | 忘れる(잊다) | もつ(갖다)

8 정답 4

> 지난주(와) 달리, 이번 주는 계속 비가 내리고 있다.

해설 ★と : 〜와

격조사 「と」에는 '비교의 대상'을 나타내는 용법이 있다. '지난주와 달리, 이번 주는'이라고 지난주와 이번 주를 비교하고 있으므로, 정답은 4번이다.

오답 1 に(〜에, 〜에게) 2 が(〜가) 3 も(〜도)

어휘 先週(지난주) | 違う(다르다, 틀리다) | 今週(이번 주) | ずっと(쭉, 계속) | 雨がふる(비가 내리다)

9 정답 1

> 여름 방학이 (되면), 해외에 놀러 가려고 생각하고 있습니다.

해설 ★〜たら: 〜한다면

일본어의 가정문(조건표현)에는 「ば・と・たら・なら」가 있는데 문법문제에 자주 출제되니 잘 숙지해 두는 것이 좋다. 「〜たら」는 아직 완료되지 않았지만 완료되었다고 가정하고 사용하는 조건표현이다. 즉 아직 여름 방학이 되지 않았지만, 여름 방학이 되었다고 가정하고, 해외에 놀러 가겠다는 표현이다. 바꿔 말하면 여름 방학이 되지 않으면 해외에 놀러 갈 일도 절대 없다는 뜻이 된다.

오답 2 なるかどうか (〜될지 어떨지) 3 なったり(〜되거나) 4 なることにして(〜되기로 하고)

어휘 夏休み(여름 방학) | 海外(해외) | 遊ぶ(놀다) | 行く(가다) | 〜しようと思う(〜하려고 생각하다)

10 정답 1

> A "이 드라마 주제가를 부른 가수가 누군지 알고 있어요?"
> B "아니요, (모릅니다). 누구예요?"

해설 ★知らない: 모른다

'알다'라는 의미의 동사 「知る」는 긍정표현일 경우 「知っている(알고 있다)」를 사용하며, 부정표현은 「知らない(모른다)」를 사용한다. 부정표현일 때 절대로 「知っていない」를 사용하지 않는다는 점에 주의하자. A의 「知っていますか(알고 있습니까?)」에 대한 질문에 「いいえ(아니요)」라고 답했기 때문에 정답은 1번 「知りません(모릅니다)」이 된다.

오답 2 X 3 X 4 X

어휘 ドラマ(드라마) | 主題歌(주제가) | 歌う(노래하다) | 歌手(가수) | だれ(누구) | 〜か知っている(〜인지 알고 있다)

11 정답 3

> A "같이 이 뉴스에 관해 이야기하지 않겠습니까?"
> B "좋아요. (그러면) 저부터 시작해도 될까요?"

해설 ★それでは: 그럼, 그렇다면

A가 제안을 한 상태에서 B는 자신이 먼저 이야기를 시작하고 싶다고 말하는 상황이므로 괄호 안에 3번 「それでは(그럼, 그렇다면)」를 사용하여 앞의 내용을 전환시키는 게 자연스럽다. 접속사 「それでは」는 앞에 다루었던 내용을 전환시키거나 정리할 때 사용하며, 줄여서 「では」로 많이 쓰이니 기억해 두자.

오답 1 それから(그러고 나서) 2 それに(게다가) 4 そして(그리고)

어휘 一緒に(함께, 같이) | 〜について(〜에 관해) | いいですね(좋아요) | わたしから(저부터)

12 정답 4

> 모르는 것이 있어도 (우선) 스스로 생각해 보세요.

해설 ★まず: 우선

「〜ても」는 동사의 て형에 접속하여 '~하더라도, ~해도'라는 의미이다. 주어진 지문의 문맥을 보면 괄호 앞의 '모르는 것이 있더라도' 괄호 뒤는 '스스로 생각해 보세요'가 된다. 따라서 잘 모르는 것이 있다고 하더라도 '우선은' 스스로 해 보려고 노력하라는 문장이 가장 자연스러우므로 정답은 4번「まず(우선)」가 된다.

오답 1 やっと(겨우) 2 なかなか(좀처럼) 3 きっと(꼭)

어휘 〜ても(~하더라도, ~해도) | 自分で(스스로, 직접) | 考える(생각하다) | 〜てみてください(~해 봐 주세요)

13 정답 1

> 냉장고에 (구입한 채) 먹지 않은 야채가 많이 들어 있다.

해설 ★〜たまま: 〜한 채

괄호 뒤 문장의 '야채가 많이 들어 있다'라는 문맥을 볼 때, 괄호 앞 부분에는 '구입하고 먹지 않은'이라는 표현이 와야 자연스러우므로, 1번「〜たまま(~한 채로)」가 정답이 된다.

오답 2 〜する あいだ(~하는 사이에) 3 〜する とき(~할 때) 4 〜し そうで(~할 것 같아서)

어휘 れいぞうこ(냉장고) | 買う(사다, 구매하다) | 食べる(먹다) | たくさん(많이) | はいる(들다)

もんだい2 ＿＿＿ ★ 에 들어갈 것은 어느 것입니까? 1·2·3·4에서 가장 알맞은 것을 하나 고르세요.

14 정답 1 (4-2-1-3)

> 4 誕生日 2 なので 1 ★ ケーキ 3 を
> 생일 이라서 1 ★ 케이크 를

해석 오늘은 어머니 생일이라서 케이크를 사서 집에 돌아갑니다.

해설 「〜ので」는 '~이기 때문에'라는 의미로 사용되는 접속사인데, 명사와 な형용사의 현재형에 접속하는 경우는 「〜なので」가 된다는 점에 주의하자. 따라서「誕生日(생일)」뒤에는「なので」가 이어지며, 순서는 4-2가 된다. 그리고 생일이기에 무언가를 사서 돌아갔다는 밑줄 뒤의 문맥을 고려해서 올바르게 나열하면 4-2-1-3의 순서가 되므로, 정답은 1번이 된다.

어휘 母(어머니) | 誕生日(생일) | 買う(사다) | 帰る(돌아가다)

15 정답 1 (3-4-1-2)

> 3 すぐ 4 帰った 1 ★ ほうが 2 いい
> 바로 집에 돌아가는 1 ★ 편이 좋다

해석 일이 끝나면 바로 집에 돌아가는 편이 좋다고 생각합니다.

해설 「동사 た형/ない형+ほうがいい」는 '~하는/~하지 않는 편이 좋다'는 권유의 의미를 나타내는 문형이다. 이 문형을 알고 있으면 4-1-2를 연결할 수 있다. 「すぐ」는 부사로「と思います(라고 생각합니다)」와 연결되지 못하므로 올바르게 나열하면 3-4-1-2의 순서가 된다. 따라서 정답은 1번이 된다.

어휘 仕事(일) | 終わる(끝나다) | 帰る(집에 돌아가다) | 〜ほうがいい(~편이 좋다) | 〜と思う(~라고 생각하다)

16 정답 2 (3-2-4-1)

> 3 どうやって 2 ★ 説明 4 すれば 1 いいか
> 어떻게 2 ★ 설명 하면 좋을지

해석 이 부분을 어떻게 설명하면 좋을지 잘 모르겠습니다.

해설 「의문사+か」는 의문이나, 불확실한 상황을 제시할 때 사용하는 문형으로, 선택지 중 의문사「どうやって(어떻게)」와「いいか(좋을지)」를 연결할 수 있어, 3-4의 순서가 된다는 것을 알 수 있다. 또한, 「すればいい」는 '~하면 된다'는 의미이므로 4-1을 연결할 수 있고, 문맥상 '설명하면 좋을지'가 되어야 하므로 올바르게 나열하면 3-2-4-1이 된다.

어휘 部分(부분) | どうやって(어떻게) | 説明(설명) | よく(잘) | 分かる(알다)

17 정답 3 (2-4-3-1)

> 2 おちゃ 4 を 3 ★ のみ 1 に
> 차 를 3 ★ 마시 러

해석 A "내일 같이 차를 마시러 가지 않을래요?"
> B "네, 갑시다."

해설 우선 '내일 함께 ~ 갑시다'와 같은 문맥에서 보기를 살펴보자면, '~을 하러 가다'라는 문장을 완성하는 것을 요구하는 문제라는 것을 확인할 수 있다. 그런데 '~을 하러 가다'는 동사의 ます형 혹은 동작성 명사에「〜に行く」를 연결해 완성한다. 따라서 '차를 마시러 가다'라고 한다면「おちゃ(차)」「を(를)」「のみ(마시)」「に(러)」「行く(가다)」순서로 배열해야 하기 때문에 2-4-3-1 순으로 나열할 수 있고 정답은 3번이 된다.

어휘 いっしょに(같이, 함께) | おちゃ(차) | のむ(마시다) | 〜に行く(~하러 가다) | 〜ませんか(~하지 않을래요?) | 〜ましょう(~합시다)

18 부터 21 에 무엇을 넣습니까? 글의 의미를 생각하여 1·2·3·4에서 가장 알맞은 것을 하나 고르세요.

18~21

일본에서 제일 저렴한 자판기가 오사카에 있습니다. 주스가 한 병 10엔에 18 팔리고 있습니다. 너무 저렴한 자판기 앞에는 매일 많은 사람이 줄 서 있습니다. 어째서 이렇게 저렴하게 19 할 수 있는 것일까요?

그 이유는 주스의 날짜(유통기한)입니다. 식품은 날짜가 오래되면 팔 수 없습니다. 20 그래서 팔 수 없는 것보다는 저렴하게 파는 편이 낫다고 오사카의 회사의 사장이 생각했습니다.

아직 먹을 수 있는 식품을 버리는 것은 좋지 않습니다. 이 방법이라면, 최근, 뉴스에서 자주 듣는 '식품 손실'을 줄일 수 있겠죠.

사장의 말에 21 따르면 좀처럼 이익은 발생하지 않는다고 합니다. 하지만 이와 같은 행동이 앞으로 도움이 될 것입니다.

어휘 日本一(일본에서 제일) | 安い(저렴하다) | 自動販売機(자판기) | ジュース(주스) | 1本(한 병) | 10円(10엔) | 安すぎる(너무 저렴하다) | 前には(앞에는) | 毎日(매일) | たくさんの人(많은 사람) | 並ぶ(줄을 서다) | どうして(어째서) | こんなに(이렇게) | 理由(이유) | 日付(날짜) | 食品(식품, 식료품) | 古い(오래되다) | 売れる(팔 수 있다) | ～よりは(~보다는) | 会社(회사) | 社長(사장) | 考える(생각하다) | まだ(아직) | 食べられる(먹을 수 있다) | 捨てる(버리다) | よくない(좋지 않다) | 方法(방법) | 最近(최근) | よく聞く(자주 듣다) | 食品ロス(식품 손실) | 減らす(줄이다) | 話によると(말에 따르면) | なかなか(좀처럼) | もうけが出る(이익이 발생하다) | でも(하지만) | このような(이와 같은) | 行動(행동, 행위) | これから(앞으로) | 役に立つ(도움이 되다) | ～はずだ(~일 것이다) | 売られる(팔리다) | 買わせる(구매하게 하다) | ～たことがある(~한 적이 있다) | ～ことができる(~할 수 있다) | ～てもよい(~해도 좋다) | ～ばできる(~면 할 수 있다) | それに 게다가 | しかし 그러나 | だから 그래서 | すると 그러자 | ～だけ(~만) | ～では(~으로는) | ～について(~에 관해서)

---

18 정답 1

1 팔리고 있습니다	2 구매하게 하고 있습니다
3 팝니다	4 삽니다

해설 저렴한 자판기의 「ジュースが1本10円で~(주스가 한 병 10엔에~)」라고 하고 있으므로 빈칸에는 저렴하게 판매되고 있다는 의미를 나타낼 수 있는 표현이 와야 한다. 따라서 정답은 「売る(팔다)」의 수동태 표현인 「売られる(팔리다)」를 활용한 1번 「売られています(팔리고 있습니다)」가 들어가야 자연스럽다.

19 정답 2

1 ~한 적이 있는	2 ~할 수 있는
3 ~하면 좋은	4 ~하면 할 수 있는

해설 지문을 읽어보면, 10엔이라는 너무나도 저렴한 주스의 가격에 놀라며 어떻게 주스 가격을 이렇게 저렴하게 할 수 있는지 의문을 품고 있다. 따라서 빈칸에는 '가능한가'와 같은 가능 표현이 와야 하므로 「～ことができる(~할 수 있다)」를 사용한 보기 2번이 정답이다.

20 정답 3

1 게다가	2 그러나
3 그래서	4 그러자

해설 앞에서 '그 이유는 주스의 날짜(유통기한)입니다. 식품의 날짜는 오래되면 팔 수 없습니다'라고 했고, 뒤에서는 '팔 수 없는 것보다는 저렴하게 파는 편이 낫다고 오사카의 회사의 사장이 생각했습니다'라고 했다. 즉, 사장이 '팔 수 없는 것보다는 저렴하게 파는 편이 낫다'고 생각하게 된 이유를 설명해야 하므로 이유를 의미하는 접속사 3번 「だから(그래서)」가 들어가야 한다.

21 정답 4

1 만	2 으로는
3 관해서	4 따르면(의하면)

해설 「～によると」는 「らしい、そうだ、という」 등의 전문표현과 함께 쓰여 정보원이나 어떤 판단을 내리게 된 근거를 제시할 때 사용된다.
「～では」도 같은 기능을 갖지만 「～では」는 명사에 바로 접속한다. 따라서 정답은 4번이 된다.

もんだい4 다음 (1)부터 (3)의 문장을 읽고 질문에 답하세요. 답은 1·2·3·4에서 가장 알맞은 것을 하나 고르세요.

22 정답 2

(1)

다무라 씨에게 메일이 왔습니다.

> 다무라 씨
>
> 오늘 식사 약속 말입니다만,
> 급한 일이 생겨서 회사에 가지 않으면 안 되게 되었습니다.
> 죄송합니다만, 약속을 다음 주 19일로 바꿀 수 있습니까?
> 그날 오전 중이라면 언제라도 괜찮습니다.
> 다만, 오후에는 일이 있습니다.
> 답장, 기다리고 있겠습니다.
>
> 아마노

아마노 씨가 다무라 씨에게 메일을 쓴 이유는 무엇입니까?

1 회사에 갈 날을 다무라 씨에게 알리고 싶으니까.
2 만날 날짜를 바꾸고 싶으니까.
3 급한 일이 생겨서 회사에 가야 하니까.
4 다무라 씨와 오늘 식사하러 가고 싶으니까.

해설 이 메일은 아마노 씨가 다무라 씨에게 보낸 메일인데 아마노 씨는 갑자기 일이 생겨 약속을 다음 주 19일로 바꾸고 싶다고 말하고 있으므로 정답은 2번이 된다. 오늘 갑자기 회사에 가야 한다고 했지만, 회사에 가는 날짜를 알리려고 메일을 적은 것은 아니므로 1번은 오답이며, 이미 식사 약속을 잡았지만 날짜를 19일로 변경하고 싶다고 했으므로 4번도 답이 될 수 없다. 급한 일이 생겨서 회사에 가야 한다고 했으나, 이 사실을 알리기 위해 메일을 쓴 것이 아니고, 약속 날짜를 19일로 변경하는 것이 주된 목적이므로 3번도 오답이다. 참고로, '일이 생기다', '일정이 생기다'와 같은 경우 「仕事ができた」와 같이 표현할 수도 있지만, 본문처럼 관용적으로 「仕事が入った(일이 (일정/스케줄/계획 안으로) 들어오다)」와 같이 「入る」 동사를 사용하여 표현할 수도 있다는 점에 주의하자.

어휘 今日(오늘) | 食事(식사) | やくそく(약속, 언약) | 急(위급, 긴급) | 仕事(일) | 入る(들어오다) | 会社(회사) | 行く(가다) | ~なければならない(~하지 않으면 안 된다) | 来週(다음 주) | 変える(바꾸다) | その日(그 날) | 午前(오전) | いつでも(언제라도) | 大丈夫(괜찮음) | 午後(오후) | 返事(대답) | 待つ(기다리다)

23 정답 1

(2)

> 사쿠라시에서는 외국인을 위한 상담 센터를 만들기로 결정했습니다. 최근 몇 년 생활에 관한 다양한 상담을 하러 시청에 오는 외국인이 증가했지만, 시청에 외국어를 할 수 있는 직원이 적기 때문에, 상담하러 온 사람을 오래 기다리게 해 버리는 것이 문제가 되고 있었습니다. 그래서 영어, 중국어, 한국어, 베트남어를 할 줄 아는 직원이 있는 전문 상담 센터를 만들기로 했습니다. 이를 계기로 사쿠라시에 사는 외국인이 더욱 늘어날 것으로, 시는 기대하고 있습니다.

사쿠라시는 왜 외국인이 늘어날 것이라고 기대하고 있습니까?

1 상담하는 것이 편해지니까.
2 안내해 주는 스텝이 있으니까.
3 일본어로 상담할 수 있게 되니까.
4 상담소가 지금보다 많아지니까.

해설 본 지문에서 핵심이 되는 문장은 「相談に来た人を長く待たせてしまうことが問題になっていました(상담하러 온 사람을 오래 기다리게 하는 것이 문제가 되고 있었습니다)」라는 문장이다. 상담 센터를 만들게 된 것은 상담을 하러 오는 외국인이 증가했지만, 외국어를 말할 수 있는 직원이 적어서 외국어를 할 수 있는 전문 직원이 있는 상담센터를 만들었고, 이에 따라 외국인이 더욱 늘어날 것이라고 기대하고 있으므로 정답은 1번이 된다. 안내해 주는 직원은 있지만 외국어를 할 수 있는 직원이 적다고 했으므로 2번은 오답이며, 지금도 일본어로는 상담할 수 있다고 했으므로 3번도 오답이다. 상담하는 직원이 증가한다고 했으나 상담소가 늘어난다는 언급은 없으므로 4번도 오답이다.

어휘 市(시) | 外国人(외국인) | 向ける(위하다, 대상으로 하다) | 相談(상담) | センター(센터) | 作る(만들다) | 決める(결정하다) | 数年(몇 년) | 市役所(시청) | 生活(생활) | 増える(늘다, 증가하다) | 外国語(외국어) | 話す(말하다) | スタッフ(직원) | 少ない(적다) | 長い(길다) | 待つ(기다리다) | ~てしまう(그만 ~해 버리다) | 問題(문제) | 英語(영어) | 中国語(중국어) | 韓国語(한국어) | ベトナム語(베트남어) | 専門(전문) | きっかけ(계기) | 期待(기대) | 相談所(상담소)

(3)

> 저는 언제나 지갑을 가지고 학교에 갑니다. 아주 귀여운, 별 그림이 있는 보라색 지갑입니다. 오늘도 지갑을 가지고 학교에 갔습니다. 저의 친구도 보라색 지갑을 가지고 있지만 친구의 지갑에는 하트 그림이 있습니다. 학교가 끝난 뒤 저는 버스를 타기 위해서 제 지갑을 꺼냈습니다. 그 지갑에는 하트 그림이 있었습니다. 저는 정말 놀랐습니다. 그리고 서둘러 학교로 돌아갔습니다.

나는 왜 서둘러 학교로 갔습니까?
1　지갑을 집에 두고 와 버렸기 때문에.
2　친구의 지갑을 두고 와 버렸기 때문에.
3　친구의 지갑을 가지고 와 버렸기 때문에.
4　지갑을 학교에 두고 와 버렸기 때문에.

해설 본문을 보면 나의 지갑과 친구의 지갑은 그림이 다를 뿐, 똑같은 보라색 지갑이라는 것을 알 수 있다. 화자는 방과 후 버스를 타려고 지갑을 꺼냈을 때, 지갑의 그림이 별이 아닌 하트 모양이라 친구의 지갑을 가져온 것을 알게 되었고, 서둘러 학교로 돌아갔다고 했으므로 정답은 3번이 된다.

어휘 わたし(나)｜いつも(언제나)｜財布(지갑)｜持つ(들다, 가지다)｜学校(학교)｜行く(가다)｜とても(정말)｜かわいい(귀엽다)｜星(별)｜絵(그림)｜むらさき(보라색)｜今日(오늘)｜友だち(친구)｜～ている(~인 상태이다)｜ハート(하트)｜終わる(끝나다)｜あと(후, 이후)｜バス(버스)｜自分(자기, 자신)｜出す(내다, 꺼내다)｜おどろく(놀라다)｜いそぐ(서두르다)｜帰る(돌아가다)｜忘れる(잊다, 깜빡하고 두고 오다)｜～てしまう(그만 ~해 버리다)

25~27

> 저의 장래희망은 파티시에가 되는 것입니다. 25 파티시에란 케이크나 쿠키 등을 만드는 직업입니다. 파티시에가 되려고 생각한 것은 초등학생 무렵입니다. 초등학생 무렵 요리 수업이 있었습니다. 거기서 저는 처음으로 케이크를 만들었습니다. 선생님이 만드는 방법을 알기 쉽게 가르쳐 주셨기 때문에 예쁘게 만들 수 있었습니다. 완성된 케이크는 사이가 좋은 친구에게 주었습니다. 친구는 제게 "이거 엄청 맛있어. 더 먹고 싶어."라고 말해 주었습니다. 26 제가 만든 것을 누군가가 맛있다고 말해 준 것이 처음이었기 때문에 매우 기뻤습니다. 그러고 나서 저는 케이크를 만드는 것을 좋아하게 되어, 파티시에라는 꿈을 갖게 되었습니다.
>
> 27 지금 저는 고등학교에 다니고 있습니다. 그리고 매주 토요일에는 요리 교실에 가서 케이크를 만드는 공부를 하고 있습니다. 초등학생 때보다 만들 수 있는 케이크의 종류가 늘었습니다. 케이크에 대해 더 많이 공부해서 멋진 파티시에가 될 수 있도록 앞으로도 분발할 것입니다. 그리고, 파티시에가 되면 여러 사람에게 맛있는 케이크를 선물해 주고 싶습니다.

어휘 私(나)｜将来(장래, 미래)｜夢(꿈)｜パティシエ(파티시에)｜なる(되다)｜ケーキ(케이크)｜クッキー(쿠키)｜作る(만들다)｜仕事(일, 직업)｜小学生(초등학생)｜ころ(때, 시절)｜料理(요리)｜授業(수업)｜そこ(거기)｜はじめて(처음)｜方法(방법)｜わかる(알다, 이해하다)｜～やすい(쉽다)｜教える(가르치다)｜～てくれる(~해 주다)｜きれいだ(예쁘다)｜～ことができる(~할 수 있다)｜仲(사이)｜いい(좋다)｜友だち(친구)｜あげる(주다)｜これ(이것)｜おいしい(맛있다)｜もっと(더)｜言う(말하다)｜誰か(누군가)｜とても(매우)｜嬉しい(기쁘다)｜それから(그 후로)｜好き(좋아함)｜もつ(가지다)｜～ようになる(~하게 되다)｜高校(고등학교)｜通う(다니다)｜そして(그리고)｜毎週(매주)｜土曜日(토요일)｜教室(교실)｜勉強(공부)｜～より(~보다)｜種類(종류)｜ふえる(늘어나다)｜たくさん(많이)｜すてきだ(멋지다)｜がんばる(분발하다)｜～たら(~하면)｜プレゼント(선물)｜甘い(달다)｜デザート(디저트)｜～ながら(~하면서)

파티시에란 어떤 직업입니까?

1 요리를 만드는 꿈을 갖는 직업
2 달콤한 디저트를 만드는 직업
3 요리를 어린이에게 가르치는 직업
4 달콤한 디저트를 선물하는 직업

해설 초반부에 「パティシエとは、ケーキやクッキーなどを
作るお仕事です(파티시에란 케이크나 쿠키 등을 만드는 직
업입니다)」라고 파티시에란 직업이 하는 일에 대해 설명을
하고 있다. 즉, 케이크나 쿠키 등의 디저트를 만드는 직업이
라고 설명하고 있으므로 2번이 정답이다. 화자가 제일 마지
막 문장에서 케이크를 선물하고 싶다고 했으나, 그것은 개인
적인 희망일 뿐, 그것이 파티시에 본연의 일은 아니기 때문에
4번은 오답이다.

26 정답 3

왜 '매우 기뻤습니다'라고 생각했습니까?

1 친구가 파티시에가 될 수 있다고 말해 주었기 때문에.
2 처음 만든 케이크가 예쁘게 완성되었기 때문에.
3 내가 만든 케이크를 친구가 맛있다고 말했기 때문에.
4 선생님이 케이크를 만드는 방법을 알려 주었기 때문에.

해설 「ので」는 이유나 원인을 나타내는 접속조사로, 「ので」의 바
로 앞 문장을 보면 화자가 매우 기뻤다고 한 이유를 찾을 수
있다. 「私が作ったものを誰かがおいしいと言ってくれ
たことがはじめてだったので(내가 만든 것을 누군가에
맛있다고 말해준 것이 처음이었기 때문에)」라고 언급되어 있
으므로 정답은 3번이라는 것을 알 수 있다.

27 정답 2

'나'는 지금 무엇을 하고 있습니까?

1 여러 사람에게 케이크를 만들어 주고 있습니다.
2 학교를 다니면서 요리 교실에서 공부하고 있습니다.
3 요리 교실에서 케이크 만드는 법을 가르치고 있습니다.
4 사이가 좋은 친구와 매주 토요일 요리 교실에 다니고 있습니다.

해설 화자는 현재 고등학교에 다니면서 매주 토요일에 요리 교실
에서 케이크를 만드는 공부를 하고 있다고 하였으므로 정답은
2번이다. 화자는 아직 파티시에가 되지 못했고 장래에 파티시
에가 된다면 여러 사람에게 맛있는 케이크를 선물해 주고 싶다
고 하였으므로 1번과 3번은 오답이며, 친구와 함께 요리 교실
에 다니고 있다는 언급은 없었으므로 4번도 오답이다.

もんだい 6 오른쪽 페이지의 TV 프로그램 편성표를 보고,
아래 질문에 답하세요. 답은 1·2·3·4에서
가장 알맞은 것을 하나 고르세요.

이것은 오늘 10월 12일(화요일)의 TV 프로그램 편성표입니다.

	5 A텔레비전	8 B텔레비전	10 C텔레비전
18	29 00 매일 뉴스 55 모두의 노래	00 화요 드라마 <경찰관 24> 제3화	00 오늘의 스포츠(축구, 야구, 테니스를 배우자)
19	29 00 7시 뉴스 ▽최신의 뉴스를 전해드립니다	00 뉴스 일등 30 부탁해! 랭킹 궁금한 그 사람! 화제의 장소! 지금 인기 있는 레스토랑까지…	00 1주간의 날씨 10 뮤직 스테이지 (지금, 인기 있는 곡 베스트 3를 발표)
20	29 00 해외 뉴스 30 스포츠 세계대회 야구 1위 결정전 <일본 대 한국> 해설: 히라타	00 일본 스페셜 <도쿄 스카이트리> 높이 634미터, 세계에서 가장 높은 타워에서 어떤 경치가 보일까?	00 퀴즈 모두에게 질문, 1억명에게 물어보았다!? 스페셜
21		28 00 2024 FIFA 축구 <일본 대 호주> 더 이상 절대 질 수 없다! 해설: 마쓰키	00 내일의 날씨 20 화요일 맛맛집 도쿄의 인기 가게 <일본 제일> 볶음밥vs라면!?
22	00 모두와 함께 영화 <개와 고양이의 시간> 출연 기미도리 히카루, 이와마리코, 쟈리치에, 스즈키지로, 아오키카나		20 일본 옛날 이야기#2 <주먹밥 데굴데굴> <학의 은혜 갚기> <카구야 공주>

어휘 サッカー(축구) | 試合(시합) | 見る(보다) | ～たい(~하고 싶다) | 何時(몇 시) | テレビ(텔레비전) | ニュース(뉴스) | 番組(방송) | 大好きだ(정말 좋아하다) | 毎日(매일) | おすすめ(추천) | 番組表(프로그램 편성표) | みんな(모두) | うた(노래) | 最新(최신) | 伝える(전하다) | 海外(해외) | スポーツ(스포츠) | 世界大会(세계대회) | 野球(야구) | 1位(1위) | 決定(결정) | 解説(해설) | ドラマ(드라마) | 警察官(경찰관) | ランキング(랭킹) | 気になる(직역해서 '신경이 쓰이다'라는 의미로도 쓸 수 있지만, 문맥에 따라서는 '궁금하다' 혹은 '꺼림칙하다'와 같이 사용되는 경우도 있으니 주의) | 話題(화제) | 場所(장소) | 今(지금) | 人気(인기) | レストラン(레스토랑) | 高さ(높이) | どんな(어떤) | 景色(경치) | 見える(보이다) | 絶対に(절대로) | 負ける(지다, 패배하다) | 学ぶ(배우다) | 一週間(1주일간) | 天気(날씨) | 曲(곡, 노래) | 発表(발표) | 質問(질문) | 明日(내일) | 人気店(인기 가게) | チャーハン(중화식 볶음밥) | 昔ばなし(옛날 이야기)

28 정답 3

다나카 씨는 오늘, 축구 시합을 보고 싶습니다. 몇 시에 무슨 텔레비전을 보면 됩니까?

1 18시부터 C텔레비전
2 20시 반부터 A텔레비전
3 21시부터 B텔레비전
4 22시부터 A텔레비전

해설 프로그램 표의 축구 시합은 B텔레비전의 21시 00분에 편성되어 있다. 따라서 정답은 3번이다. C텔레비전의 18시 00분 방송은 스포츠를 배우는 방송이며, A텔레비전의 20시 30분 방송은 축구 시합이 아니라 야구 시합의 방송이니 함정에 빠지지 않도록 주의해야 한다.

29 정답 2

스즈키 씨는 뉴스 방송을 정말 좋아합니다. 매일 뉴스 방송을 봅니다. 스즈키 씨에게 추천할 텔레비전은 무슨 텔레비전입니까?

1 A텔레비전, C텔레비전
2 A텔레비전
3 C텔레비전
4 B텔레비전, C텔레비전

해설 뉴스를 좋아하는 스즈키 씨에게는 뉴스 방송을 하는 텔레비전을 추천해야 하는데, 뉴스는 A텔레비전의 18시 00분과 19시 00분, 20시 00분에 편성되어 있다. 따라서 정답은 보기 2번이 된다.

もんだい1　もんだい1では、まず　しつもんを　聞いて　ください。それから　話を　聞いて、もんだいようしの　1から4の　中から、いちばん　いい　ものを　一つ　えらんで　ください。

문제 1　문제 1에서는 먼저 질문을 들으세요. 그리고 이야기를 듣고, 문제용지의 1에서 4 중에서 가장 알맞은 것을 하나 고르세요.

れい

예　정답　1

男の人と女の人が話しています。女の人は次に何をしなければなりませんか。

남자와 여자가 이야기하고 있습니다. 여자는 다음에 무엇을 해야 합니까?

M：今年の夏休みは何をしますか。

F：友達がアメリカから遊びに来るので、一緒に東京と沖縄に行く予定です。

M：それはいいですね。田中さんが案内するんですか。

F：いえ、私も初めてなので。

M：そうでしたか。旅行の準備は全部できましたか。

F：いえ、ホテルと飛行機がまだ。

M：それは急いで決めなければなりませんね。

M : 올해 여름 방학은 무엇을 합니까?

F : 친구가 미국에서 놀러 오기 때문에, 함께 도쿄와 오키나와에 갈 예정입니다.

M : 그거 좋네요. 다나카 씨가 안내하는 겁니까?

F : 아뇨, 저도 처음이라서요.

M : 그랬군요. 여행 준비는 다 되었습니까?

F : 아뇨, 호텔과 비행기가 아직입니다.

M : 그건 서둘러 결정해야겠네요.

女の人は次に何をしなければなりませんか。

1　とまる　ばしょを　よやくする

2　友だちを　あんないする

3　ひこうきに　のる

4　のりものを　きめる

여자는 다음에 무엇을 해야 합니까?

1　묵을 장소를 예약한다

2　친구를 안내한다

3　비행기를 탄다

4　탈것을 정한다

会社で女の人と男の人が話しています。二人はこのあと何を食べに行きますか。

F：北村君、今日の夜ごはん、一緒にどう？

M：お、先輩、いいですね。何にします？　うどん？　ラーメン？

F：この前、部長においしいハンバーグのお店に連れていってもらったの。そこはどう？

M：俺、今日の昼、ハンバーグだったんです。寿司はどうですか。おいしい店を見つけました。

F：北村君、先輩と行くからって高い店に行こうとしてない？

M：いやいや、そのお店、安くておいしいんですよ。

F：そう？　なら、そこにしようか。

M：やった。久しぶりなので楽しみです。

二人はこのあと何を食べに行きますか。

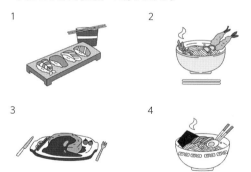

1　　　　　　　　2

3　　　　　　　　4

회사에서 여자와 남자가 이야기하고 있습니다. 두 사람은 이 다음에 무엇을 먹으러 갑니까?

F：기타무라 군, 오늘 저녁밥 같이 어때?

M：오, 선배, 좋아요. 뭘로 할까요? 우동? 라멘?

F：요전에 부장님이 맛있는 햄버그 가게에 데려가 주셨어. 거기는 어때?

M：저, 오늘 점심밥 햄버그였어요. 초밥은 어떠세요? 맛있는 가게를 찾았어요.

F：기타무라 군, 선배와 함께 간다고 비싼 가게로 가려는 것 아냐?

M：아뇨, 그 가게, 싸고 맛있어요.

F：그래? 그럼 거기로 할까?

M：앗싸. 오랜만이라서 기대돼요.

두 사람은 이 다음에 무엇을 먹으러 갑니까?

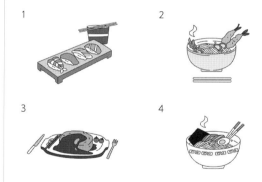

1　　　　　　　　2

3　　　　　　　　4

해설　여자의 마지막 대사 중, 「そこ(거기)」가 어디인지 파악하는 것이 포인트가 된다. 남자가 맛있는 초밥 가게를 찾았다고 하자 여자는 비싼 가게로 가려는 것 아니냐며 부정의 뉘앙스를 풍겼다. 그러나, 남자가 싸고 맛있다고 하자, 여자는 「なら、そこにしようか(그럼 거기로 할까)」라며 긍정적인 반응을 보였으므로 두 사람이 저녁으로 먹을 것은 1번 초밥이다.

어휘　会社(회사) | 何(무엇) | 食べる(먹다) | 行く(가다) | 夜ごはん(저녁밥) | 一緒(함께, 같이) | 先輩(선배) | この前(요전, 이전) | 部長(부장) | おいしい(맛있다) | ハンバーグ(햄버그) | お店(가게) | 連れていく(데려가다) | 俺(나) | 昼(낮) | 寿司(초밥) | 見つける(찾다) | 高い(높다, 비싸다) | 安い(싸다, 저렴하다) | なら(그렇다면) | 久しぶり(오랜만) | 楽しみだ(기대되다)

大学で女の学生と男の学生が話しています。女の学生はこのあと何をしますか。

F：アミールさん、明日の「日本語表現」の授業、何時から始まるか知っていますか。

M：はい。昨日、先生が午前10時には教室にいてくださいと言っていましたよ。

F：そうですか。何か要るものはありますか。

M：ねえ、ハンナさん。先生の話、何も聞いていなかったんですか。宿題と、自分の好きな日本の本を持ってくるんですよ。

F：好きな本？　漫画でもいいんですか。

M：漫画はだめでしょう。僕は小説を持っていきます。

F：小説ですか。読んだこともありません。私、日本の本は漫画しか持っていないんです。今から本屋に行かないと。

女の学生はこのあと何をしますか。

1　まんがを持っていく
2　しょうせつを読む
3　きょうしつに行く
4　しょうせつを買いに行く

2번 정답 4

대학에서 여학생과 남학생이 이야기하고 있습니다. 여학생은 이 다음에 무엇을 합니까?

F : 아밀 씨, 내일 '일본어 표현' 수업, 몇 시부터 시작되는지 아세요?

M : 네. 어제, 선생님이 오전 10시에는 교실에 있어 달라고 말씀하셨어요.

F : 그래요? 무언가 필요한 것은 있나요?

M : 저기, 한나 씨. 선생님 말씀, 아무것도 안 들었어요? 숙제랑 자신이 좋아하는 일본 책을 가져오는 거예요.

F : 좋아하는 책? 만화여도 괜찮나요?

M : 만화는 안 되죠. 저는 소설을 가져갈 거예요.

F : 소설이요? 읽은 적도 없어요. 저, 일본 책은 만화밖에 안 가지고 있어요. 지금부터 서점에 가지 않으면 안 되겠네요.

여학생은 이 다음에 무엇을 합니까?

1 만화를 가지고 간다
2 소설을 읽는다
3 교실에 간다
4 소설을 사러 간다

해설 내일 수업에 일본 책을 가져가야 하는 상황인데, 여학생의 마지막 대사「私、日本の本は漫画しか持っていないんです。今から本屋に行かないと(저, 일본 책은 만화밖에 안 가지고 있어요. 지금부터 서점에 가지 않으면 안 되겠네요)」를 보아 여자는 서점에 만화가 아닌 소설을 사러 간다는 걸 알 수 있으므로 정답은 4번이다.

어휘 大学(대학) | 明日(내일) | 日本語(일본어) | 表現(표현) | 授業(수업) | 何時(몇 시) | 始まる(시작되다) | 知る(알다) | ~ている(~하고 있다, ~인 상태이다) | 昨日(어제) | 先生(선생님) | 午前(오전) | 教室(교실) | いる(있다) | ~てください(~해 주세요) | 言う(말하다) | 何か(무언가) | 要る(필요하다) | ある(있다) | 話(이야기, 말씀) | 聞く(듣다) | 宿題(숙제) | 好きだ(좋아하다) | 本(책) | 持つ(들다, 가지다) | ~てくる(~해 오다, ~하고 오다) | 漫画(만화) | だめだ(안 된다) | ~でしょう(~이겠지요) | 小説(소설) | 読む(읽다) | ~しか~ない(~밖에 ~없다) | 今から(지금부터) | 本屋(서점)

家でお母さんと男の子が話しています。男の子はいくつ薬を飲みますか。

F：翔、起きなさい。時間よ。あら、どうしたの？　顔が赤いわよ。

M：うん、なんか頭とのどが痛い。

F：あらあら、大変。薬持ってくるから、ちょっと待ってなさい。えっと、確かここに。あったあった。はい。

M：ありがとう。えっと。え、1回3つ？　そんなに？

F：よく見て。中学生は1回に2つよ。

M：あ、本当だ。

F：ごはん食べてから飲みなさいね。

男の子はいくつ薬を飲みますか。

1　5つ

2　4つ

3　3つ

4　2つ

집에서 어머니와 남자아이가 이야기하고 있습니다. 남자아이는 약을 몇 개 먹습니까?

F : 쇼, 일어나. 시간 됐어. 어머, 왜 그래? 얼굴이 빨개.

M : 응, 왠지 머리랑 목이 아파.

F : 어머나, 큰일이네. 약 가져올 테니까 잠깐 기다려. 으음, 분명히 여기에. 있다, 있다. 여기.

M : 고마워. 으음. 어, 1회 3개? 그렇게나?

F : 잘 봐. 중학생은 1회에 2개야.

M : 아, 정말이네.

F : 밥 먹고 나서 먹으렴.

남자아이는 약을 몇 개 먹습니까?

1　5개

2　4개

3　3개

4　2개

해설 대화에서 어머니와 남자아이가 말하고 있는데, 「中学生は1回に2つ(중학생은 1회에 2개)」라고 언급하고 있다. 남자아이는 중학생이므로 약은 2개 먹게 된다.

어휘 いくつ(몇 개) | 薬を飲む(약을 먹다) | 起きる(일어나다) | ～なさい(~하거라, ~하시오) | 時間(시간) | 顔(얼굴) | 赤い(빨갛다) | のど(목) | 痛い(아프다) | あらあら(어머나) | 大変(큰일) | 持つ(들다, 가지다) | ～てくる(~해 오다) | ちょっと(잠깐) | 待つ(기다리다) | 確か(분명히) | ここ(여기) | ある(있다) | ～回(회, 횟수를 세는 표현) | 三つ(3개) | よく(잘) | 見る(보다) | 中学生(중학생) | 二つ(2개) | 本当(정말, 진실) | ごはん(밥) | 食べる(먹다) | ～てから(~하고 나서)

休み時間に男の学生と女の学生が話しています。二人はいつ映画を見に行きますか。

M：ゆりちゃん、今週映画を見に行かない？

F：いいね。じゃあ、金曜の夜はどう？　駅前の映画館、夜見ると1,000円よ。

M：その日は夜、アルバイトがあって。水曜か土曜はどう？水曜は学生1,000円の日、15日も映画の日でみんな1,000円だよ。

F：あー、そっか。じゃあ、水曜は宿題もあるから、土曜日にしようかな。

M：分かった。じゃあ、僕がチケット予約しておくね。

F：ありがとう。

二人はいつ映画を見に行きますか。

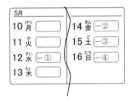

쉬는 시간에 남학생과 여학생이 이야기하고 있습니다. 두 사람은 언제 영화를 보러 갑니까?

M：유리, 이번 주 영화 보러 가지 않을래?

F：좋아. 그럼, 금요일 밤은 어때? 역 앞 영화관, 밤에 보면 1,000엔이야.

M：그날은 밤에 아르바이트가 있어서. 수요일이나 토요일은 어때? 수요일은 학생 1,000엔의 날, 15일도 영화의 날이어서 모두 1,000엔이야.

F：아, 그렇구나. 그럼, 수요일은 숙제도 있으니까, 토요일로 할까?

M：알았어. 그럼, 내가 티켓을 예약해 둘게.

F：고마워.

두 사람은 언제 영화를 보러 갑니까?

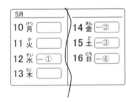

해설 남자와 여자는 영화를 볼 날짜를 정하고 있는 상황이다. 금요일 밤은 남자의 아르바이트로 안 되고, 수요일은 숙제가 있어서 안 된다고 말했다. 남은 건 토요일이므로 정답은 3번이다.

어휘 休み時間(쉬는 시간) | いつ(언제) | 映画(영화) | 今週(이번 주) | どこかで(어딘가에서) | 見る(보다) | 行く(가다) | じゃあ(그럼) | 金曜(금요일) | 夜(밤) | 駅前(역 앞) | 映画館(영화관) | その日(그 날) | アルバイト(아르바이트) | 水曜(수요일) | 土曜(토요일) | みんな(모두) | 宿題(숙제) | 分かる(알다, 이해하다) | チケット(티켓) | 予約(예약) | ～ておく(~해 두다, ~해 놓다)

会社で男の人と受付の人が話しています。男の人はどの席に行きますか。

M：すみません、山田産業の者です。営業部の渡辺一郎さんに書類を渡しに来たのですが、渡辺さんの席はどこでしょうか。

F：営業部の渡辺一郎ですね。ちょうどここのすぐ前が営業部の部屋です。渡辺の席は、えっと、佐藤部長の近くの……。

M：えっ、部長の隣ですか。

F：いえいえ、隣ではなくて。吉田課長はご存じですか。佐藤部長のすぐ前が吉田課長の席で、渡辺は課長の隣の席です。

M：ああ、分かりました。ありがとうございます。

男の人はどの席に行きますか。

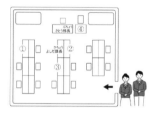

회사에서 남자와 접수처 사람이 이야기하고 있습니다. 남자는 어느 자리에 갑니까?

M : 죄송합니다, 야마다 산업에서 왔습니다. 영업부 와타나베 이치로 씨에게 서류를 드리러 왔습니다만, 와타나베 씨의 자리는 어디인가요?

F : 영업부 와타나베 이치로 말이군요. 마침 여기 바로 앞이 영업부 방입니다. 와타나베의 자리는, 으음, 사토 부장 근처의…….

M : 으음, 부장님 옆인가요?

F : 아뇨, 아뇨, 옆이 아니라. 요시다 과장은 아시나요? 사토 부장 바로 앞이 요시다 과장 자리이고, 와타나베는 과장 옆자리입니다.

M : 아, 알겠습니다. 감사합니다.

남자는 어느 자리에 갑니까?

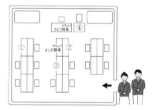

해설 남자는 와타나베에게 서류를 전달하러 왔고 여자는 자리를 설명해 주는 상황이다. 「佐藤部長のすぐ前が吉田課長の席で、渡辺は課長の隣の席です(사토 부장 바로 앞이 요시다 과장 자리이고, 와타나베는 과장 옆자리입니다)」라는 설명으로 보아, 결국 남자가 갈 자리는 요시다 과장의 옆자리, 3번이다.

어휘 会社(회사) | 人(사람) | 受付(접수처) | 話す(이야기하다) | どの(어느) | 席(자리, 좌석) | 行く(가다) | 産業(산업) | 営業部(영업부) | 書類(서류) | 渡す(건네주다) | 来る(오다) | ちょうど(마침) | ここ(여기) | すぐ(바로) | 前(앞) | 部屋(방) | 部長(부장) | 近く(근처) | 隣(옆, 이웃) | 課長(과장) | ご存じ(알고 계심) | 分かる(알다, 이해하다)

美術館で女の学生と男の学生が話しています。二人は今からどこへ行きますか。

F：国内でいちばん大きな美術館だって聞いたけど、ほんとだね。

M：うん。全部見るのに何時間かかるんだろう。びっくりするくらい広いね。

F：ねえねえ、先にお手洗いに行っておきたいな。

M：あ、そうだね。トイレはどこだろう。ええと、あそこに案内の表示があるよ。2階にあるみたいだ。エレベーターで2階に上がろう。

F：待って。エレベーターの前に人がたくさん並んでいるよ。階段で行かない？

M：うん、時間がかかりそうだから、そうしよう。

二人は今からどこへ行きますか。

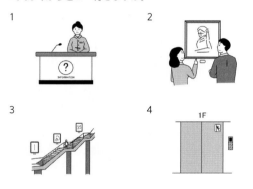

1 2 3 4
1F

6번 **정답** 3

미술관에서 여학생과 남학생이 이야기하고 있습니다. 두 사람은 지금부터 어디로 갑니까?

F : 국내에서 가장 큰 미술관이라고 들었는데, 정말이네.

M : 응. 다 보는 데 몇 시간 걸릴까? 깜짝 놀랄 정도로 넓네.

F : 저기, 먼저 화장실에 가 두고 싶어.

M : 아, 그러게. 화장실은 어디지? 으음, 저기 안내 표시가 있어. 2층에 있는 것 같아. 엘리베이터로 2층에 올라가자.

F : 잠깐만. 엘리베이터 앞에 사람들이 많이 줄 서 있어. 계단으로 가지 않을래?

M : 응, 시간이 걸릴 것 같으니까, 그러자.

두 사람은 지금부터 어디로 갑니까?

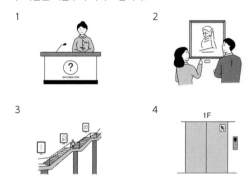

1 2 3 4
1F

해설 여자가 미술관을 둘러보기 전에 먼저 화장실에 가자고 말해 2층에 올라가야 하는 상황이다. 2층으로 올라가려는데, 여자가 엘리베이터 앞에 줄을 많이 서 있으니 계단으로 가지 않겠냐고 하자, 남자는 「そうしよう(그러자)」라며 동의를 했으므로 두 사람이 가는 곳은 계단이고 정답은 3번이다.

어휘 美術館(미술관) | 話す(이야기하다) | どこ(어디) | 国内(국내) | いちばん(가장) | 大きな(큰) | 全部(전부, 모두) | 見る(보다) | 何時間(몇 시간) | かかる(걸리다) | びっくりする(깜짝 놀라다) | 広い(넓다) | 先に(먼저) | お手洗い(화장실) | ～ておく(~해 두다, ~해 놓다) | トイレ(화장실) | あそこ(저기) | 案内(안내) | 表示(표시) | 階(층) | エレベーター(엘리베이터) | 上がる(올라가다) | 待つ(기다리다) | たくさん(많이) | 並ぶ(줄을 서다) | ～ている(~인 상태이다) | 階段(계단) | 行く(가다) | 時間(시간)

入学式で女の先生が話しています。生徒は今から何をしますか。

F：皆さん、入学おめでとうございます。今日から皆さんと一緒に勉強をする宮本です。よろしくお願いします。今日は入学式ですので、授業はありません。帰る前に皆さんにお願いがあります。一つ目は、今から小さい紙を配ります。そこに自分の好きなことや将来の夢などをたくさん書いてきてください。明日の朝、発表してもらいます。皆さんのことをいろいろ教えてください。もう一つは、皆さんの机の上に教科書があります。家に帰ったら、すぐ名前を書いてください。何か質問はありますか。

生徒は今から何をしますか。

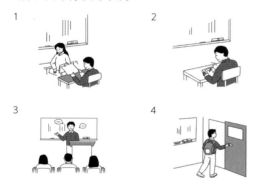

1
2
3
4

입학식에서 여자 선생님이 이야기하고 있습니다. 학생은 지금부터 무엇을 합니까?

F：여러분, 입학 축하드립니다. 오늘부터 여러분과 함께 공부할 미야모토입니다. 잘 부탁합니다. 오늘은 입학식이니까, 수업은 없어요. 귀가하기 전에 여러분에게 부탁이 있어요. 첫 번째는, 지금부터 작은 종이를 나눠줄 거예요. 거기에 자신이 좋아하는 것이나, 장래희망 등을 많이 써 와주세요. 내일 아침 발표해 받겠습니다. 여러분에 대해 이것저것 알려 주세요. 또 하나는, 여러분의 책상 위에 교과서가 있어요. 집에 돌아가면, 바로 이름을 써 주세요. 뭔가 질문 있습니까?

학생은 지금부터 무엇을 합니까?

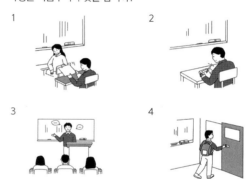

1
2
3
4

해설 선생님이 「今から小さい紙を配ります。そこに自分の好きなことや将来の夢などをたくさん書いてきてください(지금부터 작은 종이를 나눠줄 거예요. 거기에 자신이 좋아하는 것이나, 장래희망 등을 많이 써 와주세요)」라고 말했다. 선생님은 이야기가 끝난 후 학생들에게 종이를 나눠줄 것이므로 학생은 이후에 종이를 받을 것이다. 그러므로 정답은 1번이다.

어휘 入学式(입학식) | 先生(선생님) | 話す(이야기하다) | 今から(지금부터) | 皆さん(여러분) | 入学(입학) | 今日から(오늘부터) | 一緒に(함께) | 授業(수업) | 帰る(돌아가다) | 前(전) | お願い(부탁) | 一つ目(첫 번째) | 紙(종이) | 配る(나누어 주다, 배포하다) | 好きだ(좋아하다) | 将来の夢(장래희망, 꿈) | ~など(~등) | たくさん(많이) | 書く(쓰다) | ~てくる(~해 오다) | ~てください(~해 주세요) | 明日(내일) | 朝(아침) | 発表(발표) | いろいろ(이것저것) | 教える(알려 주다, 가르치다) | 机(책상) | 教科書(교과서) | 家(집) | すぐ(바로) | 名前(이름) | 質問(질문)

中学校で女の人と先生が話しています。先生はこれからどんな宿題を出しますか。

F：先生、健太は学校でどうでしょうか。この前の英語のテストがあまりよくなかったので、心配で。

M：健太君、いつも元気に頑張っていますよ。そうですね、英語が嫌いだということは健太君から聞いています。

F：これからもっと難しくなると思うので、頑張ってほしいんですけど。どうしたらいいでしょうか。

M：心配しないでください。健太君だけじゃないですよ、英語が難しいと言っている子はたくさんいます。それで、来週から英語の日記を宿題にすることにしました。

F：日記ですか。難しそうですね。

M：いえ、大丈夫ですよ。作文ではないので、短く書いたらいいんです。「今日はケーキを食べました。おいしかったです。」これで十分です。

F：なるほど、それはいいですね。先生、よろしくお願いします。

先生はこれからどんな宿題を出しますか。

1　えい語で　にっきを　つける
2　みじかい　ほんを　語む
3　えい語で　さくぶんを　書く
4　にほん語で　にっきを　つける

중학교에서 여자와 선생님이 이야기하고 있습니다. 선생님은 이제부터 어떤 숙제를 냅니까?

F：선생님, 겐타는 학교에서 어떤가요? 요전 영어 시험이 그다지 좋지 않았기 때문에, 걱정되어서요.

M：겐타 군, 항상 활기차게 열심히 하고 있어요. 그래요, 영어를 싫어한다는 것은 겐타 군에게 들었어요.

F：이제부터 더욱 어려워질 거라고 생각하니까, 열심히 해주면 좋겠는데요. 어떻게 하면 좋을까요?

M：걱정하지 마세요. 겐타 군만이 아니에요, 영어가 어렵다고 하는 아이는 많이 있어요. 그래서, 다음 주부터 영어 일기를 숙제로 하기로 했어요.

F：일기인가요? 어려워 보이네요.

M：아뇨, 괜찮아요. 작문이 아니기 때문에, 짧게 쓰면 돼요. '오늘은 케이크를 먹었습니다. 맛있었습니다' 이걸로 충분해요.

F：과연, 그거 좋네요. 선생님, 잘 부탁합니다.

선생님은 이제부터 어떤 숙제를 냅니까?

1　영어로 일기를 쓴다
2　짧은 책을 읽는다
3　영어로 작문을 쓴다
4　일본어로 일기를 쓴다

해설 영어를 어렵다고 하는 아이들이 많이 있어 선생님은 「来週から英語の日記を宿題にすることにしました(다음 주부터 영어 일기를 숙제로 하기로 했어요)」라고 했으므로 정답은 1번이 된다.

어휘 中学校(중학교) | 話す(이야기하다) | これから(이제부터) | どんな(어떤) | 宿題(숙제) | 出す(내다) | この前(요전) | 英語(영어) | テスト(시험) | 心配(걱정, 염려) | 元気だ(활기차다) | 頑張る(열심히 하다) | ～ている(~하고 있다) | 嫌いだ(싫어하다) | 聞く(듣다) | 難しい(어렵다) | ～てほしい(~해 주면 좋겠다) | ～てください(~해 주세요, ~하세요) | 来週(다음 주) | 日記(일기) | 作文(작문) | 短い(짧다) | 書く(쓰다) | 今日(오늘) | ケーキ(케이크) | 食べる(먹다) | おいしい(맛있다) | 十分(충분) | 日記をつける(일기를 쓰다) | ほん(책) | 読む(읽다)

もんだい2 もんだい2では、まず しつもんを 聞いて
ください。そのあと、もんだいようしを 見
て ください。読む 時間が あります。そ
れから 話を 聞いて、もんだいようしの
1から4の 中から、いちばん いい ものを
一つ えらんで ください。

れい

男の人と女の人が話しています。女の人はどうして学校を
休みましたか。

M：昨日、学校休んだみたいだけど、何かあった？

F：うん、前の日から、おなかがずっと痛くて。

M：え、大丈夫？

F：うん。おなかは寝たら大分よくなったんだけど、起きた
ら熱もあって、病院に行ったほうがいいかなと思って。

M：そうだったんだね。あまり無理しないでね。

女の人はどうして学校を休みましたか。

1　おなかが　なおったから
2　びょういんに　行きたかったから
3　高い　ねつが　下がったから
4　くすりが　なかったから

문제 2 문제 2에서는 먼저 질문을 들으세요. 그 후 문제용
지를 보세요. 읽을 시간이 있습니다. 그리고 이야
기를 듣고, 문제용지의 1에서 4 중에서 가장 알맞
은 것을 하나 고르세요.

예 정답 2

남자와 여자가 이야기하고 있습니다. 여자는 왜 학교를 쉬었습니
까?

M : 어제 학교 쉰 것 같던데, 무슨 일 있었어?

F : 응, 전날부터 배가 계속 아파서.

M : 어, 괜찮아?

F : 응. 배는 잤더니 꽤 괜찮아졌는데, 일어났더니 열도 있어서 병
원에 가는 게 좋을 것 같아서.

M : 그랬구나. 너무 무리하지 마.

여자는 왜 학교를 쉬었습니까?

1　배가 나았기 때문에
2　병원에 가고 싶었기 때문에
3　높은 열이 내렸기 때문에
4　약이 없었기 때문에

会社で男の人と女の人が話しています。女の人はどうして髪を切りましたか。

M：あれ、松井さん、髪切りました？ 誰かと思いました。
F：はい、昨日急に切りたくなって、切っちゃいました。
M：似合ってますよ。長いのもよかったですけど、短いのもいいですね。
F：ありがとうございます。ずっと長かったので、短いの似合わないと思っていたんですが、短くしたら頭も軽いし、楽だし、いいですね。
M：春らしく、すっきり明るい感じがして、すごくいいですよ。
F：ありがとうございます。

女の人はどうして髪を切りましたか。

1　あたまが　おもかったから
2　きゅうに　きりたくなったから
3　ずっと　みじかく　したかったから
4　にあうと　おもったから

회사에서 남자와 여자가 이야기하고 있습니다. 여자는 왜 머리를 잘랐습니까?

M：어라, 마쓰이 씨, 머리 잘랐어요? 누군가 했어요.
F：네, 어제 갑자기 자르고 싶어져서, 잘라 버렸어요.
M：잘 어울려요. 긴 것도 좋았지만, 짧은 것도 좋네요.

F：감사합니다. 줄곧 (머리가) 길었기 때문에, 짧은 건 어울리지 않는다고 생각했는데, 짧게 하니까 머리도 가볍고, 편하고, 좋네요.
M：봄에 어울리게 산뜻하고 밝은 느낌이 나서, 무척 좋아요.
F：감사합니다.

여자는 왜 머리를 잘랐습니까?

1　머리가 무거웠기 때문에
2　갑자기 자르고 싶어졌기 때문에
3　줄곧 짧게 하고 싶었기 때문에
4　어울릴 거라고 생각했기 때문에

해설 여자가 머리를 자르고 싶은 이유는 초반에 언급된다. 「昨日急に切りたくなって、切っちゃいました(어제 갑자기 자르고 싶어져서 잘라버렸어요)」라고 했으므로 정답은 2번이다. 뒷부분에서 「頭も軽い(머리도 가볍다)・ずっと長かったので(줄곧 길었기 때문에)」라고 언급하지만 자른 이유에는 해당되지 않는다.

어휘 会社(회사)｜髪(머리, 머리카락)｜切る(자르다)｜誰か(누군가)｜思う(생각하다)｜昨日(어제)｜急(갑작스러움, 긴급)｜～くなる(~하게 되다, ~해지다)｜～て(~해서)｜～ちゃう・～てしまう(그만 ~해 버리다)｜似合う(어울리다, 잘 맞다)｜長い(길다)｜よい(좋다)｜短い(짧다)｜ずっと(줄곧, 쭉)｜頭(머리)｜軽い(가볍다)｜～し(~하고, ~해서)｜楽だ(편하다)｜春(봄)｜～らしい(~답다, ~다운)｜すっきり(산뜻한 모양)｜明るい(밝다)｜感じ(느낌)｜すごく(무척)｜重い(무겁다)

男の人と女の人が話しています。女の人は昨日、何でジュースを作りましたか。

M：今日は、外の温度が33度になるとニュースで見ましたけど、本当に暑いですね。何か冷たいもの、飲みたいな。

F：ええ、もうすっかり夏ですね。あ、私、夏になると毎日果物ジュースを作って、よく飲んでいます。氷も一緒に入れるから冷たくて、とてもおいしいんですよ。北村さんも作ってみてください。

M：へー、果物ジュースですか。例えば、どんな果物を入れて作りますか。

F：昨日はりんごバナナジュースを作りました。

M：りんごとバナナですか。おいしそうですね。僕はいちごが好きなので、いちごジュースが飲みたいな。

F：いちごだと、牛乳を入れて、いちご牛乳にしたら、おいしいと思いますよ。

M：ああ、いいですね。じゃ、牛乳を買いに行かないと。

女の人は昨日、何でジュースを作りましたか。

1　りんごと　こおり
2　りんごと　バナナ
3　バナナと　いちご
4　いちごと　ぎゅうにゅう

남자와 여자가 이야기하고 있습니다. 여자는 어제, 무엇으로 주스를 만들었습니까?

M：오늘은 바깥 온도가 33도라고 뉴스에서 봤는데, 정말 덥네요. 뭔가 차가운 거, 마시고 싶어.

F：맞아요, 이제 완전히 여름이네요. 아, 저, 여름이 되면 매일 과일 주스를 만들어서, 자주 마시고 있어요. 얼음도 함께 넣으니까 차가워서, 정말 맛있어요. 기타무라 씨도 만들어 보세요.

M：와, 과일 주스인가요? 예를 들면, 어떤 과일을 넣어서 만드나요?

F：어제는 사과 바나나주스를 만들었어요.

M：사과와 바나나요? 맛있을 것 같네요. 나는 딸기를 좋아하기 때문에, 딸기주스가 마시고 싶네.

F：딸기라면, 우유를 넣어서 딸기우유로 하면 맛있을 거라고 생각해요.

M：아하, 좋네요. 그럼, 우유를 사러 가야지.

여자는 어제, 무엇으로 주스를 만들었습니까?

1　사과와 얼음
2　사과와 바나나
3　바나나와 딸기
4　딸기와 우유

해설 대화에서 많은 과일 이름이 언급되지만, 여자는 「昨日はりんごバナナジュースを作りました(어제는 사과 바나나주스를 만들었어요)」라고 했으므로 정답은 2번 사과와 바나나이다.

어휘 昨日(어제) | ジュース(주스) | 作る(만들다) | 今日(오늘) | 外(바깥) | 温度(온도) | ニュース(뉴스) | 見る(보다) | 本当に(정말로) | 暑い(덥다) | 何か(무언가) | 冷たい(차갑다) | 飲む(마시다) | ～たい(~하고 싶다) | すっかり(완전히) | 毎日(매일) | 果物(과일) | よく(자주) | 氷(얼음) | 一緒に(함께, 같이) | 入れる(넣다) | とても(정말) | おいしい(맛있다) | ～てください(~해 주세요) | 例えば(예를 들면) | どんな(어떠한, 어떤) | りんご(사과) | バナナ(바나나) | 好き(좋아함) | 牛乳(우유) | する(하다) | ～たら(~하면) | 買う(사다, 구매하다) | 行く(가다)

高校の１組の教室で、英語の先生が話しています。明日、英語の特別授業はどこでやりますか。

F：皆さん、明日、外国人の先生が来てくださる英語の特別授業は、１組と２組が一緒に受ける合同授業になります。教室は、２階の理科室の隣にある学習室Ａです。外国人の先生の授業は、いつもは１組だけで、３階の学習室Ｂでやっていますが、明日は教室が変わりますから、間違えないでくださいね。それから宿題は、昨日やった12ページを３回読むことです。明日、スミス先生が12ページの復習から始めますから、必ず３回読んでおくように。

明日、英語の特別授業はどこでやりますか。

1　１くみと　２くみの　きょうしつ

2　２かいの　りかしつ

3　２かいの　がくしゅうしつＡ

4　３かいの　がくしゅうしつＢ

고등학교 1반 교실에서, 영어 선생님이 이야기하고 있습니다. 내일, 영어 특별 수업은 어디에서 있습니까(어디에서 합니까)?

F：여러분, 내일, 외국인 선생님이 와 주시는 영어 특별 수업은, 1반과 2반이 함께 받는 합동 수업이 됩니다. 교실은 2층 과학실 옆에 있는 학습실 A입니다. 외국인 선생님의 수업은, 평소에는 1반만 3층 학습실 B에서 하지만, 내일은 교실이 바뀌니까, 틀리지 마세요. 그리고 숙제는, 어제 한 12페이지를 3회 읽는 것입니다. 내일, 스미스 선생님이 12페이지 복습부터 시작하니까, 반드시 3번 읽어 두도록 하세요.

내일, 영어 특별 수업은 어디에서 합니까?

1　1반과 2반 교실

2　2층 과학실

3　2층 학습실 A

4　3층 학습실 B

해설 평소 수업이 진행되는 장소가 언급되며 헷갈릴 수 있어 주의하며 들어야 한다. 영어 특별반 수업이 진행되는 교실은 「２階の理科室の隣にある学習室A(2층 과학실 옆에 있는 학습실 A)」이므로 정답은 3번이다.

어휘 高校(고교, 고등학교) | 教室(교실) | 英語(영어) | 明日(내일) | 特別(특별) | 授業(수업) | どこ(어디) | ある(있다) | 皆さん(여러분) | 外国人(외국인) | 来る(오다) | 〜てくださる(~해 주시는) | 一緒に(같이) | 受ける(받다) | 合同(합동) | 階(층) | 理科室(과학실) | 隣(옆, 이웃) | 学習室(학습실) | いつもは(평소에는) | 変わる(바뀌다) | 間違える(틀리다, 착각하다) | それから(그리고) | 宿題(숙제) | 昨日(어제) | 読む(읽다) | 復習(복습) | 始める(시작하다) | 必ず(반드시, 꼭) | 〜ておく(~해 두다)

図書館の受付で女の人と男の人が話しています。本を月曜日の午前10時に返す場合、どこに返しますか。

F：すみません。この本を借りたいです。

M：はい、こちらですね。来週の金曜日までに図書館にお戻しください。毎週水曜日はお休みの日ですから、本を返すときはご注意ください。

F：分かりました。その日に返したいときはどうしますか。外にある箱に入れますか。

M：はい、そうです。図書館がお休みの日は、「返却ボックス」という箱が外にありますから、そこに入れてください。ほかの日は、この受付までお願いします。

F：分かりました。それから、ここは午後8時までbut したか。

M：いいえ、午後7時までです。朝は9時からです。図書館が閉まっている時間に本を返すときも、返却ボックスへお願いします。ほかに何か質問はありませんか。

F：はい、ありません。ありがとうございます。

本を月曜日の午前10時に返す場合、どこに返しますか。

1　としょかんの　外にある　はこ

2　としょかんの　うけつけ

3　としょかんの　中にある　はこ

4　としょかんの　入り口

도서관 접수처에서 여자와 남자가 이야기하고 있습니다. 책을 월요일 오전 10시에 반납할 경우, 어디에 반납합니까?

F : 실례합니다. 이 책을 빌리고 싶어요.

M : 네, 이것 말씀이시죠. 다음 주 금요일까지 도서관에 돌려주세요. 매주 수요일은 휴관일이니까, 책을 반납하실 때는 주의해 주세요.

F : 알겠습니다. 그날에 반납하고 싶을 때는 어떻게 하나요? 밖에 있는 상자에 넣나요?

M : 네, 그렇습니다. 도서관 휴관일은 '반납 박스'라는 상자가 밖에 있으므로, 거기에 넣어 주세요. 다른 날은, 이 접수처로 부탁드립니다.

F : 알겠습니다. 그리고, 여기는 오후 8시까지였나요?

M : 아뇨, 오후 7시까지입니다. 오전은 9시부터입니다. 도서관이 닫혀 있는 시간에 책을 반납할 때도, 반납 박스로 부탁합니다. 그 외에 뭔가 질문은 없으신가요?

F : 네, 없습니다. 감사합니다.

책을 월요일 오전 10시에 반납할 경우, 어디로 반납합니까?

1　도서관 밖에 있는 상자

2　도서관 접수처

3　도서관 안에 있는 상자

4　도서관 입구

해설 질문에서 '책을 월요일 오전 10시에 반납할 경우'라는 조건을 잘 들어야 한다. 남자가 「お休みの日は、「返却ボックス」という箱が外にありますから、そこに入れてください。ほかの日は、この受付までお願いします(휴관일은 '반납 박스'라는 상자가 밖에 있으므로, 거기에 넣어 주세요. 다른 날은, 이 접수처로 부탁드립니다)」라고 한 것을 보면 도서관 휴관일인 수요일에는 반납 박스로 반납이 가능하며, 이외의 날에는 접수처로 반납할 수 있다는 이야기이므로 월요일 오전 10시에 반납할 수 있는 장소는 2번이다.

어휘 図書館(도서관) | 受付(접수처) | 本(책) | 月曜日(월요일) | 午前(오전) | 返す(돌리다, 되돌리다, 반납하다) | 場合(경우) | どこ(어디) | 借りる(빌리다) | ～たい(~하고 싶다) | こちら(이 물건) | 来週(다음 주) | 金曜日(금요일) | までに(~까지) | 戻す(원래 자리로 되돌리다) | 毎週(매주) | 水曜日(수요일) | お休みの日(쉬는 날, 휴관일) | 注意(주의) | その日(그 날) | 外(밖, 바깥) | 箱(상자) | 入れる(넣다) | 返却(반환) | ボックス(박스) | ある(있다) | 分かる(알다, 이해하다) | それから(그리고) | 午後(오후) | 朝(아침) | 閉まる(닫히다) | ～ている(~인 상태이다) | ほかに(그 외에) | 何か(무언가) | 質問(질문) | 入り口(입구)

学校で女の学生と男の学生が話しています。男の学生は、どうやって学校に来たと言っていますか。

F：ゆうき君、今日はどうして遅刻したの？

M：それが、いつもより30分も遅く起きちゃってさ。学校まで母に車で送ってもらったんだけど、道がこんでいて間に合わなかったんだ。自転車で来ればよかったよ。

F：ゆうき君は足が速いから、走ってきても間に合ったかもしれないね。

M：本当だね。

F：ゆうき君が学校に遅れるのは珍しいから、先生が心配してたんだよ。

M：え、そうなの？ でも、「寝坊しました」って言ったら、普通に怒られたけど？

F：そりゃそうだよ。次からは寝坊しないようにね。

男の学生は、どうやって学校に来たと言っていますか。

1　はしってきた

2　お父さんの　車で　きた

3　お母さんの　車で　きた

4　じてんしゃで　きた

학교에서 여학생과 남학생이 이야기하고 있습니다. 남학생은, 어떻게 학교에 왔다고 말하고 있습니까?

F : 유키 군, 오늘은 왜 지각했어?

M : 그게, 평소보다 30분이나 늦게 일어나 버려서 말이야. 학교까지 엄마가 차로 바래다 줬는데, 길이 막혀서 제시간에 못 왔어. 자전거로 올 걸 그랬어.

F : 유키 군은 발이 빠르니까, 달려와도 제시간에 왔을지도 모르겠네.

M : 그러게.

F : 유키 군이 학교에 늦는 건 드무니까, 선생님이 걱정했어.

M : 어, 그래? 그런데, '늦잠 잤어요'라고 말했더니, 평소처럼 혼났는데?

F : 그거야 그렇지. 다음부터는 늦잠 자지 않도록 해.

남학생은, 어떻게 학교에 왔다고 말하고 있습니까?

1　달려왔다

2　아버지 차로 왔다

3　어머니 차로 왔다

4　자전거로 왔다

해설 대화 내용 중 남학생이 학교에 올 수 있는 방법이 다양하게 제시되어 있으나, 실제로 취한 방법이 무엇인가를 파악하는 것이 포인트가 된다. 1번「走ってきても間に合ったかもしれない(달려와도 제시간에 왔을지도 모르겠네)」는 여학생이 언급한 추측으로 오답이고, 4번「自転車で来ればよかった(자전거로 올 걸 그랬어)」는 남학생이 언급한 후회의 마음을 담은 가정적 표현이었을 뿐 실제 이용한 방법이 아니므로 오답이 된다. 초반에 엄마가 차로 바래다줬다고 말했으니 정답은 3번이다.

어휘 学校(학교)｜どうやって(어떻게)｜今日(오늘)｜どうして(왜)｜遅刻(지각)｜いつもより(평소보다)｜遅い(늦다)｜起きる(일어나다)｜～ちゃう・～てしまう(~해 버리다)｜車(자동차)｜送る(보내다, 데려다 주다)｜～てもらう(~해 받다)｜道(길)｜こむ(혼잡하다)｜間に合う(제 시간에 대다)｜自転車(자전거)｜～ば(~면)｜足が速い(발이 빠르다)｜走る(달리다)｜～かもしれない(~일 지도 모른다)｜遅れる(늦다)｜珍しい(드물다)｜心配(걱정)｜寝坊(늦잠)｜普通に(평소처럼)｜怒る(화내다)｜次(다음)｜お父さん(아버지)

駅で女の人が話しています。女の人は、どうしてエスカレーターが使えないと言っていますか。

F：皆様、本日もさくら駅をご利用いただき、ありがとうございます。さくら駅をご利用のお客様にご案内申し上げます。今日から二日間、駅の工事のため、1階から3階までのエスカレーターをご利用いただけません。ご不便をおかけいたしますが、階段またはエレベーターをご利用ください。また、本日、大雨により大変滑りやすくなっております。お足元にお気をつけください。また、傘のお忘れ物にご注意ください。

女の人は、どうしてエスカレーターを使えないと言っていますか。
1 大雨が　ふっているから
2 かさの　水で　ぬれて　あぶないから
3 エレベーターが　こしょうしたから
4 こうじを　しているから

역에서 여자가 이야기하고 있습니다. 여자는 왜 에스컬레이터를 사용할 수 없다고 말하고 있습니까?

F : 여러분, 오늘도 사쿠라역을 이용해 주셔서 감사합니다. 사쿠라역을 이용하시는 고객님께 안내 말씀드립니다. 오늘부터 이틀간 역 공사 때문에, 1층부터 3층까지의 에스컬레이터를 이용하실 수 없습니다. 불편을 끼쳐드립니다만, 계단 또는 엘리베이터를 이용해 주시기 바랍니다. 또한, 오늘 많은 비로 인해 매우 미끄러지기 쉽습니다. 발밑을 조심해 주세요. 또한, 우산 분실에 주의해 주세요.

여자는 왜 에스컬레이터를 사용할 수 없다고 말하고 있습니까?

1 많은 비가 내리고 있기 때문에
2 우산의 물로 젖어서 위험하기 때문에
3 엘리베이터가 고장 났기 때문에
4 공사를 하고 있기 때문에

해설 에스컬레이터를 사용할 수 없는 이유를 찾는 문제로, 엘리베이터나 날씨에 대한 설명과 혼동하지 않도록 주의해야 한다. 우선, 1번의 경우 비가 내리면 미끄러지기 쉬우니 주의해 달라는 이야기는 나오지만, 에스컬레이터와 관련은 없기 때문에 오답이고, 2번의 경우, 우산 분실에 대한 언급은 있었으나 마찬가지로 에스컬레이터와 직접적인 연관이 없으므로 오답이다. 그리고 3번에서 엘리베이터의 고장을 언급하고 있지만, 엘리베이터를 대신 이용해 달라고 말한 것으로 보아 고장난 것은 아니므로 오답이다. 역 공사 때문에 1층부터 3층까지 에스컬레이터를 이용할 수 없다는 안내가 있었기 때문에 4번이 정답이다.

어휘 駅(역) | エスカレーター(에스컬레이터) | 皆様(여러분) | 本日(오늘) | 利用(이용) | 案内(안내) | 申し上げる(말씀드리다) | 二日間(이틀간) | 工事(공사) | ~のため(に)(~을 위해, ~때문에) | 階(층) | 不便(불편) | 階段(계단) | または(또는) | エレベーター(엘리베이터) | 大雨(많은 비) | 大変(몹시, 매우) | 滑る(미끄러지다) | ~やすい(~하기 쉽다) | 足元(발밑) | 気を付ける(조심하다) | 傘(우산) | 忘れ物(깜빡 잊은 물건, 물건을 잊음) | 注意(주의) | ふる(비가 내리다) | ぬれる(젖다) | あぶない(위험하다) | こしょう(고장)

お店で女の人と男の人が話しています。男の人は、ごはんを食べる前に、どの薬を飲みますか。

F：北村さん、今日は薬が３つ出ています。

M：３つもですか。

F：はい。まず、青い薬は、朝と夜の２回飲んでください。

M：青は、１日２回……。

F：はい。次に、白い薬と赤い薬なんですが、こちらは１日１回、夜だけです。白い薬はごはんを食べる前、赤い薬はごはんを食べた後に飲んでください。夕食後ですよ。

M：分かりました。白と赤は夜だけで、白は食事の前、赤は後ですね。あれ？　青い薬はごはん前ですか、後ですか。

F：あ、すみません。後です。朝と夜、ごはんを食べた後に飲んでください。

M：分かりました。ありがとうございます。

F：どうぞお大事に。

男の人は、ごはんを食べる前に、どの薬を飲みますか。

1　あおい　くすり

2　白い　くすり

3　あかい　くすり

4　白い　くすりと　あかい　くすり

가게에서 여자와 남자가 이야기하고 있습니다. 남자는 밥을 먹기 전에 어느 약을 먹습니까?

F：기타무라 씨, 오늘은 약이 3개 나왔어요.

M：3개나 말인가요?

F：네. 우선, 파란 약은, 아침과 밤 2회 드세요.

M：파란색은, 1일 2회…….

F：네. 다음으로, 하얀 약과 빨간 약인데요, 이건 1일 1회, 밤에만입니다. 하얀 약은 밥을 먹기 전에, 빨간 약은 밥을 먹은 후에 드세요. 저녁 식사 후예요.

M：알겠습니다. 하양과 빨강은 밤에만이고, 하양은 식사 전, 빨강은 후군요. 어라? 파란 약은 밥 전인가요, 후인가요?

F：아, 죄송합니다. 후입니다. 아침과 밤, 밥을 먹은 후에 드세요.

M：알겠습니다. 감사합니다.

F：아무쪼록 몸 조심하세요(몸조리 잘 하세요).

남자는 밥을 먹기 전에 어느 약을 먹습니까?

1　파란 약

2　하얀 약

3　빨간 약

4　하얀 약과 빨간 약

해설　여자가 약의 복용방법을 설명할 때, 「白い薬はごはんを食べる前(하얀 약은 밥 먹기 전에)」라고 언급했다. 따라서 밥을 먹기 전에 먹는 약은 하얀 약뿐이므로 2번이 정답이 된다. 파란 약은 하루 두 번 아침과 저녁 식사 후에, 빨간 약과 하얀 약은 하루 한 번 먹는데, 빨간 약은 식사 후에 먹으라고 했으니 나머지 보기는 오답이 된다.

어휘　お店(가게)｜ごはん(밥)｜食べる(먹다)｜前(전, 이전)｜どの(어느)｜薬(약)｜薬を飲む(약을 먹다)｜出る(나오다)｜～ている(~해 있다)｜まず(우선)｜青い(파랗다)｜朝(아침)｜夜(밤)｜２回(2회)｜～てください(~해 주세요)｜１日(1일)｜次(다음)｜白い(하얗다)｜こちら(이것)｜～だけ(~만, ~뿐)｜後(후, 이후)｜夕食後(저녁 식사 후)｜分かる(알다, 이해하다)｜お大事に(몸 조심하세요, 몸조리 잘 하세요)

もんだい3 もんだい3では、えを 見ながら しつもんを 聞いて ください。➡ (やじるし)の 人は 何と 言いますか。 1から 3の 中から、いちばん いい ものを 一つ えらんで ください。

문제 3 문제 3에서는 그림을 보면서 질문을 들으세요. ➡ (화살표)의 사람은 뭐라고 말합니까? 1에서 3 중에서 가장 알맞은 것을 하나 고르세요.

れい

一緒に映画を見に行きたいです。何と言いますか。

F：1 映画、見に行ってきたの？
　　2 今度、一緒に映画でも行かない？
　　3 この映画、おもしろいよね。

예 정답 2

함께 영화를 보러 가고 싶습니다. 뭐라고 말합니까?

F：1 영화 보러 갔다 왔어?
　　2 다음에 같이 영화라도 보러 가지 않을래?
　　3 이 영화, 재밌지?

1ばん

質問したいことがあります。何と言いますか。

F：1 どうぞ、いつでも聞いてください。
　　2 今、お時間よろしいですか。
　　3 質問は何ですか。

1번 정답 2

질문하고 싶은 것이 있습니다. 뭐라고 말합니까?

F：1 그럼요, 언제든지 물어봐 주세요.
　　2 지금, 시간 괜찮으신가요?
　　3 질문은 무엇인가요?

해설 1번, 3번은 질문하고 싶다는 말에 대한 대답이므로, 여자가 아니라 상대방이 해야 하는 말이다. 2번은 상대방의 형편을 묻는 상투적인 표현으로 질문, 상담, 면담, 지시 등 이야기할 수 있도록 시간을 내어 줄 수 있는지 물어보는 표현이다. 따라서 정답은 2번이다.

어휘 質問(질문) | する(하다) | ~たい(~하고 싶다) | いつでも(언제든지) | 聞く(묻다) | ~てください(~해 주세요) | 時間(시간) | よろしい(좋다, 적절하다)

2ばん

仕事に遅刻してしまいました。何と言いますか。

F：1 遅くなったんですよ。
　　2 遅かったと思うんですが。
　　3 遅れてすみません。

2번 정답 3

일에 지각해 버렸습니다. 뭐라고 말합니까?

F：1 늦었거든요.
　　2 늦었다고 생각하는데요.
　　3 늦어서 죄송합니다.

해설 실수나 잘못에 대해 사과하는 표현을 찾는 문제로, 지각한 것에 대해 설명 혹은 해명을 해야 하는 경우 보기 3번과 같이 직접적으로 늦었음을 사과하는 표현이 가장 적절하기 때문에 3번이 정답이다. 다른 선택지 1번의 경우 문맥상 사과 표현으로 적절하지 않아 오답이고, 2번은 말끝을 얼버무리고 있어 실수를 했다는 명확한 사과 표현이라 보기 어려워 오답이다.

어휘 仕事(일) | 遅刻(지각) | する(하다) | ~てしまう(그만 ~해 버리다) | 遅い(늦다) | 思う(생각하다) | 遅れる(늦다)

3ばん

スーパーのレジです。あとで払おうと思います。何と言いますか。

M：1　先に並びましたよ。

　　2　お先にどうぞ。

　　3　後ろに行ってね。

3번 정답 2

마트의 계산대입니다. 나중에 계산하려고 합니다. 뭐라고 말합니까?

M：1　먼저 줄 섰어요.

　　2　먼저 하세요.

　　3　뒤로 가 줘.

해설 구매한 물건이 많아 자신의 뒤에 적은 양의 물건을 갖고 기다리는 사람에게 순서를 양보해 주려고 하는 상황이다. 무언가를 양보할 때 사용하는 표현인 2번「お先にどうぞ(먼저 하세요)」가 정답이다.

어휘 スーパー(마트) ｜ レジ(계산대) ｜ あとで(나중에) ｜ 払う((값 등을) 지불하다) ｜ 先に(먼저) ｜ 並ぶ(줄을 서다) ｜ どうぞ(하세요, 권하는 표현) ｜ 後ろ(뒤, 뒤쪽) ｜ 行く(가다)

4ばん

友達の消しゴムが落ちています。何と言いますか。

F：1　消しゴムが落ちているよ。

　　2　消しゴムを落としたと思ったのね。

　　3　ねえ、どこに落ちているの？

4번 정답 1

친구의 지우개가 떨어져 있습니다. 뭐라고 말합니까?

F：1　지우개가 떨어져 있어.

　　2　지우개를 떨어트렸다고 생각한 거구나.

　　3　저기, 어디에 떨어져 있는 거야?

해설 어떠한 사건이 일어나 있다는 표현으로「～ている(~해 있다, 상태표현)」를 사용하여 말하면 된다. 「～よ」는 모르는 정보를 알려주는 기능을 하는데, 친구에게 지우개가 떨어져 있다는 정보를 알려주는 의미로 사용되어「落ちているよ(떨어져 있어)」가 되므로 1번이 정답이다.

어휘 友達(친구) ｜ 消しゴム(지우개) ｜ 落ちる(떨어지다) ｜ ～ている(~인 상태이다) ｜ 思う(생각하다) ｜ どこ(어디)

5ばん

荷物が重いです。何と言いますか。

M：1　ちょっと、運んでみたいんだけど。

　　2　いちばん上の箱、持ってもらえないかな。

　　3　よかったら手伝おうか。

5번 정답 2

짐이 무겁습니다. 뭐라고 말합니까?

M：1　잠깐, 옮겨 보고 싶은데.

　　2　맨 위 상자, 들어줄 수 없을까?

　　3　괜찮다면 도와줄까?

해설 짐이 무거워서 도와주기를 요청하는 상황으로「～てもらえないかな(해 줄 수 없을까?)」를 사용한 2번이 정답이다. 「～てもらう」의 뜻은 '~을 해서 받다'로 남이 나에게 무언가를 해 주는 것을 의미한다. '~해 주다'로 해석해야 자연스러우니 주의하여 기억해 두자.

어휘 荷物(짐) ｜ 重い(무겁다) ｜ 運ぶ(옮기다, 운반하다) ｜ ～てみる(~해 보다) ｜ いちばん(가장) ｜ 上(위) ｜ 箱(상자) ｜ 持つ(들다, 가지다) ｜ ～てもらう(~해 받다) ｜ 手伝う((타인의 일을) 돕다)

もんだい4では、えなどが　ありません。まず　ぶんを　聞いて　ください。それから、そのへんじを　聞いて、1から3の　中から、いちばん　いい　ものを　一つ　えらんで　ください。

れい

F：先輩、この資料、私が作っておきますね。

M：1　うん、作っておいたよ。
　　2　それなら作ろうか。
　　3　うん、よろしく頼むよ。

1ばん

F：ねえ、ちょっとこれ、一緒に持ってくれない？

M：1　くれるの？　ありがとう。
　　2　いいよ、重そうだね。
　　3　え、僕は持ってないよ。

文제 4 문제 4에서는 그림 등이 없습니다. 우선 문장을 들으세요. 그리고 그 대답을 듣고 1에서 3 중에서 가장 알맞은 것을 하나 고르세요.

예 정답 3

F：선배, 이 자료, 제가 만들어 둘게요.

M：1　응, 만들어 뒀어.
　　2　그러면, 만들까?
　　3　응, 잘 부탁해.

1번 정답 2

F：저기, 잠깐 이거, 같이 들어주지 않을래?

M：1　주는 거야? 고마워.
　　2　그래, 무거워 보이네.
　　3　어라, 나는 안 갖고 있어.

해설 질문에 사용되는 동사와 같은 단어가 나오는 선택지에 주의해야 한다. 1번의 경우, 질문에 언급된 「くれる(주다)」가 사용되기는 했으나, 「くれるの？(주는 거야?)」는 상대방으로부터 무엇인가를 받았을 때의 대답이기 때문에 오답이 된다. 또한 3번도 질문에 사용된 「持つ(가지다)」가 사용되고 있으나, 이는 '나는 갖고 있지 않다'라는 의미이므로 오답이다. 2번은 요청을 「いいよ(그래, 좋아)」라고 받아들이고 있으며, 그 과정에서 상대방의 사정에 공감하는 대답인 '무거워 보이네'와 같은 표현을 사용하고 있으므로 정답이다.

어휘 ちょっと(잠깐) | 一緒に(함께, 같이) | 持つ(들다, 가지다) | ～てくれる(~해 주다) | くれる((남이 나에게) 주다) | 重い(무겁다) | ～そうだ(~일 것 같다) | 僕(나)

2ばん

F：遅いわね。花子さんが今どこにいるか知っている人、いますか。

M：1　はい、もう家に帰りますよ。
　　2　さっき電話があって、まだ家にいるそうです。
　　3　花子さんは知りませんでしたよ。

2번 정답 2

F：늦네. 하나코 씨가 지금 어디에 있는지 알고 있는 사람, 있나요?

M：1　네, 이제 집에 돌아가요.
　　2　방금 전에 전화가 와서, 아직 집에 있다고 해요.
　　3　하나코 씨는 몰랐어요.

해설 여자는 하나코 씨가 지금 어디에 있는지 아는 사람이 있냐고 물어보았다. '네', '아니오'의 대답은 아니지만 직접 전해들은 정보를 전해 주고 있는 2번이 가장 알맞은 대답이다.

어휘 遅い(늦다) | 今(지금) | どこ(어디) | いる((사람이) 있다) | 知る(알다) | ～ている(~하고 있다) | 家(집) | 帰る(돌아가다) | さっき(아까, 조금 전) | 電話(전화) | ある((사물이) 있다) | まだ(아직) | ～そうだ(~라고 한다)

3ばん

M：山田さん、一緒に夕飯どうですか。

F：1　こちらこそ。

　　2　ええ、ぜひ。

　　3　ごちそうさまでした。

3번 정답 2

M : 야마다 씨, 같이 저녁 식사 어떠세요?

F : 1　저야말로.

　　2　네, 꼭이요.

　　3　잘 먹었습니다.

해설 「ぜひ」는 희망을 강조해서 말하는 표현으로 '아무쪼록, 제발, 꼭'이라는 의미이다. 저녁 식사를 같이 하자는 질문에 응하는 대답으로 제일 자연스러우니 정답은 2번이다. 다른 선택지 1번은 감사하다는 표현에 대한 대답이며, 3번은 이미 식사가 끝났을 때의 말이므로 오답이다.

어휘 一緒に(같이, 함께) | 夕飯(저녁밥) | どうですか(어떠세요?) | こちらこそ(저야말로) | ぜひ(아무쪼록, 부디, 꼭) | ごちそうさまでした(잘 먹었습니다)

4ばん

F：田中さん、さっき、この封筒は誰に渡すと言いましたか。

M：1　ええ、覚えています。

　　2　あ、机の上に置いてください。

　　3　えっ、忘れたんですか。

4번 정답 3

F : 다나카 씨, 아까, 이 봉투는 누구에게 준다고 말했습니까?

M : 1　네, 기억하고 있습니다.

　　2　아, 책상 위에 놓아 주세요.

　　3　엇, 까먹은 거예요?

해설 여자는 이전에 들었던 사실에 대해 질문하고 있기 때문에, 남자는 해당 사안에 대한 정보를 다시 알려주거나, 잊었다는 사실에 대해 언급하는 등의 내용으로 답해야 적절하다. 3번은 남자가 여자의 질문에 대답하기 전에, 해당 정보는 이미 전달했음에도 여자가 잊어버렸다는 것에 대해 놀라 반문하고 있는 의미가 되어 자연스러운 문맥이 되므로 정답이다.

어휘 さっき(아까) | 封筒(봉투) | 誰(누구) | 渡す(건네주다) | 覚える(기억하다) | ～ている(~하고 있다) | 机(책상) | 上(위) | 置く(두다) | ～てください(~해 주세요) | 忘れる(잊다)

5ばん

M：そこに自転車を停めてはいけませんよ。

F：1　いえ、そこの公園に行ってきますね。

　　2　じゃ、すぐ続けましょうか。

　　3　あ、すみません。どこなら大丈夫ですか。

5번 정답 3

M : 거기에 자전거를 세우면 안 돼요.

F : 1　아뇨, 거기 공원에 다녀올게요.

　　2　그럼, 바로 계속할까요?

　　3　아, 죄송합니다. 어디라면 괜찮나요? (어디에 세우면 될까요?)

해설 '자전거를 세우지 말라'라는 금지, 주의, 혹은 안내에 대한 대답으로 1번 거기 공원에 다녀오겠다는 대답은 의미상 적절하지 않다. 또한 금지에 대한 대답으로 '~할까요?'라고 대답하는 2번 또한 의미상 적절하지 않다. 3번은 '세우지 말라, 세우면 안 된다'와 같은 주의에 대해 사과하고 어떻게 하면 좋을지 대안을 묻는 의미가 되어 가장 자연스럽게 이어지므로 정답이 된다.

어휘 そこ(거기) | 自転車(자전거) | 停める(멈추다, 세우다) | ～てはいけない(~해서는 안 된다) | 公園(공원) | 行く(가다) | ～てくる(~하고 오다) | すぐ(바로) | 続ける(계속하다) | どこ(어디) | ～なら(~라면) | 大丈夫だ(괜찮다)

6ばん

F：散歩に出かけるなら、帰りにジュースを買ってきてくれ
　　る？

M：1　ああ、いつものオレンジジュースでいい？
　　2　そう？　じゃ、頼もうかな。ありがとう。
　　3　うん、味は何でもいいよ。

해설 이 대화에서는 외출해서 주스를 구매하는 사람은 남자이고, 그것을 부탁하는 사람이 여자이다. 2번, 3번은 남자의 대답 이후에 돌아올 여자의 대답이 되므로 정답은 1번이다.

어휘 散歩(산책) | 出かける(나가다, 외출하다) | 帰り(돌아오는 길) | ジュース(주스) | 買う(사다, 구매하다) | 〜てくれる(〜해 주다) | いつも(평소) | オレンジ(오렌지) | 頼む(부탁하다) | 味(맛) | 何でも(무엇이든)

6번 **정답** 1

F：산책하러 간다면, 돌아오는 길에 주스를 사와 줄래?

M：1　아, 항상 먹는 오렌지 주스로 괜찮아?
　　2　그래? 그럼, 부탁할까? 고마워.
　　3　응, 맛은 무엇이든 좋아.

7ばん

M：部屋の電気、消せって言ったよな。

F：1　ううん、消えたよ。
　　2　あ、そうだった。
　　3　ううん、消したよ。

해설 남자는 여자에게 자신이 불을 끄라고 이야기 했음에도 불이 꺼져 있지 않은 점을 언급하여 불만을 전달하고 있다. 따라서 부탁 혹은 지시를 잊었다는 것을 언급하고 있는 2번이 정답이 된다. 다른 선택지 1번의 「消えた(꺼졌다)」와 3번의 「消した(껐다)」는 모두 이미 불이 꺼져 있는 상태이므로 오답이다.

어휘 部屋(방) | 電気(전기, 전등) | 消す(끄다) | 言う(말하다) | 消える(꺼지다)

7번 **정답** 2

M：방 불, 끄라고 했었지?

F：1　아니, 꺼졌어.
　　2　아, 그랬지.
　　3　아니, 껐어.

8ばん

M：山本さん、頼んでいた資料はできましたか。

F：1　すみません。午後にはお見せできます。
　　2　ありがとうございます。役に立ちそうです。
　　3　頼まれると困りませんか。

해설 부탁의 내용인 서류가 '완성되었는가'에 대한 물음의 대답으로는 '완성되었다' 아니면 '완성되지 않았다'와 같은 대답이 적절하다. 1번의 경우 서류가 다 완성되었는지 직접적으로 대답하지는 않았지만 언제 보여줄 수 있는지를 전함으로써, 아직은 완성되지 않았다고 간접적으로 표현하고 있어 정답이 된다. 다른 선택지 2번의 '도움이 된다'라는 표현은 대답으로 적절하지 않으며, 3번의 경우 「頼む(부탁하다)」의 수동표현인 「頼まれる(부탁받다)」를 사용하고 있기 때문에 여자가 부탁한 사람이 되어 버려 오답이 된다.

어휘 頼む(부탁하다) | 〜ている(〜한 상태) | 資料(자료) | できる(완성되다, 할 수 있다) | 午後(오후) | お見せする(보여드리다) | 役に立つ(도움이 되다) | 〜そうだ(〜할 것 같다) | 困る(난처하다, 곤란하다)

8번 **정답** 1

M：야마모토 씨, 부탁했던 서류는 다 됐나요?

F：1　죄송합니다. 오후에는 보여드릴 수 있습니다.
　　2　감사합니다. 도움이 될 것 같습니다.
　　3　부탁받으면 난처하지 않습니까?

언어지식(문자·어휘)

もんだい1		もんだい4	
1	3	21	2
2	4	22	3
3	1	23	1
4	3	24	4
5	4	もんだい5	
6	3	25	3
7	4	26	2
もんだい2		27	3
8	1	28	4
9	1		
10	3		
11	2		
12	1		
もんだい3			
13	4		
14	2		
15	1		
16	3		
17	4		
18	2		
19	2		
20	1		

언어지식(문법)·독해

もんだい1		もんだい3	
1	4	18	1
2	1	19	2
3	3	20	3
4	3	21	4
5	1	もんだい4	
6	2	22	1
7	4	23	3
8	2	24	4
9	3	もんだい5	
10	2	25	3
11	4	26	2
12	4	27	3
13	4	もんだい6	
もんだい2		28	4
14	3	29	3
15	2		
16	1		
17	2		

청해

もんだい1		もんだい3	
れい	1	れい	2
1ばん	4	1ばん	1
2ばん	2	2ばん	2
3ばん	1	3ばん	3
4ばん	2	4ばん	2
5ばん	3	5ばん	3
6ばん	2	もんだい4	
7ばん	3	れい	3
8ばん	4	1ばん	1
もんだい2		2ばん	1
れい	2	3ばん	2
1ばん	1	4ばん	3
2ばん	1	5ばん	1
3ばん	2	6ばん	2
4ばん	2	7ばん	1
5ばん	3	8ばん	3
6ばん	2		
7ばん	2		

1교시   언어지식(문자·어휘)

본책 123 페이지

もんだい1 ＿＿＿의 말은 히라가나로 어떻게 씁니까? 1·2·3·4에서 가장 알맞은 것을 하나 고르세요.

1 정답 3

오늘은 아침부터 흐려 있습니다.

해설 동사 「曇る」는 '(날씨가) 흐리다, 흐려지다'라는 뜻으로 날씨에 관한 어휘는 자주 출제되니 잘 정리해 두자. 「雲」는 명사로 '구름'이란 뜻이다. 다른 선택지 1 ふる(비 등이 내리다), 2 ひかる(빛나다), 4 さがる(내려가다, 떨어지다)도 함께 기억해 두자.

빈출 雨(비) | 雪(눈) | 晴れる(맑다)

어휘 今日(오늘) | あさ(아침)

2 정답 4

나는 학급 내에서 가장 키가 작습니다.

해설 い형용사 「低い」는 '(높이 등이) 낮다'라는 의미를 가지며, 「ひくい」라고 읽는다. 따라서 정답은 4번이 된다. 우리말을 그대로 직역해 '키가 작다'를 「背が小さい」라고 잘못 사용하지 않도록 주의하자. 다른 선택지 1 たかい(높다) 2 かたい(단단하다) 3 にくい(밉다)도 함께 알아 두자.

빈출 背が高い(키가 크다)

어휘 ぼく(나) | クラスのなか(학급 내) | いちばん(가장, 제일) | 背が低い(키가 작다)

3 정답 1

다음 역에서 급행 전철을 타 주세요.

해설 「急」의 음독은 「きゅう」이고, 「行」의 음독은 「こう・ぎょう」인데, 「急行(급행)」은 「きゅうこう」로 읽는다. 「急」를 「きゅ」라고 짧게 읽지 않도록 주의하자.

빈출 急ぐ(서두르다) | 特急(특급) | 列車(열차)

어휘 急行電車(급행 전철) | のる(타다)

4 정답 3

저는 매일 아침 공원에서 운동을 합니다.

해설 「運」의 음독은 「うん」이고, 「動」의 음독은 「どう」이므로, 「運動(운동)」은 「うんどう」라고 읽는다. 「運(옮길 운)」과 「連(이을 련)」을 헷갈리지 않도록 주의하자.

빈출 運ぶ(옮기다) | 運転(운전) | 移動(이동) | 行動(행동)

어휘 まいあさ(매일 아침) | こうえん(공원) | 運動(운동)

5 정답 4

소설을 읽는 것을 좋아합니다.

해설 「小」의 음독은 「しょう」이고, 「説」의 음독은 「せつ」이므로, 「小説(소설)」은 「しょうせつ」라고 읽는다. 「小」는 훈독으로는 「小さい(작다)」로 읽는데, 「少ない(적다)」와 헷갈리지 않도록 주의하자.

빈출 小学校(초등학교) | 説明(설명)

어휘 小説(소설) | よむ(읽다) | すきだ(좋아하다)

6 정답 3

그날은 상황이 여의치 않아서 참가할 수 없습니다.

해설 「都」의 음독은 「と・つ」이고, 「合」의 음독은 「ごう」이다. '형편, 상황'이라는 의미의 「都合」는 「つごう」라고 읽는다. 「都」는 대부분의 단어에서 「と」라고 읽고, 「都合」는 특수하게 읽는 경우이니 주의해야 한다.

빈출 都合がいい(상황이 좋다, 괜찮다) | 場合(경우)

어휘 その日(그날) | 都合(상황, 사정, 형편) | 悪い(좋지 않다, 나쁘다) | さんか(참가)

7 정답 4

나는 이 강을 헤엄쳐서 건널 수 있다.

해설 「泳」의 음독은 「えい」이고, 훈독은 「およぐ(헤엄치다)」이다. 다른 선택지 2 さわぐ(떠들다, 소란을 피우다) 3 いそぐ(서두르다)도 함께 알아 두자.

빈출 水泳(수영)

어휘 かわ(강) | 泳ぐ(헤엄치다) | わたる(건너다) | ～ことができる(~할 수 있다)

8 정답 1

친구 대신 편지를 썼습니다.

해설 이 문장에서는 문맥상 '친구 대신에 편지를 썼다'가 되어야
하므로, 「代わる(대신하다)」란 의미가 있는 1번이 정답이다.
문제에 쓰인 용법은 「~の代わりに」로 '~대신'이란 뜻이 있
다. 「代」의 음독은 「だい」이다. 3번의 「変わる」는 '바뀌다'
라는 의미로 '상태가 변화'하는 것을 의미한다.

빈출 変わる(바뀌다)

어휘 ともだち(친구) | かわりに(대신에) | てがみ(편지)

9 정답 1

저는 언니에게 숙제를 도움 받았습니다.

해설 「あね」는 '언니, 누나'란 뜻으로 한자는 「姉」라고 표기하므
로 정답은 1번이다. 남의 언니나 누나를 말할 때는 「お姉さ
ん」이라고 읽는다. 다른 선택지 2 娘(딸) 3 妹(여동생)도 함
께 알아 두자.

빈출 兄(오빠, 형) | 弟(남동생)

어휘 あね(언니, 누나) | しゅくだい(숙제) | てつだう(돕다) |
~てもらう(~해 받다)

10 정답 3

내일은 아빠 생일이니까 요리를 만들 예정입니다.

해설 문맥상 '요리를 만들다'가 들어가야 하므로 정답은 3번 「料理」
이다. 「料」는 음독으로 「りょう」라고 읽는데 「科(과목 과)」
와 같은 한자들과 헷갈리지 않도록 주의하자.

빈출 理由(이유) | 料金(요금)

어휘 明日(내일) | 父(아빠) | たんじょうび(생일) | りょうり
(요리) | つくる(만들다) | よてい(예정)

11 정답 2

지금 매우 졸립습니다.

해설 「ねむい」는 '졸립다'는 뜻으로 한자로는 「眠い」라고 표기한
다. N3 레벨의 단어이지만 '수면'은 「睡眠」이라고 표기한다.
'눈'이라는 의미의 「眼(눈 안)」와 헷갈리지 않도록 주의하자.

빈출 眼(눈) | 眠る(잠들다, 자다)

어휘 いま(지금) | とても(대단히, 매우) | ねむい(졸립다)

12 정답 1

선배에게 사회 생활의 경험을 들었다.

해설 「けいけん」은 '경험'이란 뜻으로 한자는 「経験」이라고 표기
한다. 「検 검사할 검」은 '조사, 검사'란 뜻으로 사용된다.

빈출 経済(경제) | 営業(영업)

어휘 せんぱい(선배) | しゃかい(사회) | せいかつ(생활) | け
いけん(경험) | きく(묻다, 듣다)

13 정답 4

한국 음식 중에서도 (특히) 김치를 좋아한다.

해설 앞 문장에서 「かんこくの たべものの なかでも(한국
음식 중에서도)」라고 하고, 뒤에서는 '김치'를 좋아한다고 말
하고 있으므로, 괄호 안에는 '특히' 또는 '그 중에서도'와 같이
'여러 한국 음식 중에서도 콕 집어 골라 강조하는 표현'이 들
어가야 자연스러우므로 정답은 4번 「とくに(특히)」가 된다.

오답 1 すっかり(완전히) 2 ほとんど(거의, 대부분) 3 はっき
り(확실히)

어휘 かんこく(한국) | たべもの(음식) | ~なかでも(~중에서
도) | キムチ(김치) | すきだ(좋아하다)

14 정답 2

두 개를 잘 (비교해서) 보다 자신에게 어울리는 옷을 샀다.

해설 동사 「くらべる」는 '비교하다'라는 뜻으로, '두 개 이상의 것
을 대조하여 차이, 우열 등을 가리다'라는 의미가 있다. 이 문
장에서는 '두 개 중에서 자신에게 어울리는 옷을 사다'라는 문
맥이므로 괄호 안에 들어갈 단어는 2번이다.

오답 1 つたえる(전하다) 3 かぞえる(세다) 4 はらう(지불하
다)

어휘 二つ(두 개) | よく(잘) | より(보다) | 自分(자신) | にあ
う(어울리다) | ふく(옷) | 買う(사다)

15 정답 1

갑자기 추워졌기 때문에 새로운 (장갑)을 샀습니다.

해설 날씨가 갑자기 추워지기 시작했다면 당연히 방한용품을 사게 될 것이고, 선택지 중에 방한용품은 1번 장갑뿐이므로 정답은 1번이다.

오답 2 ゆびわ(반지) 3 しゃしん(사진) 4 めがね(안경)

어휘 きゅうに(갑자기) | さむい(춥다) | ~くなる(~해지다) | あたらしい(새롭다) | かう(사다)

16 정답 3

숙제가 어려워서 (곤란)합니다.

해설 '숙제가 어려워서 ~하고 있다'는 본문의 문맥을 고려할 때, '곤란하다' 혹은 '고민하다'와 같은 의미의 단어를 찾아 넣어야 한다. 따라서 3번「こまる(곤란하다)」가 정답이 된다.

오답 1 みつかる(발견되다) 2 あやまる(사과하다) 4 いのる(빌다)

어휘 しゅくだい(숙제) | むずかしい(어렵다)

17 정답 4

이 편의점 (점원)은 항상 친절합니다.

해설「コンビニ(편의점)」가 나오고 뒤에서 '항상 친절하다'고 했으니, 문맥으로 보아 들어갈 수 있는 단어는 4번「てんいん(점원)」뿐이다.

오답 1 きょういく(교육) 2 じむしょ(사무소) 3 せんしゅ(선수)

어휘 コンビニ(편의점) | いつも(언제나, 항상) | やさしい(친절하다)

18 정답 2

그는 약속한 시간을 지키는 사람입니다. (결코) 지각하지 않습니다.

해설 앞에서「やくそくした　じかんを　まもる　人(약속한 시간을 지키는 사람)」라고 했으므로, 당연히 지각하지 않는 사람이란 것을 짐작할 수 있으니 2번「けっして(결코)」가 들어가서,「けっして　ちこくしません(결코 지각하지 않습니다)」이 되어야 자연스러운 문장이 된다. 참고로「けっして(결코)」는 뒤에 반드시 부정문이 와서「けっして~ない(결코 ~하지 않는다)」라는 형태로 쓰인다.

오답 1 かならず(반드시) 3 なるべく(가급적) 4 やっと(겨우)

어휘 やくそく(약속) | じかん(시간) | まもる(지키다) | けっして(결코, 절대) | ちこく(지각)

19 정답 2

오늘은 (한가하)니까 영화라도 보러 갈까요?

해설 문장을 보면 '오늘은 ~하니까 영화라도 보러 가자'고 했으니 문맥상 2번「ひまだ(한가하다)」가 들어가야 자연스럽다.

오답 1 ふべんだ(불편하다) 3 すてきだ(멋지다) 4 ふくざつだ(복잡하다)

어휘 映画(영화) | ~でも(~라도) | ~ましょうか(~할까요?)

20 정답 1

차가 지나가는 길 옆에서 노는 것은 (위험해)요.

해설 자동차가 지나는 곳, 도로 근처에서 노는 것은 문맥상 '위험하기' 때문에 '피해야 할', '금지된' 행동이다. 이와 같은 지문의 내용을 감안해 볼 때, 1번「あぶない(위험하다)」가 들어가야 문장이 자연스럽다.

오답 2 いそがしい(바쁘다) 3 ぬるい(미지근하다) 4 くるしい(괴롭다)

어휘 車(자동차) | とおる(지나가다) | 道(길) | そば(옆) | あそぶ(놀다)

もんだい4 ＿＿＿의 문장과 대체로 같은 의미의 문장이 있습니다. 1・2・3・4에서 가장 알맞은 것을 하나 고르세요.

21 정답 2

저는 친구에게 사과했습니다.
1　저는 친구에게 '고마워.'라고 했습니다.
2　저는 친구에게 '미안해.'라고 했습니다.
3　저는 친구에게 '잘 부탁해.'라고 했습니다.
4　저는 친구에게 '안녕.'이라고 했습니다.

해설 포인트가 되는 단어는「あやまる(사과하다)」이므로 상대에게 사과하는 표현을 찾아야 하는데, 선택지에서 사과를 뜻하는 표현은「ごめんなさい(미안해요)」뿐이므로 정답은 2번이 된다. 포인트가 되는 단어의 정확한 뜻과 용법에 주의하며 공부해 두자.

오답 1「ありがとう」(고마워요) 3「よろしくね」(잘 부탁해) 4「こんにちは」(안녕하세요)

어휘 ともだち(친구) | 言う(말하다)

22 정답 3

저 기계는 고장 났습니다.

1 저 기계는 고쳤습니다.
2 저 기계는 잘 작동합니다.
3 저 기계는 망가졌습니다.
4 저 기계는 수리했습니다.

해설 이 문장에서는 「こしょうする(고장 나다)」가 포인트 단어
이며, 이 단어와 같은 뜻을 가진 단어는 「こわれる(고장 나
다, 망가지다, 부서지다)」이므로 답은 3번이 되어야 한다. 선
택지 중 1번 「なおりました(고쳐졌습니다)」와 4번 「しゅ
うりしました(수리했습니다)」도 서로 같은 뜻을 찾는 문제
로 출제될 수 있으니 세트로 함께 기억해 두자.

오답 1 なおる(고쳐지다) 2 うごく(작동하다) 4 しゅうりする
(수리하다)

어휘 きかい(기계) | よく(잘, 자주)

23 정답 1

내일 파티에 여동생을 데리고 갑니다.

1 내일 여동생과 함께 파티에 갑니다.
2 내일 여동생을 파티 장소까지 배웅합니다.
3 내일의 파티는 여동생만 갑니다.
4 내일 여동생은 파티에 참가하지 않습니다.

해설 이 문제에서는 「つれていく(데려고 가다)」가 포인트가 되
는 표현이다. 누군가를 '데리고 가다' 즉, '함께 간다, 함께 참
석한다'와 같은 의미를 찾아야 하므로 「いっしょにいく(함
께 가다)」가 있는 1번이 정답이다. 2번은 「かいじょうまで
おくります」는 '(파티)장소까지 배웅한다'는 뜻이 되고 이
경우, 여동생은 파티에 참석할지 몰라도 본인은 파티에 참석
하지 않는다는 뜻이 되므로 답이 될 수 없다.

오답 2 かいじょうまで おくる(파티 장소까지 배웅한다)
3 いもうとだけ いく(여동생만 가다) 4 いもうとは パ
ーティーに さんか しない(여동생은 파티에 참가하지
않는다)

어휘 いもうと(여동생) | いっしょに(같이, 함께) | かいじょう
(회장, 행사장) | おくる(보내다) | 〜だけ(〜만) | さんか(참가)

24 정답 4

저는 도쿄역에서 환승을 합니다.

1 저는 도쿄역에서 내려서 집까지 걷습니다.
2 저는 도쿄역에서 다른 차에서 내립니다.
3 저는 도쿄역에서 다른 자전거를 탑니다.
4 저는 도쿄역에서 다른 전철을 탑니다.

해설 포인트가 되는 표현은 「のりかえを します」로 버스, 전철
등을 '환승합니다, 갈아탑니다'란 뜻이다.
선택지 중 4번이 「ちがう でんしゃに のります(다른
전철을 탑니다)」, 즉 '다른 전철로 환승합니다, 갈아탑니다'
라는 의미가 되므로 정답은 4번이 된다.

오답 1 あるく(걷다) 2 ちがう くるまから おりる(다른 차
에서 내리다) 3 ちがう じてんしゃに のる(다른 자전
거를 타다)

어휘 とうきょうえき(도쿄 역) | のりかえ(환승) | おりる(내
리다) | いえ(집) | あるく(걷다) | ちがう(다르다) | くる
ま(자동차) | じてんしゃ(자전거) | のる(타다) | でんしゃ
(전차, 전철)

もんだい5 다음 말의 사용법으로 가장 알맞은 것을 1・2
・3・4에서 하나 고르세요.

25 정답 3

큰 소리로 이야기하는 것은 모두에게 민폐입니다.

해설 「めいわくだ」는 '성가시다, 민폐다'라는 뜻인데, 명사로 사
용하여 「めいわくをかける(폐를 끼치다)」도 자주 사용되니
관용 표현으로 기억해 두자. 선택지 중에서 '성가시다, 민폐
다'라는 뜻으로 사용된 것은 3번이다.

오답 1번은 「難しい(어렵다)」, 2번은 「好きだ(좋아하다)」, 4번
은 「危険(위험)」가 각각 적절하다.

어휘 べんきょう(공부) | もんだい(문제) | ならう(배우다) |
うた(노래) | とても(아주, 매우) | おおきな(큰) | こえ(목
소리) | みんな(모두) | うみ(바다) | ちかく(근처) | こど
も(아이) | 〜だけで(〜만으로) | 〜てはいけない(〜해서는
안 되다)

26 정답 2

> 컴퓨터를 사용해서 일을 하기 때문에 만년필은 <u>거의</u> 쓰지 않습니다.

해설 「ほとんど」는 '거의, 대부분'이란 뜻을 나타내는 빈도부사이다. '전부는 아니지만 거의 전부에 가까운'이란 의미를 가지고 있으며 뒤에는 긍정문, 부정문 모두 올 수 있다. 「まんねんひつは ほとんど つかいません」은 '만년필은 거의 쓰지 않습니다'라는 의미이므로 정답은 2번이 된다.

오답 1번은 「もっと(더욱)」, 3번은 「約(약)」, 4번은 생략해야 자연스럽다.

어휘 ～より(～보다)｜あつい(덥다)｜うすい(얇다)｜着る(입다)｜出かける(외출하다)｜パソコン(컴퓨터)｜つかう(사용하다)｜仕事(일)｜まんねんひつ(만년필)｜大きな～(큰~)｜おみせ(가게)｜～中には(～안에는)｜～ほど(～정도, ～쯤)｜ドラマ(드라마)｜早く(일찍)｜かえる(돌아가다, 돌아오다)

27 정답 3

> 프랑스 과자를 한 입 먹고 그 맛에 <u>놀랐</u>습니다.

해설 「おどろく」는 '놀라다'란 뜻으로 가장 정확하게 쓰인 문장은 3번이다. 다른 선택지에서는 「おどろく」가 들어가면 문장이 성립되지 않는다.

오답 1번은 「倒れる(쓰러지다)」, 2번은 「疲れる(피곤하다)」, 4번은 「かざる(장식하다)」가 각각 들어가야 자연스러운 문장이 된다.

어휘 大きな～(큰~)｜木(나무)｜～くらいに(~정도로)｜つよい(강하다)｜風(바람)｜ふく(불다)｜いちにちじゅう(하루 종일)｜仕事(일)｜フランス(프랑스)｜おかし(과자)｜ひとくち(한 입)｜おいしさ(맛)｜つくえ(책상)｜上(위)｜きれいだ(예쁘다)｜え(그림)

28 정답 4

> 물이 깨끗하고 따뜻한 날이 많기 때문에 농업이 <u>활발</u>합니다.

해설 「さかんだ」는 '(어떤 활동, 일 등이) 활발하다, 성하다'는 뜻으로 가장 정확하게 쓰인 것은 4번이다. 즉, 농업이란 산업 분야가 '활발하게 행해지고 있다'는 의미가 된다.

오답 1번은 「自由に(자유롭게, 마음대로)」, 2번은 「危ない(위험하다)」, 3번은 「はっきり(확실히)」가 각각 적합한 표현이 된다.

어휘 みなさん(여러분)｜～のために(~을 위해)｜よういする(준비하다)｜使う(사용하다)｜高い(높다)｜ちゅうい(주의)｜だれ(누가)｜わかるように(알 수 있도록)｜もじ(글씨)｜水(물)｜きれいだ(깨끗하다)｜あたたかい(따뜻하다)｜日(날)｜おおい(많다)｜のうぎょう(농업)

もんだい1 (　　　)에 무엇을 넣습니까? 1·2·3·4에서 가장 알맞은 것을 하나 고르세요.

1 정답 4

A "오늘은 일이 일찍 끝났네요. 밥 먹으러 가지 않을래요?"
B "좋지요. (갑시다)."

해설 ★동사 ます형 + ましょう：~합시다

A가 「食べに　行きませんか(먹으러 가지 않을래요?)」라고 권유하는 물음에 대해 B가 「いいですね(좋지요)」라고 긍정으로 답하고 있으니 뒤에는 「行きましょう(갑시다)」가 와야 문장이 성립된다. '가지 않을래요?'라고 권유했는데 똑같이 '가지 않을래요?'라고 한 1번은 오답이다. 2번은 '가겠죠'라고 추측하며 답하였으므로 오답이고, 경험을 나타내는 3번 '간 적이 있습니다'는 문장의 흐름과 맞지 않으므로 오답이다.

오답 1 行きませんか(가지 않겠습니까) 2 X 3 行ったことがあります(간 적이 있습니다)

어휘 仕事(일) | 早く(일찍) | 終わる(끝나다) | ご飯(밥) | ~に行く(~하러 가다) | いいですね(좋지요, 좋아요)

2 정답 1

그는 (무엇보다) 축구를 좋아하여 매일 축구를 하고 있습니다.

해설 ★より(조사)：~보다

이 문장에서는 '축구를 좋아하여 매일 축구를 하고 있습니다'라고 설명하고 있다. 축구보다 더 좋아하는 것이 있다면 그 행위를 하겠지만, 다른 무엇보다 축구를 좋아하므로 '매일 축구를 하고 있다'는 것을 알 수 있다. 따라서 비교 대상을 의미하는 「~より(~보다)」를 사용한 「何より(무엇보다)」가 정답이 된다.

오답 2 これより(이것보다) 3 いつより(언제부터) 4 どこより(어디부터)

어휘 彼(그) | 何より(무엇보다) | サッカー(축구) | 好きだ(좋아하다) | 毎日(매일)

3 정답 3

이 규칙은 교장님(에 의해서) 만들어졌습니다.

해설 ★명사+によって：~에 의해서

「명사+によって」는 '~에 의해서, ~로 인해'라는 뜻으로 '원인, 이유'를 나타내는 표현이다. 문맥상 교칙을 만든 사람이 '교장'이라는 것을 알 수 있으므로 정답은 3번이 된다.
1번 「について(~에 대해서)」는 '생각하거나 행동한 동작의 내용을 설명'할 때 사용하는 표현이며, 「보통형+からは」는 ~한 이상은 ~하는 것이 당연하다, ~해야 한다'라는 화자의 '의무'나 '결의'를 나타내는 표현이다.

오답 1 ~について(~에 대해서) 2 ~からは(~이상은) 4 X

어휘 きそく(규칙) | 校長(교장) | 作る(만들다)

4 정답 3

A "역에서 회사까지는 (어느 정도) 걸립니까?"
B "버스로 30분 걸립니다."

해설 ★どのくらい+かかりますか。：어느정도 걸립니까?

B가 '30분 정도 걸립니다'고 답하였으니, A가 회사까지 '어느 정도' 걸리냐고 질문했음을 알 수 있으므로 3번 「どのくらい(어느 정도)」가 정답이 된다. 1번 「どんなに」는 뒤에 「~ても」가 와서 '아무리 ~해도'란 뜻으로 시험에 자주 출제되는 표현이니 정리해서 공부해 두자.

오답 1 どんなに(아무리(~해도)) 2 どのように(어떻게) 4 どうして(왜)

어휘 駅(역) | 会社(회사) | ~から~まで(~에서 ~까지) | かかる(시간이 걸리다) | ~で(~로, 수단)

5 정답 1

도쿄는 자주 가는데, (그) 레스토랑은 처음 듣습니다.

해설 ★その：그

지시어 「この(이) その(그) あの(저) どの(어느)」는 자주 출제되니 차이를 잘 파악해 두자.
「どの(어느)」는 특정할 수 없는 것에 사용되며, 「この(이)」는 심리적, 물리적으로 가까운 것에 사용된다. 「その(그)」는 심리적, 물리적으로 거리가 있는 대상에 사용하며, 「あの(저)」는 화자와 상대방 모두 잘 아는 대상에 사용된다. 여기에서는 '처음 들었다'고 했으므로 문맥상 정답은 1번이 된다.

오답 2 あの(저) 3 この(이) 4 どの(어느)

어휘 東京(도쿄) | よく(자주) | レストラン(레스토랑) | はじめて(처음)

6 정답 2

만약 잘 (못하겠으면) 알려 주세요. 제가 돕겠습니다.

해설 ★〜できなかったら: 〜못 하겠으면, 안 되겠으면

「うまくできない(잘 못하다)」라는 관용 표현을 사용한 문제이다. 마지막에 '제가 돕겠습니다'라고 했으므로, '만약 잘 못하겠으면'이 들어가야 자연스러운 문장이 완성되므로 2번이 정답이다. 4번이 들어가면 '잘할 수 있으면'이란 뜻이 되므로 굳이 도와줄 필요가 없기 때문에 오답이다.

오답 1 しなかったら(하지 않았다면) 3 すると(〜한다면) 4 できると(된다면)

어휘 もし(만약) | うまくできない(잘 못하다) | 教える(가르치다, 알리다) | 手伝う(돕다)

7 정답 4

오타 "이 도시락 맛있을 것 같네요. 야마다 씨가 만들었어요?"
야마다 "아니요, 엄마가 만들어 (주었어요)."

해설 ★동사 て형+てくれる: 〜해 주다

수수동사는 문법문제에 자주 출제되니 정확한 용법을 꼭 알아두기 바란다.

あげる	(내가 남에게) 주다	① 私は Aさんに 本を あげる 나는 A 씨에게 책을 주다
くれる	(남이 나에게) 주다	② Aさんは 私に 本を くれる A 씨는 나에게 책을 주다
もらう	(내가 남에게) 받다	③ 私は Aさんに 本を もらう 나는 A 씨에게 책을 받다

②번과 ③번은 같은 내용이지만, ②번은 주어에 '(나에게) 동작을 해 준 사람'이 와야 한다. 이렇게 수수동사는 주어와 조사를 보면 정답을 찾을 수 있다. 이 문제에서는 「母が(엄마가)」이므로 답은 4번이 된다. 완성하면 「母が 作ってくれました」가 되어 '엄마가 만들어 주었습니다'가 정확한 문장이 된다. 참고로 3번 「くださる(주시다)」라는 존경의 표현은 남에게는 사용할 수 있어도 가족에게는 잘 사용하지 않는다. 2번이 답이 되려면 「母に作ってもらいました(엄마에게 만들어 받았습니다)」가 되어야 한다. 1번은 '내가 만들어 주었다'이므로 답이 될 수 없다.

오답 1 あげました(주었습니다) 2 もらいました(받았습니다) 3 くださいました(주셨습니다)

어휘 お弁当(도시락) | おいしい(맛있다) | 〜そうだ(〜일 것 같다) | 作る(만들다) | 母(엄마)

8 정답 2

선생님에게 학교가 (정해졌는지) 어떤지 질문 받았다.

해설 ★〜か どうか: 〜한지 어떤지

「〜かどうか」는 '〜인지 어떤지'라는 의미로 의문문을 문장에 삽입할 때 사용되는 표현이며, 문맥상 정답은 2번이다.

오답 1 きまっても(결정되어도) 3 きまるの(결정되는 것) 4 きまることが (결정되는 것이)

어휘 先生(선생님) | がっこう(학교) | きまる(결정되다) | 聞く(묻다)

9 정답 3

저는 장래에 의사(가) 되고 싶습니다.

해설 ★〜になる: 〜가 되다

「なる」는 '되다'란 뜻인데 명사에 접속하여 '〜해 지다, 〜가 되다'라고 표현할 때는 반드시 조사 「に」를 사용한다. 따라서 정답은 3번 「に」가 된다. 「명사+がなる」로 쓰지 않도록 주의해야 한다. 참고로 い형용사는 「〜くなる」로 활용하여 「さむくなる(추워지다)」, な형용사는 「〜になる」로 활용하여 「しずかになる(조용해지다)」가 된다.

오답 1 が(〜이, 가) 2 へ(〜에, 도착) 4 を(〜을, 를)

어휘 将来 (장래) | 医者(의사) | なる(되다)

10 정답 2

하늘을 보니 어쩐지 오늘은 눈이 (올 것 같은) 날씨군요.

해설 ★동사 ます형 +そうな: 〜같은, 〜듯한

앞에서 '하늘을 보니 어쩐지'란 표현이 나왔으니, 실제로 하늘을 보며 화자의 느낌을 말하고 있음을 알 수 있다. 「동사 ます형+そうだ」는 '화자가 직접 보거나 생각한 것'을 토대로 '어떤 일이 일어날 가능성이 높다'는 것을 나타내며, 「ようだ」는 자신의 느낌이나 생각을 토대로 '〜일 것 같다'고 '추측'할 때 사용한다. 「らしい」는 제3자로부터 들은 이야기를 전달할 때 사용하여, '〜라고 한다'는 의미인 전문의 「そうだ」와 비슷한 용법을 갖고 있다. 따라서, 정답은 2번 「降りそうな(올 것 같은)」이다. 3번의 「雪が降るらしい(눈이 올 것 같다)」, 4번의 「雪が降るようだ(눈이 올 것 같다)」 모두 화자의 추측을 나타내지만 3번은 객관적 추측, 4번은 주관적 추측을 나타낸다.

오답 1 〜たい(〜하고 싶다) 3 〜らしい(〜라고 한다) 4 ような(〜인 듯한)

어휘 空(하늘) | なんだか(어쩐지, 왠지) | 雪(눈) | 降る(눈, 비가 오다) | 天気(날씨)

11 정답 4

> 야마모토 "(그쪽)은 지금 몇 시입니까?"
> 다나카 "지금 딱 오후 3시가 되었습니다."

해설 ★そっち: 그쪽, 거기

「そっち」는 '그쪽, 거기'란 의미로, 장소를 나타내는 대명사이다. 일본어의 지시어 「この」는 '말하는 사람의 영역에 있는 것」, 「その」는 '듣는 사람의 영역에 있는 것'을 나타낼 때 사용한다. 이 문장에서는 상대방이 있는 곳이 몇 시인지 묻고 있으므로 정답은 4번 「そっち(그쪽)」가 된다.

오답 1 こっち(이쪽) 2 どっち(어느 쪽) 3 あっち(저쪽)

어휘 いま(지금) | 何時(몇 시) | ちょうど(꼭, 마치, 마침) | 午後(오후)

12 정답 4

> 오늘은 지쳐 있기 때문에 (빨리) 집에 돌아가고 싶습니다.

해설 ★早く: 빨리

동사 앞에 い형용사가 올때에는 「早く(빨리)」처럼 'い형용사 い'를 「く」로 바꾸어야 한다. 따라서 정답은 4번이 된다. 2번의 「早ければ(빠르다면)」는 '~하다면'이라는 가정의 표현이며, 3번의 「~くて(~해서, ~하니까)」는 '원인, 이유'를 나타내는 표현이므로 정답이 될 수 없다.

오답 1 早い(빠르다) 2 早ければ(빠르다면) 3 早くて (빨라서)

어휘 今日(오늘) | 疲れる(지치다) | 早い(빠르다) | 家(집) | 帰る(돌아가다)

13 정답 4

> 가족과 친구를 만나고 싶으니까, 겨울 방학에는 모국에 (가기로 했습니다).

해설 ★~ことにする : ~하기로 하다

「동사 기본형+ことにする」는 화자의 결심, 의지로 '~을 하기로 하다'는 것을 나타낸다. 한편, 「동사 기본형+ことになる」는 '다른 사람에 의해 결정되어 그렇게 하게 되었다'라는 의미를 나타낸다. 이 문제에서는 '가족이나 친구를 만나고 싶다'고 했으므로 정답은 4번이 된다.

오답 1 ~ことになる(~하게 되다) 2 ~ように して ください(~하도록 해 주세요) 3 ~しない ようにする(~하지 않도록 하다)

어휘 家族(가족) | 友だち(친구) | 会う(만나다) | 冬休み(겨울 방학) | 国(나라, 모국)

もんだい 2   ★ 에 들어갈 것은 어느 것입니까? 1 · 2 · 3 · 4에서 가장 알맞은 것을 하나 고르세요.

14 정답 3 (4-1-3-2)

4 子ども	1 でも	3 ★食べる	2 ことが
어린아이	라도	3 ★ 먹을 수	

해석 이 요리는 맵지 않아서 어린아이라도 먹을 수 있습니다.

해설 우선 1번 「でも」와 접속할 수 있는 단어는 4번뿐이므로, 4번+1번 「子どもでも(아이라도)」를 만들 수 있다. 그리고 2번 「ことが」는 맨 뒤에 있는 「できます」와 연결되어 「~ことができます(~할 수 있습니다)」라는 가능표현을 만들 수 있으므로 올바르게 배열하면 4-1-3-2가 된다.

어휘 料理(요리) | 辛い(맵다) | 子ども(어린아이) | ~ことができる(~할 수 있다)

15 정답 2 (4-2-1-3)

4 まだ	2 ★5か月なのに	1 日本語	3 が
아직	2 ★ 5개월 째인데	일본어	를

해석 김 씨는 일본에 온지 아직 5개월 째인데 일본어를 잘한다.

해설 맨 마지막에 「上手だ(잘한다)」가 나오므로 3번을 맨 뒤로 보내 「~が上手だ(~을 잘한다)」를 만들 수 있는데, 무엇을 잘하는지 찾아보면 앞에 올 수 있는 단어는 1번 「日本語(일본어)」밖에 없으므로 우선 1번+3번이 만들어진다. 문맥상 '아직 5개월 째인데'가 이어져야 하므로 4번 「まだ」가 2번 「~のに」 앞에 나와 '아직 ~인데'가 되야 하므로 완성하면 4-2-1-3이 된다.

어휘 まだ(아직) | 5か月(5개월) | 日本語(일본어) | 上手だ(잘하다, 능숙하다)

16 정답 1 (2-1-4-3)

2 家に	1 ★いた	4 ので	3 わかりません
집에	1 ★ 있어	서	몰라요(몰랐어요)

해석 A "어젯밤, 비 굉장했었죠?"
B "앗, 진짜요? 집에 있어서 몰랐어요."

해설 우선 1번 「いた」와 연결될 수 있는 단어는 2번 「家に」밖에 없으므로 2번+1번이 완성된다. 3번 「わかりません」은 '모르겠어요'라는 의미인데, 모르는 이유가 '집에 있었기' 때문이므로, 4번 「ので」가 「家にいた」 뒤에 와서 모르는 이유를 나타내어 '집에 있어서'라는 뜻이 된다. 따라서 완성하면 2-1-4-3이 된다.

어휘 昨夜(어제 저녁, 어젯밤) | 雨(비) | すごい(굉장하다) | わかる(알다, 이해하다)

17 정답 **2** (4-3-2-1)

> 4 会い 3 に 2 ★ 行く 1 つもり
>
> 만나 러 2 ★ 갈 작정

해석 주말은 할머니를 만나러 갈 작정이다.

해설 문장 만들기 문제는 선택지 중에서 연결할 수 있는 문형을 찾는 것이 중요하다. 「동사 ます형+に いく」'~하러 가다'는 '목적'의 표현이므로 우선 「会いに行く(만나러 가다)」를 연결하면 4-3-2가 된다.
또한 「동사 기본형+つもり」는 '~할 작정이다'라는 화자의 '의지, 결심'을 나타내는 표현이므로 2-1을 연결할 수 있다.
따라서 올바르게 배열하면 4-3-2-1이 된다.

어휘 週末(주말) | おばあさん(할머니) | 会う(만나다) | 〜に行く(~하러 가다) | つもり(~작정, 셈)

もんだい3 **18** 부터 **21** 에 무엇을 넣습니까? 글의 의미를 생각하여 1・2・3・4에서 가장 알맞은 것을 하나 고르세요.

18~21

다음은 이솝 동화의 "토끼와 거북이"입니다.

토끼와 거북이가 경쟁하게 되었습니다. 토끼는 발이 느린 거북이를 깔보며 웃었습니다. **18** 그러자 거북이는 "이기는 건 접니다"라고 말했습니다.

경쟁이 시작되자 발이 빠른 토끼는 바로 먼 곳까지 갔습니다. 토끼는 거북이가 아직 오지 않아서 커다란 나무 밑에서 쉬었습니다. "거북이는 느리네. **19** 좀처럼 오지 않아. 거북이가 올 때까지 느긋하게 쉬자"

그러나 거북이는 토끼가 쉬고 있는 **20** 사이에 쉬지 않고 계속 걸었습니다. 토끼는 "슬슬 갈까"라고 말하고 달리기 시작했습니다. 그리고 결승점에 도착했을 때, 토끼는 자신이 **21** 이겼을 터라고 생각했는데, 거북이 쪽이 먼저 결승점에 도착해 있었습니다.

이것은 재능이 있다고 해서 게으름을 피우면 안 되고, 성실하게 노력하는 것이 중요하다는 것을 전하고 있는 이야기입니다.

어휘 つぎ(다음) | イソップ童話(이솝 동화) | うさぎ(토끼) | かめ(거북이) | 競争する(경쟁하다) | 〜ことになる(~하게 되다) | おそい(느리다) | ばかにする(깔보다, 무시하다) | わらう(웃다) | 勝つ(이기다) | はじまる(시작되다) | はやい(빠르다) | すぐに(바로) | 遠くまで(먼 곳까지) | まだ(아직) | 木の下(나무 밑) | 休む(쉬다) | 来るまで(올 때까지) | ゆっくり(느긋하게) | しかし(그러나) | 歩き続ける(계속 걷다) | そろそろ(슬슬) | 走り出す(달리기 시작하다) | そして(그리고) | ゴール(골, 경주의 결승점) | 着く(도착하다) | 自分(자신) | 先に(먼저) | 才能(재능) | 〜からといって(~라고 해서) | なまける(게으름 피우다) | 〜てはいけない(~하면 안 된다) | まじめに(성실하게) | がんばる(노력하다) | たいせつだ(중요하다) | 伝える(전하다) | すると(그러자) | だんだん(점점) | なかなか(좀처럼) | ときどき(가끔씩) | べつべつ(각각, 따로따로) | 予定(예정)

정답 1

1 그러자	2 그 결과
3 또는	4 게다가

해설 「すると(그러자)」는 계속해서 일어나는 일을 나타낼 때 사용하는 순접의 접속사이다. 앞에서 '토끼는 발이 느린 거북이를 무시하며 웃었습니다'고 했고 뒤에서는 '거북이가 이기는 건 저'라고 했다. 즉, 토끼의 무시하는 말을 듣고, 그 말을 받아 계속해서 거북이의 생각을 말하고 있으므로 순접 접속사 「すると(그러자)」가 들어가야 문맥이 맞게 된다. 2번은 어떤 원인에 대한 결과를 나타낼 때 사용하고, 3번은 나열할 때, 4번은 추가할 때 사용하는 접속사이다.

19 **정답** 2

1 점점	2 좀처럼
3 가끔씩	4 각각, 따로따로

해설 토끼는 거북이를 기다리면서 나무 아래서 쉬었지만, 거북이가 아무리 기다려도 오지 않자 느긋하게 쉬었다는 이야기가 된다. 따라서 거북이가 '좀처럼' 오지 않았다는 표현이 적절하므로 2번이 정답이 된다.

20 **정답** 3

1 사이에서	2 전에
3 사이에	4 후에

해설 거북이는 토끼가 쉬고 있을 때도 계속 걸어갔다는 것을 이야기하는 문장이기 때문에, '~하는 사이에'를 나타내는 3번 「間に」가 정답이 된다. 1번의 「で」는 장소를 가리키는 조사이기 때문에 오답이며, 2번과 4번은 전과 후가 되기 때문에 문맥상 적절하지 않다.

21 **정답** 4

1 이기기만 할 뿐	2 이긴 예정
3 이길 것 같은	4 이겼을 터

해설 보기 4의 「〜はずだ」는 '~일 터이다, ~임이 분명하다'는 의미로, 토끼는 자신이 거북이보다 훨씬 빠르니까 당연히 자신이 이길 것이라고 생각했다는 문맥과 어울린다. 1번의 경우 '이기기만 할 뿐', 2번은 '이겼을 예정', 3번 「らしい」는 「だ」 앞에 접속하지 못하므로 오답이다.

もんだい4 다음 (1)부터 (3)의 문장을 읽고 질문에 답하세요. 답은 1·2·3·4에서 가장 알맞은 것을 하나 고르세요.

22 정답 1

(1)

아이우 서점의 안내입니다.

> 언제나 감사드립니다.
> 아이우 서점에서는 소설이나 만화, 사전 등 다양한 책을 판매하고 있습니다.
> 내일부터 특별 세일이 시작됩니다. 아이우 서점의 영수증이 있으면 모든 책이 100엔 저렴해집니다. 그리고 지금부터 새롭게 서점의 회원이 되면 1,000엔 쿠폰을 받을 수 있습니다.
> 여러분, 꼭 와 주세요.

사토 씨는 내일 아이우 서점에서 책을 사려고 생각하고 있습니다. 어제의 영수증도 있습니다. 사토 씨는 지난달에 아이우 서점의 회원이 되었습니다. 사토 씨가 사고 싶은 책은 3권이고, 합계 5,200엔입니다. 얼마가 됩니까?

1 4,900엔

2 3,900엔

3 5,100엔

4 4,100엔

해설 사토 씨는 지난달에 회원이 되었으므로 1,000엔 쿠폰은 받을 수 없다. 그러나 어제의 영수증을 갖고 있기 때문에 사토 씨는 총 3권의 책을 각각 100엔씩 저렴하게 살 수 있다. 따라서 할인되는 금액은 총 300엔으로 사토 씨가 내야 하는 돈은 5,200엔 – 300엔 = 4,900엔이 된다.

어휘 本屋(서점) | お知らせ(안내) | 小説(소설) | まんが(만화) | 辞書(사전) | 〜など(〜등) | 本(책) | 販売(판매) | あした(내일) | 特別(특별) | セール(세일) | 始まる(시작되다) | レシート(영수증) | ある(있다) | 〜ば(〜하면) | すべて(모두) | 安い(싸다, 저렴하다) | これから(앞으로) | 新しい(새롭다) | 会員(회원) | クーポン(쿠폰) | もらう(받다) | ぜひ(부디) | 来る(오다) | 〜てください(해 주세요) | きのう(어제) | 先月(지난 달) | なる(되다) | 〜さつ(〜권, 책을 세는 단위) | ぜんぶで(전부 해서, 모두 합해서) | いくら(얼마)

23 정답 3

(2)

아마노 댄스 교실의 안내문입니다.

> 여러분, 안녕하세요. 아마노 댄스 교실의 아마노입니다.
> 아마노 댄스 교실에서는 다음 달부터 특별 수업이 새롭게 시작됩니다.
> 댄스가 처음인 분도, 댄스를 한 적 있는 분도, 모두가 즐길 수 있는 수업입니다.
> 참가하고 싶은 사람은 다음 주 9월 12일(금)까지 저에게 와 주세요. 특별 수업은 1개월에 3,000엔입니다.

특별 수업에 참가하려면, 어떻게 하면 됩니까?

1 참가하고 싶다는 메일을 보낸다.

2 댄스가 처음인 사람을 모아서 교실에 간다.

3 다음 주 평일에 아마노 선생님을 방문한다.

4 삼천 엔을 가지고 아마노 선생님에게 간다.

해설 특별 수업에 참가하고 싶은 사람은 9월 12일 금요일까지 찾아오라고 했으므로 3번이 정답이다.

수업에 참가하고 싶은 사람은 메일을 보내야 한다는 언급은 없으므로 1번은 오답이며, 특별 수업(클래스)은 초심자뿐만이 아니라 경험한 적이 있는 사람도 참가할 수 있다고 설명하고 있기 때문에 2번도 오답이다. 특별 수업은 1개월에 삼천 엔이라고 했지만 아마노 선생님을 찾아올 때 돈을 가지고 와야 한다는 언급도 없었기 때문에 4번도 오답이다.

어휘 ダンス(댄스, 춤) | 教室(교실, 강습) | 案内文(안내문) | 来月(다음 달) | 特別(특별) | クラス(수업, 클래스) | 新しい(새롭다) | はじめて(처음) | 方(분, 사람을 높여 부르는 말) | やる(하다) | 〜たことがある(〜한 적 있다) | みんな(모두) | たのしむ(즐기다) | できる(할 수 있다) | さんか(참가) | 〜たい(〜하고 싶다) | 来週(다음 주) | 〜てください(〜해 주세요) | 一か月(1개월) | 平日(평일) | 先生(선생님) | ところ(곳, 장소) | 訪ねる(찾다, 방문하다)

24 정답 **4**

(3)

> 저는 언제나 책을 읽고 있습니다(읽습니다). 책 안에는 다양한 이야기가 있기 때문에 저는 책이 좋습니다. 오늘도 책을 읽고 있었는데, 갑자기 머리가 아파졌습니다. 그래서 병원에 갔습니다. 의사 선생님은 "책을 너무 많이 읽은 것일지도 모릅니다"라고 말했습니다. 앞으로는 책을 읽는 시간을 조금씩 줄이도록 하겠습니다.

'나'는 지금부터 어떻게 하기로 했습니까?
1 책을 읽지 않기로 했다.
2 머리가 아파지게 하기로 했다.
3 병원에 가기로 했다.
4 책을 읽는 시간을 줄이기로 했다.

해설 병원에서 진단을 받은 결과 의사 선생님에게 책을 너무 많이 읽어서 그런 것일지도 모른다는 말을 듣고, 앞으로 좋아하는 책을 읽는 시간을 줄이기로 했다. 따라서 정답은 4번이 된다. 책을 읽는 시간을 줄이겠다고 했지 읽지 않겠다고 하지는 않았으므로 1번은 오답이다. 2번은 언급이 없었으며, 3번은 병원에 갔다는 사실과는 일치하나 지금부터의 행동과는 관계가 없기 때문에 오답이다.

어휘 わたし(나) | いつも(언제나) | 本(책) | 読む(읽다) | ～ている(~하고 있다) | 中(안) | 色々な(다양한) | ストーリー(스토리) | ある(있다) | すきだ(좋아하다) | 今日(오늘) | 急(갑작스러움) | 頭(머리) | 痛い(아프다) | だから(그래서) | びょういん(병원) | 行く(가다) | 医者(의사) | ～すぎる(지나치게 ~하다, 너무 ~하다) | ～かもしれない(~일 지도 모른다) | これから(앞으로) | 時間(시간) | 減らす(줄이다, 감하다) | ～ことにする(~하기로 하다)

25~27

> 대학교 3학년 때, 친구와 함께 미국에 갔습니다. 대학 교수님께서 디즈니랜드 근처의 호텔에서 6개월 동안 일할 수 있다고 알려 주셨기 때문입니다. 25 저는 대학을 졸업한 후 호텔에서 일하는 것이 꿈이었기 때문에, 참가하고 싶다고 교수님께 말했습니다. 부모님도 좋은 경험이 될 것이라고 응원해 주셨습니다.
>
> 출발 준비를 마치고 미국으로 떠나기 전날, 미국에 유학한 적이 있는 선배에게 전화 했습니다. "미국에 가져가면 좋을 것이 있나요?"라고 물었더니, 선배는 '된장국'이라고 말했습니다. 저는 생각조차 못한 것이 나왔기 때문에 웃어 버리고 말았습니다. 26 미국에 있을 때, 선배가 가장 먹고 싶어졌던 것이었다고 합니다.
>
> 6개월 동안의 미국 생활은 아주 좋은 경험이 되었습니다. 그리고 선배가 말했던 된장국이 왜 필요한지 잘 알게 되었습니다. 일본에 도착하고 바로 전화해서 "선배, 된장국을 가져가서 정말 다행이었어요. 감사합니다"라고 전했습니다. 27 선배도 웃으면서 "이제야 내 마음을 알겠어?"라고 말하면서 기뻐했습니다.

어휘 大学(대학) | 三年生(3학년) | ころ(때) | 友だち(친구) | 一緒に(함께, 같이) | アメリカ(미국) | 行く(가다) | 先生(선생님, 교수님) | 近く(근처) | ホテル(호텔) | 6か月(6개월) | 働く(일하다) | ～ことができる(~할 수 있다) | 教える(알려 주다) | ～てくれる(~해 주다) | 卒業(졸업) | 後(후) | 夢(꿈) | 参加(참가) | ～たい(~하고 싶다) | 言う(말하다) | 両親(부모님) | 経験(경험) | 応援(응원) | 出発(출발) | 準備(준비) | 終える(끝내다) | 前(전) | 留学(유학) | 電話(전화) | 持つ(가지다, 들다) | ～ていく(~해 가다) | ～た方がいい(~하는 게 좋다, ~하는 편이 좋다) | 聞く(듣다, 묻다) | みそ汁(된장국) | 考える(생각하다) | 出る(나오다) | わらう(웃다) | ～てしまう(~해 버리다) | いる(있다) | 時(때) | 一番(가장, 제일) | 食べる(먹다) | ～そうだ(~라고 한다) | とても(아주) | そして(그리고) | なぜ(왜) | 必要(필요) | 分かる(알다, 이해하다) | 本当に(정말로) | 良い(다행이다, 좋다) | 伝える(전하다) | ～ながら(~하면서) | やっと(이제야) | 気持ち(마음, 기분) | よろこぶ(기뻐하다) | ～ている(~하고 있다) | 英語(영어) | 会う(만나다) | 高い((가격이) 비싸다, 높다) | 他の(다른) | 理解(이해) | おみやげ(기념품)

25 정답 3

'나'는 왜 미국에 갔습니까?

1 영어를 공부하기 위해서
2 선배를 만나기 위해서
3 **호텔에서 일하기 위해서**
4 미국 대학에 가기 위해서

해설 초반에, 화자는 대학을 졸업하고 호텔에서 일하는 것이 꿈이었기 때문에 교수님의 이야기를 듣고 미국에 가게 되었다고 설명하고 있다. 따라서 정답은 3번이 된다. 영어공부에 대해서는 언급한 적이 없으므로 1번은 오답이 된다. 그리고 선배는 이미 유학을 마치고 귀국했기 때문에 2번 역시 오답. 미국 대학에 대해 언급한 적이 없으며 유학한 경험이 있는 것은 선배이기 때문에 4번 역시 오답이 된다.

26 정답 2

선배는 왜 '된장국'을 가져가는 편이 좋다고 말했습니까?

1 미국에서는 비싸게 팔고 있기 때문에.
2 **먹고 싶어졌던 경험이 있기 때문에.**
3 미국 사람은 된장국을 매우 좋아하기 때문에.
4 다른 사람에게 가지고 가라고 들었기 때문에.

해설 선배가 왜 '된장국'을 가져가라고 했는지, 그 이유를 찾아야 한다. 두 번째 단락에서 「アメリカにいる時、一番食べたくなったものだったそうです(미국에 있을 때, 선배가 가장 먹고 싶어졌던 것이었다고 합니다)」가 결정적 힌트로 답은 2번이다. 미국에서의 된장국 가격은 언급이 없으므로 1번은 오답이며, 3번 4번도 본문에 등장하지 않는 내용이므로 오답이다.

27 정답 3

선배는 왜 <u>기뻐했습니까</u>?

1 미국에서 선배에게 전화를 했기 때문에.
2 선배의 말을 듣고 웃어 버렸기 때문에.
3 **마음을 이해해 준 것이 기뻤기 때문에.**
4 선배에게 미국 기념품(여행 기념 선물)을 건넸기 때문에.

해설 선배가 기뻐한 이유는 자신의 조언에 따라 된장국을 가지고 미국에 간 후배가 「先輩の言っていたみそ汁がなぜ必要なのか、よく分かりました(선배가 말했던 된장국이 왜 필요한지 잘 알게 되었습니다)」라고 하며 선배의 마음을 이해해 주었기 때문이므로 3번이 정답이다. 선배에게 전화한 것은 일본에 돌아와서이니 1번은 오답, 선배의 말에 웃은 것은 된장국을 가져가라고 한 선배의 조언 때문이므로 2번도 오답,

선배에게 선물을 했다는 언급은 없으므로 4번도 오답이다.

もんだい6 오른쪽 페이지의 안내문을 보고, 아래 질문에 답하세요. 답은 1·2·3·4에서 가장 적당한 것을 하나 고르세요.

ABC 쇼핑센터 주차 요금 안내	
평일(월~금)	
주차장 A	1시간 300엔
주차장 B	1시간 200엔
토·일·공휴일	
주차장 A	1시간 450엔
주차장 B	1시간 300엔

※ 처음 30분은 무료입니다.
※ 주차장 B는 ABC쇼핑센터까지 도보 3분인 곳에 있습니다. 작은 어린이(6세 이하)가 있는 가족은 주차장 A를 사용해 주십시오.
※ 오토바이는 주차장 B를 이용해 주십시오. 주차장 A에는 오토바이 주차장은 없습니다.

할인

4,000엔 (세금 포함) 이상 구매 고객님	300엔 할인
28 10,000엔 (세금 포함) 이상 구매 고객님	1,500엔 할인

29 ※ 반드시 영수증과 주차권을 가지고 1층에 있는 고객 서비스 센터까지 와 주십시오.
주차장 출구에서는 할인 서비스나 요금 지불을 할 수 없습니다.

문의

주차장에 관한 문의는 고객 서비스 센터로.
ABC 쇼핑센터 고객 서비스 센터
(오전 9시부터 오후 7시까지) TEL 0120-155-1558

어휘 3歳(3세) | 娘(딸) | 一緒に(같이, 함께) | 金曜日(금요일) | 正午(정오) | 行く(가다) | 午後(오후) | 4時半(4시 반) | 買い物(쇼핑) | 駐車(주차) | 料金(요금) | 割引(할인) | いくら(얼마) | なので(그래서) | 安い(저렴하다, 싸다) | 何(무엇) | 持つ(가지다, 들다) | どこ(어디) | ～なければならない(~하지 않으면 안 된다) | レシート(영수증) | お客様(손님) | 駐車券(주차권) | 駐車場(주차장) | 出口(출구) | 平日(평일) | 祝日(축일, 공휴일) | 最初(최초) | 無料(무료) | ～まで(~까지) | 徒歩(도보) | 小さい(작다) | お子様(어린이, 타인의 아이를 높여 부르는 말) | 以下(이하) | 家族(가족) | バイク(오토바이) | 割引(할인) | 税込(세금 포

함) | お買い上げ(구매) | 必ず(반드시) | 1階(1층) | お越しください(와 주십시오) | 問い合わせ(문의)

28 정답 4

> 나카무라 씨는 3세 딸과 함께 금요일 정오에 ABC 쇼핑센터에 갔습니다. 지금은 오후 4시 반입니다. 12,000엔 어치 쇼핑을 했기 때문에 주차 요금이 할인되었습니다. 나카무라 씨의 주차 요금은 얼마입니까?
>
> 1 800엔
>
> 2 1,200엔
>
> 3 1,800엔
>
> 4 0엔

해설 6세 이하 어린이가 있는 가족은 주차장 A를 이용해야 하므로 나카무라 씨는 주차장 A를 이용했을 것이다. 그리고 총 주차 시간은 4시간 30분이지만 첫 30분 주차는 무료이니 지불해야 하는 주차 요금은 4시간X300엔=1,200엔이 된다. 그런데 나카무라 씨는 10,000엔 어치 이상 쇼핑을 했기 때문에 1,500엔 할인을 받게 되므로 주차료는 0원이 된다. 따라서 정답은 4번이다.

29 정답 3

> 다나카 씨는 ABC 쇼핑센터에서 4,000엔 이상의 쇼핑을 했습니다. 그래서 요금을 할인받고 싶습니다. 다나카 씨는 무엇을 가지고 어디로 가야 합니까?
>
> 1 영수증을 가지고 고객 서비스 센터로 간다.
>
> 2 영수증과 주차권을 가지고 주차장 출구로 간다.
>
> 3 영수증과 주차권을 가지고 고객 서비스 센터로 간다.
>
> 4 주차권을 가지고 서비스 센터에 전화한다.

해설 4,000엔 이상 쇼핑을 한 다나카 씨는 주차 요금을 300엔 할인 받을 수 있다. 단, 할인을 받고자 한다면 반드시 영수증과 주차권을 가지고 고객 서비스 센터로 가야 한다. 따라서 정답은 3번이 된다.

もんだい1 もんだい1では、まず しつもんを 聞いて ください。それから 話を 聞いて、もんだいようしの 1から4の 中から、いちばん いい ものを 一つ えらんで ください。

れい

男の人と女の人が話しています。女の人は次に何をしなければなりません。

M：今年の夏休みは何をしますか。

F：友達がアメリカから遊びに来るので、一緒に東京と沖縄に行く予定です。

M：それはいいですね。田中さんが案内するんですか。

F：いえ、私も初めてなので。

M：そうでしたか。旅行の準備は全部できましたか。

F：いえ、ホテルと飛行機がまだ。

M：それは急いで決めなければなりませんね。

女の人は次に何をしなければなりませんか。

1　とまる　ばしょを　よやくする

2　友だちを　あんないする

3　ひこうきに　のる

4　のりものを　きめる

문제 1 문제 1에서는 먼저 질문을 들으세요. 그리고 이야기를 듣고, 문제용지의 1에서 4 중에서 가장 알맞은 것을 하나 고르세요.

예 정답 1

남자와 여자가 이야기하고 있습니다. 여자는 다음에 무엇을 해야 합니까?

M : 올해 여름 방학은 무엇을 하십니까?

F : 친구가 미국에서 놀러 오기 때문에, 함께 도쿄와 오키나와에 갈 예정입니다.

M : 그거 좋네요. 다나카 씨가 안내하는 겁니까?

F : 아뇨, 저도 처음이라서요.

M : 그랬군요. 여행 준비는 다 되었습니까?

F : 아뇨, 호텔과 비행기가 아직입니다.

M : 그건 서둘러 결정해야겠네요.

여자는 다음에 무엇을 해야 합니까?

1　묵을 장소를 예약한다

2　친구를 안내한다

3　비행기를 탄다

4　탈것을 정한다

1ばん

女の子と男の子が発表会について話しています。女の子は何を持ってきますか。

F：松本君、今度の発表会のことなんだけど、私たちのグループで準備する物って、何があったっけ。

M：カメラとかばんとサッカーボールだよ。僕はカメラを持ってくることになってる。

F：じゃ、私はうちにあるお兄ちゃんのサッカーボールを持ってこようか。

M：それは田中さんが持ってくるって言ってた。あと、眼鏡も必要なんだ。

F：眼鏡か。うちには眼鏡をかけてる人がいないから、無理だな。

M：なら、眼鏡は鈴木さんにお願いするから、かばんを持ってきてよ。

F：うん、分かった。

女の子は何を持ってきますか。

1

2

3

4

1번 정답 4

여자아이와 남자아이가 발표회에 대해서 이야기하고 있습니다. 여자아이는 무엇을 가져옵니까?

F : 마쓰모토 군, 이번 발표회 말인데, 우리 그룹에서 준비할 게 뭐가 있었더라?

M : 카메라랑 가방이랑 축구공이야. 나는 카메라를 가져오게 되었어.

F : 그럼, 나는 우리 집에 있는 오빠의 축구공을 가져올까?

M : 그건 다나카 씨가 가져온다고 했어. 그리고, 안경도 필요해.

F : 안경말이구나. 우리 집에는 안경을 쓰는 사람이 없으니까 안 되겠네.

M : 그렇다면, 안경은 스즈키 씨에게 부탁할 테니까, 가방을 가져와 줘.

F : 응, 알았어.

여자아이는 무엇을 가져옵니까?

1

2

3

4

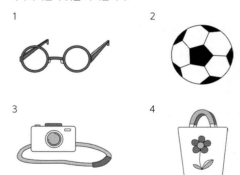

해설 남자아이는 발표회에서 필요한 것은 「カメラとかばんとサッカーボール(카메라랑 가방, 축구공)」라고 하고, 그 뒤에 「眼鏡(안경)」도 추가하였다. 준비할 물건과 담당한 사람의 이름을 묶어보면, 남자아이(마쓰모토)-카메라, 다나카-축구공, 스즈키-안경이다. 마지막 남자의 대사에서 가방을 부탁했으므로 여자아이가 가져오는 것은 4번 가방이다.

어휘 発表会(발표회) | 持つ(가지다, 들다) | 〜てくる(~해 오다) | 今度(이번, 이 다음) | グループ(그룹) | 準備(준비) | 物(물건) | カメラ(카메라) | かばん(가방) | サッカーボール(축구공) | うち(집) | お兄ちゃん(오빠) | 言う(말하다) | あと(그리고) | 眼鏡(안경) | 必要(필요) | 眼鏡をかける(안경을 쓰다) | 無理(무리) | お願い(부탁) | 分かる(알다, 이해하다)

男の人と女の人が話しています。本屋はどこですか。

F：すみません。この近くに本屋さんはありますか。

M：はい。ここからまっすぐ進むと交差点があります。一つ目の交差点はそのまま進んで、二つ目の交差点で右に曲がってください。そうしたら左側のほうに建物があるんですけど、三つ目の建物が本屋ですよ。

F：二つ目の交差点で曲がらなければいけないんですね。分かりました。ありがとうございます。

M：はい、お気をつけて。

本屋はどこですか。

남자와 여자가 이야기하고 있습니다. 서점은 어디입니까?

F：실례합니다. 이 근처에 서점이 있나요?

M：네. 여기서 곧장 가면 교차로가 있습니다. 첫 번째 교차로는 그대로 직진하고, 두 번째 교차로에서 오른쪽으로 꺾어 가 주세요. 그러면 왼쪽 방면에 건물이 있는데, 3번째 건물이 서점이에요.

F：두 번째 교차로에서 꺾어 가야 하는군요. 알겠습니다. 감사합니다.

M：네, 조심히 가세요.

서점은 어디입니까?

해설 여자가 서점의 위치를 묻고 있는데, 남자는 「一つ目の交差点はそのまま進んで(첫 번째 교차로는 그대로 가고)」, 즉 지나가라고 했으니 1번 4번은 답이 될 수 없다. 「二つ目の交差点で右に曲がってください(두 번째 교차로에서 오른쪽으로 꺾어 가 주세요)」라고 한 뒤, 「三つ目の建物が本屋(3번째 건물이 서점)」라고 했으니 답은 2번이 된다.

어휘 本屋(서점) | どこ(어디) | 近く(근처) | まっすぐ(곧바로, 곧장) | 進む(나아가다) | 交差点(교차로, 교차점) | 一つ目(첫 번째) | そのまま(그대로) | 二つ目(두 번째) | 右(오른쪽) | 曲がる(꺾다) | ～てください(~해 주세요) | ～たら(~하면) | 左側(왼쪽) | ほう(방면, 방향) | 建物(건물) | 三つ目(세 번째) | ～なければいけない(~하지 않으면 안 된다, ~해야 한다) | 分かる(알다, 이해하다) | お気をつけて(조심하세요)

八百屋で男の人と店員が話しています。男の人はいくら払いますか。

M：すみません、このりんごはいくらですか。

F：これは１つ200円です。今日は安くなる日なので、２つ
　　買うと100円、４つ買うと200円安くなりますよ。

M：えっと、お母さんとおばあちゃんとお姉ちゃんと……。
　　あの、このりんご、４つください。

F：４つですね。では、４つで800円です。

M：800円？　あれ？　200円安くなるんじゃ……。

F：あ、そうです。200円安くなります。失礼しました。

M：いえいえ、じゃ、1,000円でお願いします。

男の人はいくら払いますか。

1　600円

2　700円

3　800円

4　1,000円

채소 가게에서 남자와 점원이 이야기하고 있습니다. 남자는 얼마를 지불합니까?

M : 실례합니다, 이 사과는 얼마입니까?

F : 이것은 1개에 200엔입니다. 오늘은 싸게 드리는 날이라서, 2개 사면 100엔, 4개 사면 200엔 싸져요.

M : 으음, 어머니랑 할머니랑 누나랑……. 저기, 이 사과, 4개 주세요.

F : 4개군요. 그럼, 4개에 800엔입니다.

M : 800엔? 어라? 200엔 싸지는 게……?

F : 아, 맞습니다. 200엔 할인됩니다. 실례했습니다.

M : 아뇨, 아뇨, 그럼, 1,000엔으로 부탁드립니다(1,000엔 여기 있습니다).

남자는 얼마를 지불합니까?

1　600엔

2　700엔

3　800엔

4　1,000엔

해설 사과의 원래 가격은 1개 200엔인데, 점원이「２つ買うと100円、４つ買うと200円安くなりますよ(2개 사면 100엔, 4개 사면 200엔 싸져요)」라고 했다. 남자는 4개를 주문했으니 800엔에서 200엔을 뺀 1번 600엔이 답이 된다. 마지막에 1,000엔이 들리는데 이 말은 1,000엔짜리 지폐로 돈을 냈다는 의미이지 지불한 가격이 아니므로 4번은 오답이다.

어휘 八百屋(채소 가게) | 店員(점원) | いくら(얼마) | 払う((값을) 내다, 지불하다) | りんご(사과) | １つ(1개) | 安い((값이) 싸다, 저렴하다) | 日(날) | ２つ(2개) | 買う(사다, 구매하다) | ４つ(4개) | お母さん(어머니) | おばあちゃん(할머니) | お姉ちゃん(누나) | そうだ(그렇다) | 失礼(실례) | お願い(부탁)

教室で先生と女の学生が話しています。女の学生はこれから何をしますか。

M：あれ？　山本さん、遅くまで勉強しているんですね。

F：はい、今日の授業の復習をしてから帰ろうと思っていたんですが、この問題が難しくて。

M：あー、ここはみんな難しいと言っていましたね。明日もう一度みんなで考えてみましょうか。

F：本当ですか。よかった。

M：今日はもう遅いので、そろそろ。

F：はい、分かりました。先生、ありがとうございます。

女の学生はこれから何をしますか。

교실에서 선생님과 여학생이 이야기하고 있습니다. 여학생은 지금부터 무엇을 합니까?

M : 어라? 야마모토 씨, 늦게까지 공부하고 있네요.

F : 네, 오늘 수업 복습을 하고 나서 가려고 했는데, 이 문제가 어려워서요.

M : 아아, 여기는 모두 어렵다고 말했어요. 내일 다시 한번 다 같이 생각해 볼까요?

F : 정말이요? 다행이다.

M : 오늘은 이미 늦었으니, 이제 슬슬 (돌아가세요).

F : 네, 알겠습니다. 선생님, 감사합니다.

여학생은 지금부터 무엇을 합니까?

해설 | 여학생이 늦게까지 공부하고 있는 상황이다. 선생님이 어려운 문제이니 내일 다 같이 생각해 보자고 하면서 「今日はもう遅いので、そろそろ(오늘은 이미 늦었으니, 이제 슬슬)」라고 했다. 즉, 이미 늦은 시간이니 오늘은 일단 집에 돌아가라는 의미이고, 여학생은 알겠다고 동의하였으므로 답은 집에 돌아가는 모습이 있는 2번이 답이 된다.

어휘 | 教室(교실) | 遅い(늦다) | 勉強(공부) | 今日(오늘) | 授業(수업) | 復習(복습) | ～てから(~하고 나서) | 帰る(돌아가다) | 問題(문제) | 難しい(어렵다) | みんな(모두) | 言う(말하다) | 明日(내일) | もう一度(한번 더) | 考える(생각하다) | ～ましょう(~합시다) | 本当(정말) | そろそろ(이제 슬슬)

<table>
</table>

5ばん

男の人と女の人が話しています。男の人は絵をどこに飾りますか。

M：わあ、やっと少し片付いたね。引っ越し、お疲れさま。

F：ほんと、ありがとう。助かったよ。

M：いえいえ。あれ？　この絵、まだ飾ってなかったね。どこに飾る？

F：どこがいいかな。ベッドの近くは？　よさそうじゃない？

M：地震がきて、落ちたりしたら危ないよ。そうだな、きれいな花の絵だから、うーん。鏡の上はどう？

F：あの大きい鏡の上に？　それも危ないよ。鏡の横のほうがいいと思う。

M：うん、そうだね。鏡の横、ちょっと寂しい感じがするから。じゃ、そこに飾るね。

男の人は絵をどこに飾りますか。

5번 정답 3

남자와 여자가 이야기하고 있습니다. 남자는 그림을 어디에 장식합니까?

M：와아, 드디어 조금 정리됐네. 이사, 수고했어.

F：정말, 고마워. 도움이 됐어.

M：아니야. 어라? 이 그림, 아직 장식하지 않았네. 어디에 장식할래?

F：어디가 좋을까? 침대 근처는? 좋을 것 같지 않아?

M：지진이 와서 떨어지거나 하면 위험해. 그렇지, 예쁜 꽃 그림이니까, 으음. 거울 위는 어때?

F：저 큰 거울 위에? 그것도 위험해. 거울 옆쪽이 좋다고 생각해.

M：응, 그렇네. 거울 옆이 조금 허전한 느낌이 드니까. 그럼, 거기에 장식할게.

남자는 그림을 어디에 장식합니까?

해설 여자가 우선 침대 근처를 제안하자, 남자는 지진 때문에 떨어질 수도 있으니 위험하다고 하며 거울 위를 제안하였다, 그러자 여자는 거울 위도 위험하다고 하며 「鏡の横のほうがいいと思う(거울 옆쪽이 좋다고 생각해)」라고 했고, 남자는 「鏡の横、ちょっと寂しい感じがするから(거울 옆이 조금 허전한 느낌이 드니까)」라고 하며 동의하고 있으므로 답은 3번 거울 옆이 된다.

어휘 絵(그림) | 飾る(장식하다, 꾸미다) | 少し(조금) | 片付く(정리되다) | 引っ越し(이사) | お疲れさま(수고했어) | 助かる(도움이 되다) | まだ(아직) | ベッド(침대) | 近く(근처) | よい(좋다, 괜찮다) | 〜そうだ(〜할 것 같다) | 地震(지진) | 落ちる(떨어지다) | 〜たり(〜하거나) | 危ない(위험하다) | きれい(예쁘다, 아름답다) | 花(꽃) | 鏡(거울) | 上(위) | 横(옆) | 〜のほうが(〜쪽이) | ちょっと(조금) | 寂しい(허전하다, 쓸쓸하다) | 感じ(느낌)

94　JLPT 최신 기출 유형 실전모의고사 N4

花屋で女の人と男の店員が話しています。女の人はこのあ
と何をしますか。

F：あのう、すみません。この花をプレゼントしたいのですが。

M：はい、どなたにプレゼントされますか。

F：母です。母の誕生日が近いので。

M：そうなんですね。かしこまりました。

F：あのう、母が遠いところに住んでいるので、お店から送
ってもらうことはできますか。

M：はい、もちろんできますよ。では、こちらの紙に住所と
電話番号を書いてください。

F：はい。あ、その前に一つ聞きたいことがあるんですけ
ど、お花を送るとき、この手紙も一緒に送ってもらうこ
とって……。

M：あ、大丈夫ですよ。こちらの手紙ですね。一緒にお届け
いたします。

F：よかった。ありがとうございます。

女の人はこのあと何をしますか。

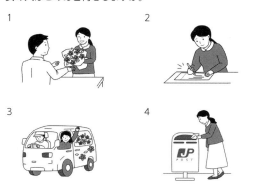

1 2

3 4

꽃집에서 여자와 남자 점원이 이야기하고 있습니다. 여자는 이 다
음 무엇을 합니까?

F：저기, 실례합니다. 이 꽃을 선물하고 싶은데요.

M：네, 어느 분께 선물하시나요?

F：어머니입니다. 어머니의 생일이 가까워서요(얼마 안 남아서
요).

M：그렇군요. 알겠습니다.

F：저기, 어머니가 먼 곳에 살고 계셔서, 가게에서 보내 주실 수 있
나요?

M：네, 물론 가능해요. 그럼, 이 종이에 주소와 전화번호를 적어 주
세요.

F：네. 아, 그 전에 하나 묻고 싶은 게 있는데요, 꽃을 보낼 때, 이
편지도 같이 보내 주시는 건…….

M：아, 괜찮아요. 이 편지군요. 같이 보내 드리겠습니다.

F：다행이다. 감사합니다.

여자는 이 다음 무엇을 합니까?

1 2

3 4

해설 여자는 어머니 생일에 드릴 꽃을 사러 왔는데, 어머니가 먼 곳에 살고 있다고 하며 꽃을 보내 줄 수 있냐고 묻고 있다. 그러자 남자는 「で
は、こちらの紙に住所と電話番号を書いてください(그럼, 이 종이에 주소와 전화번호를 적어 주세요)」라고 했으니, 여자는 꽃을 사
기 전에 먼저 주소와 전화번호를 적어야 하고 답은 2번이 된다.

어휘 花屋(꽃집) | 店員(점원) | 花(꽃) | プレゼント(선물) | どなた(어느 분) | 母(어머니) | 誕生日(생일) | 近い(가깝다) | かしこまり
ました(알겠습니다) | 遠い(멀다) | ところ(곳, 장소) | 住む(살다) | 〜ている(〜하고 있다) | お店(가게) | 送る(보내다) | 〜てもら
う(〜해 받다) | できる(할 수 있다) | もちろん(물론) | こちら(이것) | 紙(종이) | 住所(주소) | 電話番号(전화번호) | 書く(쓰다) |
〜てください(〜해 주세요) | 前(전) | 一つ(하나) | 聞く(묻다) | 手紙(편지) | 一緒に(같이) | 届ける(보내 주다)

料理を作る授業で女の先生が話しています。3グループの人はこのあとまず何をしますか。

F：皆さん、今日はカレーを作ります。まず、みんなで準備をします。1グループの人は、ここにある野菜を4つのグループに配りましょう。2グループと3グループの人たちは、ここに書いてある道具を用意してください。最後、4グループの人、作ったらすぐ食べられるように、お皿を用意しましょう。お皿は教室の後ろにあります。いいですね。では皆さん、準備を始めてください。

3グループの人はこのあとまず何をしますか。

1　カレーを　つくる
2　やさいを　くばる
3　どうぐを　よういする
4　おさらを　よういする

요리를 만드는 수업에서 여자 선생님이 이야기하고 있습니다. 3그룹 사람은 이 다음 우선 무엇을 합니까?

F：여러분, 오늘은 카레를 만듭니다. 우선, 다 같이 준비를 하겠습니다. 1그룹 사람은 여기에 있는 채소를 4개 그룹에게 나누어 줍시다. 2그룹과 3그룹 사람들은 여기에 쓰여 있는 도구를 준비해 주세요. 마지막으로, 4그룹 사람, 만들면 바로 먹을 수 있도록 접시를 준비합시다. 접시는 교실 뒤에 있습니다. 알겠죠? 그럼 여러분, 준비를 시작해 주세요.

3그룹 사람은 이 다음 우선 무엇을 합니까?

1　카레를 만든다
2　채소를 나누어 준다
3　도구를 준비한다
4　접시를 준비한다

해설 여자 선생님은 카레를 만들면서 각 그룹별로 해야 할 일을 지시하고 있다. 「2グループと3グループの人たちは、ここに書いてある道具を用意してください(2그룹과 3그룹 사람들은 여기에 쓰여 있는 도구를 준비해 주세요)」라고 했으니 3번 '도구를 준비한다'가 정답이 된다.

어휘 料理(요리)｜グループ(그룹)｜皆さん(여러분)｜今日(오늘)｜カレー(카레)｜作る(만들다)｜みんなで(다 같이)｜準備(준비)｜野菜(채소)｜配る(나누어 주다)｜～ましょう(~합시다)｜書く(쓰다)｜～てある(~되어 있다)｜道具(도구)｜用意(준비)｜～てください(~해 주세요)｜最後(마지막)｜～たら(~하면)｜食べる(먹다)｜お皿(접시)｜教室(교실)｜後ろ(뒤)｜始める(시작하다)

女の人と男の人が話しています。二人は何時の映画を見ますか。

F：田中君、今度の土曜日、一緒に映画を見に行かない？駅の近くにできた新しい映画館に行ってみたくて。

M：うん、行こう行こう。人気漫画を映画にした、あれ、「計画する男」って映画。すごい怖いらしいね。あれを見ようよ。

F：いいよ。その映画は、午前11時からと午後２時からがあるけど、どっちがいい？

M：僕、土曜の朝はゆっくり寝ていたいんだよね。いつも10時過ぎまで寝てるんだ。悪いけど、午後からでもいいかな。

F：うん、分かった。じゃあ、1時に駅前で会うことにしよう。

二人は何時の映画を見ますか。

1　10時

2　11時

3　1時

4　2時

여자와 남자가 이야기하고 있습니다. 두 사람은 몇 시 영화를 봅니까?

F : 다나카 군, 이번 토요일, 같이 영화를 보러 가지 않을래? 역 근처에 생긴 새로운 영화관에 가보고 싶어서.

M : 응, 가자, 가자. 인기 만화를 영화로 만든, 그거 <계획하는 남자>라는 영화. 엄청 무섭다는 것 같아. 그걸 보자.

F : 좋아. 그 영화는 오전 11시부터랑 오후 2시부터가 있는데, 어느 쪽이 좋아?

M : 나, 토요일 아침은 느긋하게 자고 싶어. 늘 10시 지나서까지 자고 있어. 미안하지만, 오후부터라도 괜찮을까?

F : 응, 알겠어. 그럼, 1시에 역 앞에서 만나는 걸로 하자.

두 사람은 몇 시 영화를 봅니까?

1　10시

2　11시

3　1시

4　2시

해설 남녀가 몇 시 영화를 볼지 상의하고 있다. 본문에서는 4가지 시간이 들리지만 실제 영화상영 시간은 오전 11시와 오후 2시이므로 1번 3번은 오답이다. 남자가 토요일은 늦잠 자고 싶다고 오후는 어떻냐고 하자, 여자는 알겠다고 하며 「1時に駅前で会うことにしよう(그럼, 1시에 역 앞에서 만나는 걸로 하자)」라고 했으니, 답은 4번 2시이다.

어휘 何時(몇 시) | 映画(영화) | 今度(이번) | 土曜日(토요일) | 一緒(같이, 함께) | 見る(보다) | 行く(가다) | 駅(역) | 近く(근처) | できる(생기다) | 新しい(새롭다) | 映画館(영화관) | 人気(인기) | 漫画(만화) | ～にする(~로 하다) | 計画(계획) | 怖い(무섭다) | ～らしい(~인 듯하다) | 午前(오전) | 午後(오후) | どっち(어느 쪽) | 朝(아침) | ゆっくり(느긋하게, 충분히) | 寝る(자다) | ～ている(~하고 있다) | ～たい(~하고 싶다) | 悪い(미안하다) | 駅前(역 앞) | 会う(만나다) | ～ことにする(~하기로 하다)

もんだい2では、まず しつもんを 聞いて ください。 そのあと、もんだいようしを 見て ください。読む 時間が あります。 それから 話を 聞いて、 もんだいようし の 1から4の 中から、いちばん いい も のを 一つ えらんで ください。

문제 2에서는 먼저 질문을 들으세요. 그 후 문제용 지를 보세요. 읽을 시간이 있습니다. 그리고 이야기 를 듣고, 문제용지의 1에서 4 중에서 가장 알맞은 것을 하나 고르세요.

れい

男の人と女の人が話しています。女の人はどうして学校を休みましたか。

M：昨日、学校休んだみたいだけど、何かあった？
F：うん、前の日から、おなかがずっと痛くて。
M：え、大丈夫？
F：うん。おなかは寝たら大分よくなったんだけど、起き たら熱もあって、病院に行ったほうがいいかなと思っ て。
M：そうだったんだね。あまり無理しないでね。

女の人はどうして学校を休みましたか。

1　おなかが　なおったから
2　びょういんに　行きたかったから
3　高い　ねつが　下がったから
4　くすりが　なかったから

예 정답 2

남자와 여자가 이야기하고 있습니다. 여자는 왜 학교를 쉬었습니까?

M : 어제 학교 쉰 것 같던데, 무슨 일 있었어?
F : 응, 전날부터 배가 계속 아파서.
M : 어, 괜찮아?
F : 응. 배는 잤더니 꽤 괜찮아졌는데, 일어났더니 열도 있어서 병 원에 가는 편이 좋을 것 같아서.

M : 그랬구나. 너무 무리하지 마.

여자는 왜 학교를 쉬었습니까?

1　배가 나았기 때문에
2　병원에 가고 싶었기 때문에
3　높은 열이 내렸기 때문에
4　약이 없었기 때문에

家で夫と妻が話しています。夫はいつ会社を休みますか。

M：あれ？　コウタの小学校の卒業式は、いつだっけ？

F：三月二十五日よ。でも、それより先に、アヤカの中学校の卒業式があるけど。

M：うん、アヤカのは十八日だよな。一週間違いか。

F：ええ。二人とも、四月には中学と高校の入学式があるし、大忙しね、今年の春は。

M：そうだな。入学式も、アヤカのほうが先なのか？

F：ううん、入学式は、コウタのほうが早いの。中学が四月六日で、その次の日がアヤカの高校よ。

M：分かった。じゃあ僕は、そんなにたくさん会社を休むことはできないから、アヤカの卒業式には、必ず休みをもらって見に行くよ。

夫はいつ会社を休みますか。

1　十八日

2　二十五日

3　六日

4　七日

집에서 남편과 아내가 이야기하고 있습니다. 남편은 언제 회사를 쉽니까?

M : 어라? 고타의 초등학교 졸업식은 언제였더라?

F : 3월 25일이야. 그런데, 그보다 전에 아야카의 중학교 졸업식이 있는데.

M : 응, 아야카 건(졸업식은) 18일이지. 1주일 차이인가?

F : 으응. 둘 다 4월에는 중학교와 고등학교 입학식이 있고, 정말 바쁘네, 올봄은.

M : 그러네. 입학식도 아야카 쪽이 먼저인가?

F : 아니, 입학식은 고타 쪽이 빨라. 중학교가 4월 6일이고, 그 다음 날이 아야카의 고등학교야.

M : 알겠어. 그럼 나는, 그렇게 많이 회사를 쉴 수가 없으니까 아야카의 졸업식에는 반드시 휴가를 받아서 보러 갈게.

남편은 언제 회사를 쉽니까?

1　18일

2　25일

3　6일

4　7일

해설 남편이 언제 회사를 쉬는지에 대한 질문이다. 남편은 마지막 대화에서 「アヤカの卒業式には、必ず休みをもらって見に行くよ(아야카의 졸업식에는 반드시 휴가를 받아서 보러 갈게)」라고 했다. 앞에서 아야카의 졸업식은 18일, 고타의 졸업식은 25일이며, 고타의 입학식은 6일, 아야카의 입학식은 7일이라고 했으므로 1번이 정답이다.

어휘 夫(남편) | 妻(아내) | 会社(회사) | 休む(쉬다) | 小学校(초등학교) | 卒業式(졸업식) | 先に(전에, 이전에) | 中学校(중학교) | 一週間(일주일간) | 違い(차이) | 四月(4월) | 高校(고등학교) | 入学式(입학식) | 大忙し(매우 바쁨) | 今年(올해) | 春(봄) | 早い(빠르다) | 次(다음) | 分かる(알다, 이해하다) | たくさん(많이) | できる(할 수 있다) | 必ず(반드시) | 休み(휴가) | もらう(받다)

2ばん

学校で女の生徒と男の生徒が話しています。女の生徒はどこでノートを見つけましたか。

학교에서 여학생과 남학생이 이야기하고 있습니다. 여학생은 어디서 노트를 찾았습니까?

F：あの、中井さん、このノートは中井さんのですか。

M：はい、そうです。どこにありましたか。机の中に入れておいたのですが。

F：そうだったんですね。私の机の上に置いてありましたよ。

M：そうですか。どうしてだろう。

F：机の下に落ちていたのかもしれませんよ。

M：ああ、そうですね。僕たち、席が近いから、誰かが拾って佐々木さんのところに置いたのかもしれませんね。ありがとうございます。

F：いいえ、どういたしまして。

F：저기, 나카이 씨, 이 노트는 나카이 씨 거예요?

M：네, 그렇습니다. 어디에 있었나요? 책상 안에 넣어 두었는데요.

F：그랬군요. 제 책상 위에 놓여 있었어요.

M：그런가요? 어째서일까.

F：책상 아래에 떨어져 있었던 걸지도 몰라요.

M：아, 그러게요. 우리, 자리가 가까우니까, 누군가가 주워서 사사키 씨 자리에 놓은 것일지도 모르겠네요. 감사합니다.

F：아뇨, 천만에요.

女の生徒はどこでノートを見つけましたか。

1 つくえの 上
2 つくえの 中
3 いすの 上
4 つくえの 下

여학생은 어디서 노트를 찾았습니까?

1 책상 위
2 책상 안
3 의자 위
4 책상 아래

해설 여학생이 노트를 건네주자 남학생은 책상 안에 넣은 둔 노트를 어디서 찾았냐고 묻고 있다. 그러자 「私の机の上に置いてありましたよ(제 책상 위에 놓여 있었어요)」라고 했으니 답은 1번이다. 책상 아래에 떨어져 있었던 걸지도 모른다는 것은 노트가 떨어졌을 것이라고 추측하고 있는 것이고, 여학생이 발견한 곳은 책상 위이다.

어휘 生徒(학생) | ノート(노트) | ～の(~의 것) | 机(책상) | 中(안) | 入れる(넣다) | 上(위) | 置く(두다) | ～てある(~되어 있다) | 下(아래) | 落ちる(떨어지다) | ～ている(~인 상태이다) | ～かもしれない(~일지도 모른다) | 席(자리, 좌석) | 近い(가깝다) | 誰か(누군가) | 拾う(줍다) | どういたしまして(천만에요)

小学校の教室で女の先生が話しています。女の先生は、どうして木村先生のようになりたいと思いましたか。

F：今日の作文のテーマは「将来の夢」です。皆さんの夢は何ですか。警察官？ アイドル歌手？ 歯医者さん？ 先生は、高校生のときに数学を教えてくれた木村先生のような先生になるのが夢でした。算数のことを中学や高校では数学と呼ぶんですが、私は算数も数学も好きじゃなかったんです。でも、その木村先生のところに質問をしに行くと、私が分かるまで、ゆっくり親切に教えてくれました。難しい問題がだんだん分かるようになると、数学が好きになって、勉強するのがおもしろくなっていきました。だから木村先生のように、算数をいやだなと思っている子供たちにゆっくり教えてあげる先生になりたいと思ったんです。

女の先生は、どうして木村先生のようになりたいと思いましたか。
1 きむら先生を すきになったから
2 きむら先生の おしえかたが よかったから
3 すうがくは かんたんだと 分かったから
4 きむら先生が おもしろい人だったから

초등학교 교실에서 여자 선생님이 이야기하고 있습니다. 여자 선생님은, 왜 기무라 선생님처럼 되고 싶다고 생각했습니까?

F : 오늘 작문의 주제는 "장래의 꿈"입니다. 여러분의 꿈은 무엇인가요? 경찰관? 아이돌 가수? 치과 의사? 선생님은, 고등학생 때 수학을 가르쳐 주신 기무라 선생님과 같은 선생님이 되는 것이 꿈이었어요. 산수를 중학교나 고등학교에선 수학이라고 부르는데, 저는 산수도 수학도 좋아하지 않았어요. 그래도, 그 기무라 선생님이 계신 곳에 질문을 하러 가면, 제가 이해할 때까지, 차근차근 친절하게 알려 주셨어요. 어려운 문제를 점점 이해할 수 있게 되자, 수학이 좋아져서, 공부하는 것이 재미있어졌어요. 그래서 기무라 선생님처럼 산수를 싫다고 생각하는 아이들에게 차근차근 알려 주는 선생님이 되고 싶다고 생각했어요.

여자 선생님은, 왜 기무라 선생님처럼 되고 싶다고 생각했습니까?

1 기무라 선생님을 좋아하게 되었기 때문에
2 기무라 선생님의 가르치는 방식이 좋았기 때문에
3 수학은 간단하다고 알았기 때문에
4 기무라 선생님이 재밌는 사람이었기 때문에

해설 여자 선생님이 기무라 선생님처럼 되고 싶어 하는 이유를 묻고 있다. 여자 선생님은「木村先生のところに質問をしに行くと、私が分かるまで、ゆっくり親切に教えてくれました。…ゆっくり教えてあげる先生になりたいと思ったんです(기무라 선생님이 계신 곳에 질문을 하러 가면, 제가 이해할 때까지, 차근차근 친절하게 알려주셨어요. …차근차근 알려 주는 선생님이 되고 싶다고 생각했어요)」라고 선생님과의 일화를 이야기하며 기무라 선생님처럼 차근차근 알려주는 선생님이 되고 싶다고 생각했다고 말하고 있다. 즉, 기무라 선생님의 가르치는 방식이 좋았다는 2번이 정답이 된다. 1번은 없는 내용이며, 수학이 간단하다는 말도 없었으니 3번도 오답. 기무라 선생님이 재미있는 사람이었다는 언급도 없으므로 4번도 오답이다.

어휘 教室(교실) | 先生(선생님) | なる(되다) | 思う(생각하다) | 作文(작문) | テーマ(주제) | 将来(장래) | 夢(꿈) | 警察官(경찰관) | アイドル(아이돌) | 歌手(가수) | 歯医者(치과 의사) | 高校生(고등학생) | 数学(수학) | 教える(가르치다) | ～てくれる(~해 주다) | 算数(산수) | 中学(중학(교)) | 高校(고등학교) | 呼ぶ(부르다) | 好き(좋아함) | 質問(질문) | 行く(가다) | 分かる(알다) | ゆっくり(차근차근) | 親切(친절) | 難しい(어렵다) | だんだん(점점) | ～ようになる(~하게 되다) | おもしろい(재미있다) | ～ていく(~해 가다) | いやだ(싫다) | 子供たち(아이들) | ～てあげる(~해 주다) | かんたん(간단)

女の人と男の人が電話で話しています。コピー機の修理は何時頃に始まりますか。

F：すみません、タビト観光の者ですが、会社のコピー機が、また調子が悪いんです。修理をお願いできますか。

M：はい、いつもお世話になっております。えっと、今回もたぶん、お急ぎですよね。

F：はい。

M：今ですね、コピー機の作業をできる者が全員、修理サービスに出してしまっているんですよ。そうですね、あと2時間くらいお時間を頂ければ、ありがたいんですが。

F：じゃあ、今ちょうど5時になるところだから、7時頃になってしまいますね。うちの会社、6時半にはみんな帰っちゃうんですよね。

M：あ、ちょっと待ってください。今ちょうど一人戻ってきたので、すぐに行かせます。えー、30分後にはそちらにお伺いできます。

F：あ、そうですか。よかった。では、お待ちしています。よろしくお願いします。

コピー機の修理は何時頃に始まりますか。

1 2時半ごろ
2 5時半ごろ
3 6時半ごろ
4 7時半ごろ

여자와 남자가 통화로 이야기하고 있습니다. 복사기 수리는 몇 시쯤 시작됩니까?

F：실례합니다, 타비트 관광 사람입니다만, 회사 복사기가 또 상태가 나쁩니다. 수리를 부탁할 수 있을까요?

M：네, 늘 신세 지고 있습니다. 으음, 이번에도 아마, 급하신 거죠?

F：네.

M：지금 말이죠, 복사기 작업을 할 수 있는 사람이 전원 다, 수리 서비스를 나가 버렸어요. 그렇네요, 앞으로 2시간 정도 시간을 주실 수 있다면 감사하겠습니다만.

F：그럼, 지금 막 5시가 될 즈음이니까, 7시경이 되어버리네요. 저희 회사, 6시 반에는 모두 퇴근해 버리거든요.

M：아, 잠시만 기다려 주세요. 지금 마침 한 명 돌아왔으니, 바로 보내겠습니다. 으음, 30분 후에는 그쪽에 갈 수 있습니다.

F：아, 그래요? 잘 됐다. 그럼, 기다리고 있겠습니다. 잘 부탁합니다.

복사기 수리는 몇 시쯤 시작됩니까?

1 2시 반쯤
2 5시 반쯤
3 6시 반쯤
4 7시 반쯤

해설 여자가 복사기 회사에 전화를 걸어 복사기 수리를 의뢰하고 있는 상황이다. 초반에 남자는 수리 기사가 없어 2시간 정도 기다려 달라고 하자, 「今ちょうど5時になるところだから(막 5시가 될 즈음이니까)」라며 여자는 2시간 뒤에는 퇴근이라 어려울 것 같다고 했다. 하지만 전화하는 와중에 수리 기사 한 명이 돌아와 30분 후에 찾아 뵙겠다고 언급했으니, 수리 기사 방문 시간은 5시 반이란 것을 알 수 있으므로 2번이 답이 된다.

어휘 電話(전화) | コピー機(복사기) | 修理(수리) | 何時頃(몇 시쯤) | 始まる(시작되다) | 観光(관광) | 者(사람, 자) | 調子(상태) | 悪い(나쁘다) | お願い(부탁) | お世話(보살핌, 신세) | 今回(이번 회) | お急ぎ(급함) | 作業(작업) | 全員(전원) | サービス(서비스) | 出る(나가다) | ～てしまう(다 ~하다, 그만 ~해 버리다) | 時間(시간) | 頂く(받다) | ちょうど(마침) | ～ところだ((이제) ~하려는 참이다, (한창) ~하고 있는 중이다, (지금 막) ~했다) | 帰る(돌아가다) | 一人(한 명) | 戻る(되돌아가다) | 行く(가다) | ～後(~후) | そちら(그쪽) | 伺う(찾다, 방문하다) | 待つ(기다리다)

男の学生と女の留学生が話しています。女の留学生は、日本のカレーについて、どんなことに驚いたと言っていますか。

M：カーンさん、一緒にお昼ごはんを食べませんか。僕、カーンさんと行きたいお店があるんです。

F：いいですよ。どこですか。

M：駅前に新しくできたカレー屋さんです。

F：えっ、日本のカレーですか。どうしようかな。

M：カーンさん、前に僕が作ったカレーを食べて、驚いていたでしょう。

F：はい。日本のカレーは、においも味も、インドのカレーと全然違いましたから。インドのカレーは、もっとスープのような料理です。おいしくないという意味じゃないですよ。ただ、味がないんです。辛くないんです。

M：僕にとっては十分、辛いんですけどね。野菜や肉の味ばかりするって言ってましたよね。だから、日本のカレーはもう、別の料理だと思ってください。駅前のお店は、インドの人が料理しているそうですよ。

F：本当ですか。じゃ、行きます。久しぶりに国の料理が食べたいです。

女の留学生は、日本のカレーについて、どんなことに驚いたと言っていますか。

1　あじが　からすぎること

2　おもったよりも　おいしかったこと

3　インドのカレーと　ちがって　からくないこと

4　やさいと　にくが　たくさん　入っていること

남학생과 여자 유학생이 이야기하고 있습니다. 여자 유학생은, 일본의 카레에 대해서, 어떤 점에 놀랐다고 말하고 있습니까?

M : 칸 씨, 같이 점심을 먹지 않을래요? 저, 칸 씨와 함께 가고 싶은 가게가 있어요.

F : 좋아요. 어디인가요?

M : 역 앞에 새로 생긴 카레 집이에요.

F : 엇, 일본 카레인가요? 어쩌지.

M : 칸 씨, 저번에 제가 만든 카레를 먹고 놀랐었죠.

F : 네. 일본의 카레는 냄새도 맛도 인도의 카레와 전혀 달랐으니까요. 인도의 카레는 조금 더 수프 같은 요리예요. 맛이 없다는 뜻이 아니에요. 단지, 맛이 나지 않아요. 맵지 않아요.

M : 저에게는 충분히 매운데 말이죠. 야채나 고기 맛만 난다고 말하셨죠. 그러니까, 일본의 카레는 이제 다른 요리라고 생각해 주세요. 역 앞 가게는, 인도 사람이 요리하고 있다고 해요.

F : 정말인가요? 그럼, 갈게요. 오랜만에 고국의 요리가 먹고 싶어요.

여자 유학생은, 일본의 카레에 대해서, 어떤 점에 놀랐다고 말하고 있습니까?

1　맛이 너무 매운 것

2　생각한 것보다 맛있었던 것

3　인도 카레와 달리 맵지 않은 것

4　야채와 고기가 많이 들어 있는 것

해설 여자 유학생이 일본의 카레를 먹어보고 놀랐다고 하면서 그 이유를 말하고 있다.「日本のカレーは、においも味も、インドのカレーと全然違いました(일본의 카레는 냄새도 맛도 인도의 카레와 전혀 달랐다)」고 하면서「辛くない(맵지 않다)」인 점을 추가하고 있다. 따라서 여자 유학생이 일본의 카레를 먹고 놀란 이유는 인도 카레에 비해 '맛이 맵지 않다'라는 것이므로 정답은 3번이다.

어휘 留学生(유학생)｜日本(일본)｜カレー(카레)｜驚く(놀라다)｜一緒に(함께, 같이)｜お昼ごはん(점심(밥))｜食べる(먹다)｜～ませんか(~하지 않을래요?)｜行く(가다)｜お店(가게)｜ある(있다)｜どこ(어디)｜駅前(역 앞)｜新しい(새롭다)｜～屋(~가게, 그 직업을 가진 사람)｜前に(전에)｜におい(냄새)｜味(맛)｜全然(전혀)｜インド(인도)｜違う(다르다)｜もっと(더)｜スープ(수프, 국)｜おいしい(맛있다)｜意味(의미, 뜻)｜ただ(단지, 그저)｜辛い(맵다)｜十分(충분)｜野菜(야채)｜肉(고기)｜別の(다른)｜料理(요리)｜～てください(~해 주세요)｜～そうだ(~라고 한다)｜本当(정말)｜久しぶり(오래간만)｜国(나라, 고향)｜～すぎる(지나치게 ~하다, 너무 ~하다)

スーパーで男の店員が案内放送をしています。今日から一週間、バターの値段はどうなりますか。

M：いらっしゃいませ。丸山スーパーへようこそ。今日、六月一日は「牛乳の日」です。丸山スーパーでは今日から一週間、牛乳を使った製品の特別セールをいたします。牛乳だけでなく、チーズ、バター、アイスクリームなどがお安くなります。いつもは250円の北海道牛乳が、150円になります。買える数は、お一人様三つまでです。300円のバターは、二つで300円です。いつもと同じお値段で二つ買うことができます。また、午前はヨーグルトが六個で250円、午後はアイスクリームが六個で250円のタイムサービスを行っています。皆様、丸山スーパーでどうぞ楽しいお買い物を。

今日から一週間、バターの値段はどうなりますか。

1　いつもより　100円　安くなる
2　いつもと　同じ　値段で　二つ　買える
3　午前中だけ　250円で　六個　買える
4　午後だけ　250円で　六個　買える。

슈퍼에서 남자 점원이 안내방송을 하고 있습니다. 오늘부터 1주일간, 버터 가격은 어떻게 됩니까?

M : 어서 오십시오. 마루야마 슈퍼에 잘 오셨습니다. 오늘, 6월 1일은 '우유의 날'입니다. 마루야마 슈퍼에서는 오늘부터 1주일간, 우유를 사용한 제품을 특별 세일합니다. 우유뿐만 아니라, 치즈, 버터, 아이스크림 등이 저렴해집니다. 평소에는 250엔 하는 홋카이도 우유가, 150엔이 됩니다. 살 수 있는 개수는, 한 분당 3개까지입니다. 300엔 하는 버터는, 2개에 300엔입니다. 평소와 같은 가격으로 2개 살 수 있습니다. 또, 오전에는 요구르트가 6개에 250엔, 오후에는 아이스크림이 6개에 250엔 하는 타임 서비스를 시행하고 있습니다. 여러분, 마루야마 슈퍼에서 부디 즐거운 쇼핑 되시길.

오늘부터 1주일간, 버터 가격은 어떻게 됩니까?

1　언제나보다 100엔 저렴해 진다
2　평소와 같은 가격으로 2개 살 수 있다
3　오전 중에만 250엔으로 6개 살 수 있다
4　오후에만 250엔으로 6개 살 수 있다

해설　지문에서 '오늘부터 1주일간, 우유를 사용한 제품을 특별 세일한다'라고 하며, '우유뿐만 아니라, 치즈, 버터, 아이스크림 등'도 저렴해진다고 했다. 질문은 버터의 가격이 어떻게 되느냐인데 결정적 힌트는 「300円のバターは、二つで300円(300엔 하는 버터는, 2개에 300엔」이라고 설명한 부분이다. 즉, 버터 가격은 원래 1개 300인데, 세일 기간 중에는 2개 300엔이라는 말이므로 평소와 같은 가격으로 2개를 살 수 있다는 계산이 되므로 답은 2번이 된다.

어휘　スーパ(슈퍼)｜店員(점원)｜案内(안내)｜放送(방송)｜一週間(1주일 동안)｜バター(버터)｜値段(가격)｜ようこそ(어서 오십시오)｜今日(오늘)｜牛乳(우유)｜使う(쓰다, 사용하다)｜製品(제품)｜特別(특별)｜セール(세일)｜~だけでなく(~뿐만 아니라)｜チーズ(치즈)｜アイスクリーム(아이스크림)｜安い(싸다, 저렴하다)｜~くなる(~하게 되다)｜いつも(평소)｜北海道(홋카이도)｜買う(사다, 구매하다)｜数(수)｜三つ(3개)｜二つ(2개)｜同じ(같음)｜~できる(~할 수 있다)｜午前(오전)｜六個(6개)｜午後(오후)｜タイムサービス(타임 서비스)｜行う(시행하다)｜皆様(여러분)｜楽しい(즐겁다)｜お買い物(쇼핑)

教室で女の学生と男の学生が話しています。男の学生は、昨日、寝る前に何をしたと言っていますか。

F：夏休みが終わっちゃって、また朝早く起きる生活の始まりだね。嫌だな。

M：僕は、いつも９時すぎには寝ているから、朝早く起きることなんて全然問題ないよ。昨夜もベッドで本を読んでいるうちに寝ちゃってたし。

F：早く寝すぎじゃない？　私は９時から見たいドラマがあるから、その時間に寝るのは無理だな。

M：テレビを見てから寝るの？　それ、いちばんよくないらしいよ。眠れなくなるんだって。携帯メールもね。僕に夜、メールを送っても、返事は待たないでね。夜は見ないようにしてるから。

F：テレビも携帯も見ないなんて、加藤君、いったい夜は何をしてるの？

M：何もしてないよ。ただ寝るだけ。僕の趣味は寝ることだからさ。あれだよ、「寝る子は育つ」ってやつ。

男の学生は、昨日、寝る前に何をしたと言っていますか。

1　メールを　おくった
2　本を　読んだ
3　ドラマを　見た
4　何も　しなかった

교실에서 여학생과 남학생이 이야기하고 있습니다. 남학생은, 어제 자기 전에 무엇을 했다고 말하고 있습니까?

F：여름 방학이 끝나 버려서, 또 아침 일찍 일어나는 생활의 시작이네. 싫다.

M：나는 늘 9시 지나서는 자고 있으니까(9시 지나면 자니까) 일찍 일어나는 것 따위는 전혀 문제없어. 어젯밤도 침대에서 책을 읽는 동안에 잠들어 버렸고.

F：너무 빨리 자는 거 아니야? 나는 9시부터 보고 싶은 드라마가 있으니까, 그 시간에 자는 건 무리.

M：텔레비전을 보고 나서 자는 거야? 그거, 제일 안 좋다. 잠들 수 없게 된다. 핸드폰 문자도 (마찬가지). 나에게 밤에 문자를 보내도 답장은 기다리지 마. 밤에는 보지 않도록 하고 있으니까(보지 않기로 했거든).

F：텔레비전도 핸드폰도 보지 않는다니, 가토 군, 대체 밤에 뭘 하는 거야?

M：아무것도 안 해. 그냥 잘 뿐이야. 내 취미는 자는 거니까. 그거 있잖아. "자는 아이는 자란다(잘 자야 잘 큰다)"라는 거.

남학생은, 어제 자기 전에 무엇을 했다고 말하고 있습니까?

1　문자를 보냈다
2　책을 읽었다
3　드라마를 봤다
4　아무것도 하지 않았다

해설　남학생은 밤에 텔레비전, 핸드폰을 보지 않는다고 했다. 질문에서는 「昨日、寝る前(어제 자기 전)」에 무엇을 했냐고 했으니, 힌트는 「昨夜もベッドで本を読んでいるうちに寝ちゃってたし(어젯밤도 침대에서 책을 읽는 동안에 잠들어 버렸고)」부분이고 답은 2번이다. 뒷부분에서 여학생이 남학생에게 밤에 뭘 하냐고 묻자 남학생은 「何もしてないよ。ただ寝るだけ(아무것도 안 해. 그냥 잘 뿐이야)」라고 했는데, 이 말은 평소에는 아무것도 안 한다는 말이므로 4번은 오답이다.

어휘　教室(교실)｜昨日(어제)｜寝る(자다)｜前(전, 이전)｜夏休み(여름 방학)｜終わる(끝나다)｜朝(아침)｜早く(빨리)｜起きる(일어나다)｜生活(생활)｜始まり(시작)｜嫌だ(싫다)｜僕(나)｜いつも(늘, 평소)｜〜すぎ(〜지나, 〜넘어)｜〜なんて(〜따위)｜全然(전혀)｜問題(문제)｜ない(없다)｜昨夜(어젯밤)｜ベッド(침대)｜本(책)｜読む(읽다)｜〜ている(〜하고 있다)｜〜うちに(〜사이에, 〜동안에)｜〜ちゃう・〜てしまう(그만 〜해 버리다)｜見る(보다)｜ドラマ(드라마)｜時間(시간)｜無理(무리)｜テレビ(텔레비전)｜〜てから(〜하고 나서)｜いちばん(제일)｜〜らしい(〜라고 한다)｜携帯(휴대폰)｜メール(메일, 문자)｜夜(밤)｜送る(보내다)｜返事(답장)｜待つ(기다리다)｜いったい(대체)｜ただ(단지, 그저)｜趣味(취미)

| もんだい3 | もんだい3では、えを 見ながら しつもんを 聞いて ください。➡ (やじるし)の 人は 何と 言いますか。 1から 3の 中から、いちばん いい ものを 一つ えらんで ください。 |

| 문제 3 | 문제 3에서는 그림을 보면서 질문을 들으세요. ➡ (화살표)의 사람은 뭐라고 말합니까? 1에서 3 중에서 가장 알맞은 것을 하나 고르세요. |

れい

一緒に映画を見に行きたいです。何と言いますか。

F：1　映画、見に行ってきたの？
　　2　今度、一緒に映画でも行かない？
　　3　この映画、おもしろいよね。

예　정답 2

함께 영화를 보러 가고 싶습니다. 뭐라고 말합니까?

F：1　영화 보러 갔다 왔어?
　　2　다음에 같이 영화라도 보러 가지 않을래?
　　3　이 영화, 재밌지?

1ばん

父の日の贈り物に帽子をもらいました。何と言いますか。

M：1　うれしいな。ありがとう。
　　2　早くかぶってみて。
　　3　プレゼント、気に入ってもらえたかな。

1번　정답 1

아버지의 날에 선물로 모자를 받았습니다. 뭐라고 말합니까?

M：1　기뻐. 고마워.
　　2　빨리 써 봐.
　　3　선물, 마음에 들어 해 주었을까?

해설 선물을 받았다고 했으므로 선물을 준 사람에게 감사 표시를 한 1번이 정답이다. 2번은 모자 선물을 준 사람이 할 말이며, 3번은 선물을 준 사람이 제3자에게 물어보는 말이니 답이 될 수 없다.

어휘 父の日(아버지의 날) | 贈り物(선물) | 帽子(모자) | もらう(받다) | 言う(말하다) | うれしい(기쁘다) | 早く(빨리) | かぶる(쓰다) | ～てみる(~해 보다) | プレゼント(선물) | 気に入る(마음에 들다) | ～てもらう(~해 받다)

2ばん

レストランがお客さんでいっぱいです。いつ座れるか知りたいです。何と言いますか。

F：1　あまり時間がありませんか。
　　2　どれくらい待ちますか。
　　3　何時に開くか教えてください。

2번　정답 2

레스토랑이 손님으로 가득 차 있습니다. 언제 앉을 수 있는지 알고 싶습니다. 뭐라고 말합니까?

F：1　별로 시간이 없으신가요?
　　2　얼마나 기다려야 하나요?
　　3　몇 시에 여는지 알려 주세요.

해설 레스토랑이 만석으로 언제 앉을 수 있는지 알고 싶은 상황에 할 수 있는 질문은 2번 「どれくらい待ちますか(어느 정도 기다려야 하나요?)」가 된다. 1번은 문맥상 맞지 않으며, 3번은 영업 시간을 묻는 질문이므로 적절치 못하다.

어휘 レストラン(레스토랑) | お客さん(손님) | いっぱい(많이) | 座る(앉다) | 知る(알다) | ～たい(~하고 싶다) | あまり(별로, 그다지) | 時間(시간) | どれくらい(얼마나) | 待つ(기다리다) | 何時(몇 시) | 開く(열리다, 열다) | 教える(알려 주다) | ～てください (~해 주세요)

ペンを忘れてしまいました。何と言いますか。

M：1　ペン、貸してあげましょうか。

　　2　ペン、借りたらいいじゃないですか。

　　3　ペン、貸してもらえませんか。

해설 펜을 안 가지고 와서 옆 사람에게 빌려 달라고 요청할 때 사용할 수 있는 말은 3번「ペン、貸してもらえませんか(펜, 빌릴 수 없을까요?)」가 된다. 1번은 빌려주는 사람이 할 대사라서 오답이며, 2번은 해결 방법을 제안할 때 사용하는 말이라 오답이 된다. 「借りる(빌리다)」와 「貸す(빌려주다)」는 자주 등장하는 어휘이므로 꼭 외워 두자.

어휘 ペン(펜) | 忘れる(잊다, 잊어버리고 오다) | ～てしまう(~해 버리다) | 言う(말하다) | 貸す(빌려주다) | ～てあげる(~해 주다) | 借りる(빌리다) | ～たら(~하면) | ～てもらう(~해 받다)

3번 정답 3

펜을 깜빡 잊고 안 가져왔습니다. 뭐라고 말합니까?

M：1　펜, 빌려드릴까요?

　　2　펜, 빌리면 되지 않아요?

　　3　펜, 빌릴 수 없을까요?

冷蔵庫を閉めるのを忘れています。何と言いますか。

F：1　ちゃんとしまっておいてね。

　　2　冷蔵庫が開いたままだよ。

　　3　ドアを開いたみたいだよ。

해설 남자가 냉장고 닫는 것을 잊고 있을 때, 할 수 있는 말은 2번「冷蔵庫が開いたままだよ(냉장고 문이 열린 채로 있어)」가 된다. 1번에서 들리는 「しまう」는 '보관하다, 수납하다'라는 뜻인데 물건을 보관하는 장면이 아니므로 오답이고, 3번은 냉장고가 아니라 '문을 연 것 같다'고 했으므로 답이 될 수 없다.

어휘 冷蔵庫(냉장고) | 閉める(닫다) | 忘れる(잊다) | ～ている(~한 상태) | ちゃんと(제대로) | しまう(안에 넣다, 보관하다) | ～ておく(~해 두다) | 開く(열리다) | ～まま(~그대로, ~채로) | ドア(문) | 開く(열다) | ～みたいだ(~같다)

4번 정답 2

냉장고를 닫는 것을 잊고 있습니다. 뭐라고 말합니까?

F：1　제대로 보관해 놔.

　　2　냉장고가 열려 있는 그대로야.

　　3　문을 연 것 같아.

駅です。切符が見つかりません。何と言いますか。

M：1　すみません、切符はどこにありますか。

　　2　あの、どこから乗りましたか。

　　3　すみません、切符を落としたようです。

해설 역에 들어가려고 하는데 표가 없는 것을 깨달았을 때 역무원에게 할 수 있는 말은 3번「切符を落としたようです(표를 떨어뜨린 것 같아요)」가 된다. 1번과 2번은 역무원이 승객에게 할 수 있는 표현이므로 답이 될 수 없다.

어휘 駅(역) | 切符(표) | 見つかる(찾다, 발견하다) | どこ(어디) | ある(있다) | 乗る(타다) | 落とす(떨어뜨리다) | ～ようだ(~인 것 같다, ~인 듯하다)

5번 정답 3

역입니다. 표를 찾을 수 없습니다. 뭐라고 말합니까?

M：1　죄송합니다, 표는 어디에 있습니까?

　　2　저기, 어디서 탔습니까?

　　3　죄송합니다, 표를 떨어뜨린 것 같습니다.

もんだい4では、えなどが ありません。まず ぶんを 聞いて ください。それから、そのへんじを 聞いて、1から3の 中から、いちばん いい ものを 一つ えらんで ください。

문제 4에서는 그림 등이 없습니다. 우선 문장을 들으세요. 그리고 그 대답을 듣고 1에서 3 중에서 가장 알맞은 것을 하나 고르세요.

れい

F：先輩、この資料、私が作っておきますね。

M：1 うん、作っておいたよ。
　　2 それなら作ろうか。
　　3 うん、よろしく頼むよ。

예 **정답** 3

F：선배, 이 자료, 제가 만들어 둘게요.

M：1 응, 만들어 뒀어.
　　2 그러면, 만들까?
　　3 응, 잘 부탁해.

1ばん

M：今出れば、ちょうどいい時間に着きそうだ。そろそろ出発しようか。

F：1 ええ、準備はできているわ。
　　2 もう着くの？ 早かったわね。
　　3 そうね、それにしましょう。

1번 **정답** 1

M：지금 나가면 딱 좋은 시간에 도착할 것 같아. 슬슬 출발할까?

F：1 응, 준비는 되어 있어.
　　2 벌써 도착해? 빠르네.
　　3 그러게, 그걸로 합시다.

해설 남자가 여자에게 「そろそろ出発しようか(슬슬 출발할까?)」라고 했다. 이에 가장 적절한 반응은 '(출발) 준비가 되었다'는 1번이 정답이다. 이제 출발하자는 말에 '벌써 도착'이라고 한 2번은 맞지 않으며, 3번은 물건을 고를 때 사용하는 표현이므로 오답이다.

어휘 今(지금) | 出る(나가다) | ～ば(~하면) | ちょうど(딱, 정확히) | 着く(도착하다) | ～そうだ(~할 것 같다, ~일 것 같다) | そろそろ(슬슬) | 出発(출발) | 準備(준비) | できる(되다) | もう(벌써) | 早い(빠르다) | ～ましょう(~합시다)

2ばん

F：小山さん、そろそろお昼を食べに行きませんか。

M：1 あ、もう12時になりましたか。
　　2 え、行かないんですか。
　　3 ぜひ誘ってください。

2번 **정답** 1

F：고야마 씨, 슬슬 점심을 먹으러 가지 않겠습니까?

M：1 아, 벌써 12시가 되었나요?
　　2 어라, 가지 않는 건가요?
　　3 부디 불러 주세요.

해설 점심 먹으러 가자는 권유에 가장 적절한 반응은 벌써 12시가 되었냐고 한 1번이 정답이다. 「行きませんか(가지 않겠습니까?)」가 들렸다고 2번을 고르지 않도록 주의하자. 여자는 가지 않겠다는 말을 한 것이 아니므로 오답이며, 3번은 이미 점심 먹으러 가자고 권유하고 있으니 역시 문맥상 맞지 않기 때문에 오답이다.

어휘 そろそろ(슬슬) | お昼(점심, 낮) | 食べる(먹다) | 行く(가다) | ～ませんか(~하지 않을래요?) | もう(벌써) | なる(되다) | ぜひ(부디, 꼭) | 誘う(권하다, 부르다) | ～てください(~해 주세요)

F：コンピューターの専門学校を卒業したあとどうするか
考えてみましたか。

M：1　はい、卒業しますよ。
　　2　ゲームの会社で働きたいと思っています。
　　3　いいえ、アルバイトをしたことがあります。

3번 정답 2

F：컴퓨터 전문학교를 졸업한 후 어떻게 할지 생각해 보셨나요?

M：1　네, 졸업해요.
　　2　게임 회사에서 일하고 싶다고 생각하고 있습니다.
　　3　아뇨, 아르바이트를 한 적이 있습니다.

해설 여자는 남자에게 졸업 후 진로에 대해 묻고 있으므로, '게임 회사에서 일하고 싶다'고 답한 2번이 가장 적절한 반응이다. '졸업'이란 단어가 들렸지만, 여자는 졸업하는 사실 자체를 묻고 있지 않으므로 1번은 오답이며, 3번은 전혀 질문과 맞지 않은 대답으로 오답이다.

어휘 コンピューター(컴퓨터) | 専門(전문) | 学校(학교) | 卒業(졸업) | あと(후, 이후) | 考える(생각하다) | ～てみる(~해 보다) | ゲーム(게임) | 会社(회사) | 働く(일하다) | 思う(생각하다) | ～ている(~하고 있다) | アルバイト(아르바이트) | ～たことがある(~한 적이 있다)

M：青木さん、このあとの予定は？　今ちょっといい？

F：1　お邪魔してすみません。
　　2　いえ、私も悪かったと思っています。
　　3　これから会議ですが、少しなら。

4번 정답 3

M：아오키 씨, 이후의 예정은? 지금 잠깐 괜찮아?

F：1　방해해서 죄송합니다.
　　2　아뇨, 저도 죄송하다고 생각하고 있습니다.
　　3　이제부터 회의입니다만, 잠시라면 (괜찮습니다).

해설 남자는 여자에게 이후 예정을 물어보면서 잠깐 시간 좀 내달라고 했으니, 가장 적절한 반응은 '잠시라면 (괜찮습니다)'이라고 말한 3번이 정답이다. 1번은 방해했다는 내용은 등장하지 않으며, 2번은 사과하는 표현인데 대화 내용을 보면 사과할 상황이 아니므로 오답이다.

어휘 あと(후, 이후) | 予定(예정) | ちょっと(잠깐) | お邪魔(방해) | 悪い(나쁘다) | 思う(생각하다) | これから(이제부터) | 会議(회의) | 少し(조금, 잠깐) | ～なら(~라면)

F：コーヒーのお代わりはいかがですか。

M：1　いえ、もう失礼しますので。
　　2　はい、どういたしまして。
　　3　かしこまりました。

5번 정답 1

F：커피 리필은 어떠신가요?

M：1　아뇨, 이제 실례할 거라서요(갈 거라서요).
　　2　네, 천만에요.
　　3　알겠습니다.

해설 여자는 커피를 더 마시라고 권유하고 있다. 따라서 '이제 실례하겠다'고 하며 사양하고 있는 1번이 답이 된다. 2번은 상대가 '고맙다'고 했을 때 하는 말이며, 3번은 상대의 지시를 알았다고 하는 표현으로 주로 상사에게 또는 가게 등에서 점원이 손님에게 하는 말이므로 오답이다.

어휘 コーヒー(커피) | お代わり(같은 것을 더 먹음, 리필) | いかがですか(어떠신가요) | 失礼(실례) | どういたしまして(천만에요) | かしこまりました(알겠습니다)

6ばん

M：山本さん、さっきの資料について意見を伺いたいのですが。

F：1　じゃ、すぐに確認してきます。
　　2　そうですね、私は賛成です。
　　3　いえ、特に聞きたいことはありません。

6번 정답 2

M：야마모토 씨, 아까 자료에 대해서 의견을 여쭙고 싶습니다만.

F：1　그럼, 바로 확인하고 오겠습니다.
　　2　그렇군요, 저는 찬성입니다.
　　3　아뇨, 특별히 묻고 싶은 것은 없습니다.

해설 남자는 자료에 대한 여자의 의견을 구하고 있으므로, '찬성한다'는 자신의 의견을 밝힌 2번이 가장 적절한 반응으로 정답이 된다. 1번은 자료에 대한 의견이 아니라 '(다른 사람에게) 확인하고 오겠다'고 했으니 맞지 않으며, 여자에게 질문이 있는지 묻지 않았으므로 3번도 오답이다.

어휘 さっき(아까) | 資料(자료) | ～について(~에 대해서) | 意見(의견) | 伺う(여쭙다) | ～たい(~하고 싶다) | すぐに(바로) | 確認(확인) | 賛成(찬성) | 特に(특별히) | 聞く(묻다)

7ばん

F：髪を切りたいんだけど、なかなか美容院に行く暇がないのよ。

M：1　そんなに仕事が忙しいの？
　　2　うん、おかげさまで。
　　3　たまには休んでもらったら？

7번 정답 1

F：머리를 자르고 싶은데, 좀처럼 미용실에 갈 틈이 없어.

M：1　그렇게나 일이 바빠?
　　2　응, 덕분에.
　　3　가끔은 쉬어 받는 게 어때(쉬게 하는 게 어때)?

해설 여자는 머리를 자르고 싶지만, 미용실에 갈 틈이 없다고 했다. 이 말에 대한 가장 적절한 반응은 1번 '얼마나 바쁘기에 미용실 갈 시간도 없냐'고 묻고 있는 1번이 정답이다. 2번은 상대에게 감사를 전할 때 쓰는 표현이며, 3번은 여자가 아닌 다른 제3자를 쉬게 하란 뜻이므로 오답이다. 참고로 3번은 「休ませてもらったら?(쉬는 게 어때?)」가 되면 답이 될 수도 있다.

어휘 髪(머리, 머리카락) | 切る(자르다) | なかなか(좀처럼) | 美容院(미용실) | 行く(가다) | 暇(틈) | そんなに(그렇게나) | 仕事(일) | 忙しい(바쁘다) | おかげさま(덕분) | 休む(쉬다) | ～てもらう(~해 받다)

8ばん

M：皆さん、分かりましたか。何か質問はありますか。

F：1　はい、いりません。
　　2　いえ、そんなことありませんよ。
　　3　いいえ、ありません。

8번 정답 3

M：여러분, 이해했습니까? 뭔가 질문은 있습니까?

F：1　네, 필요 없습니다.
　　2　아뇨, 그렇지 않아요.
　　3　아뇨, 없습니다.

해설 남자는 상대에게 이해했냐고 하면서 질문이 있냐고 묻고 있다. 따라서 대답에는 질문이 '있다' 또는 '없다'가 나와야 하므로 답은 3번이 된다. 1번은 상대가 '필요하냐'고 물었을 때 나올 수 있는 대답이며, 2번은 어떤 사실이나 질문에 대해서 부정하는 대답이므로 오답이다.

어휘 皆さん(여러분) | 分かる(알다) | 何か(뭔가) | 質問(질문) | ある(있다) | いる(필요하다) | ～よ(청자에게 정보를 전달한다는, 알려 준다는 뉘앙스의 문장을 만드는 종조사. 예를 들어, 「今日は雨ですよ」 '오늘 비가 온다고 해요 (당신은 아마 모르고 있겠지만)'와 같이 사용된다.)

にほんごのうりょくしけん かいとうようし

N4 げんごちしき(もじ・ごい)

じゅけんばんごう
Examinee Registration
Number

なまえ
Name

<ちゅうい Notes>

1. くろいえんぴつ(HB、No.2)でかいてください。
   (ペンやボールペンで かかないでください。)
   Use a black medium soft (HB or No.2) pencil.
   (Do not use any kind of pen.)

2. かきなおすときは、けしゴムできれいにけしてください。
   Erase any unintended marks completely.

3. きたなくしたり、おったりしないでください。
   Do not soil or bend this sheet.

4. マークれい Marking examples

よいれい Correct Example	わるいれい Incorrect Examples
●	⊘ ⊖ ○ ◎ ⊙ ●

もんだい1

1	①	②	③	④
2	①	②	③	④
3	①	②	③	④
4	①	②	③	④
5	①	②	③	④
6	①	②	③	④
7	①	②	③	④

もんだい2

8	①	②	③	④
9	①	②	③	④
10	①	②	③	④
11	①	②	③	④
12	①	②	③	④

もんだい3

13	①	②	③	④
14	①	②	③	④
15	①	②	③	④
16	①	②	③	④
17	①	②	③	④
18	①	②	③	④
19	①	②	③	④
20	①	②	③	④

もんだい4

21	①	②	③	④
22	①	②	③	④
23	①	②	③	④
24	①	②	③	④

もんだい5

25	①	②	③	④
26	①	②	③	④
27	①	②	③	④
28	①	②	③	④

にほんごのうりょくしけん かいとうようし

N4 げんごちしき (ぶんぽう)・どっかい

じゅけんばんごう
Examinee Registration Number

なまえ
Name

<ちゅうい Notes>

1. くろいえんぴつ(HB、No.2)でかいてください。
(ペンやボールペンではかかないでください。)
Use a black medium soft (HB or No.2) pencil.
(Do not use any kind of pen.)

2. かきなおすときは、けしゴムできれいにけしてください。
Erase any unintended marks completely.

3. きたなくしたり、おったりしないでください。
Do not soil or bend this sheet.

4. マークれい Marking examples

よいれい Correct Example	わるいれい Incorrect Examples
●	⊘ ⊗ ◑ ⊖ ○ ◓

もんだい1

1	①	②	③	④
2	①	②	③	④
3	①	②	③	④
4	①	②	③	④
5	①	②	③	④
6	①	②	③	④
7	①	②	③	④
8	①	②	③	④
9	①	②	③	④
10	①	②	③	④
11	①	②	③	④
12	①	②	③	④
13	①	②	③	④

もんだい2

14	①	②	③	④
15	①	②	③	④
16	①	②	③	④
17	①	②	③	④

もんだい3

18	①	②	③	④
19	①	②	③	④
20	①	②	③	④
21	①	②	③	④

もんだい4

22	①	②	③	④
23	①	②	③	④
24	①	②	③	④

もんだい5

25	①	②	③	④
26	①	②	③	④
27	①	②	③	④

もんだい6

28	①	②	③	④
29	①	②	③	④

にほんごのうりょくしけん かいとうようし

N4 ちょうかい

じゅけんばんごう
Examinee Registration Number

なまえ
Name

<ちゅうい Notes>

1. くろいえんぴつ(HB、No.2)でかいてください。
（ペンやボールペンではかかないでください。）
Use a black medium soft (HB or No.2) pencil.
(Do not use any kind of pen.)

2. かきなおすときは、けしゴムできれいにけしてください。
Erase any unintended marks completely.

3. きたなくしたり、おったりしないでください。
Do not soil or bend this sheet.

4. マークれい Marking examples

よいれい Correct Example	わるいれい Incorrect Examples
●	⊘ ⊖ ○ ◐ ◑ ⊙

もんだい1

れい	①	②	③	④
1	①	②	③	④
2	①	②	③	④
3	①	②	③	④
4	①	②	③	④
5	①	②	③	④
6	①	②	③	④
7	①	②	③	④
8	①	②	③	④

もんだい2

れい	①	②	③	④
1	①	②	③	④
2	①	②	③	④
3	①	②	③	④
4	①	②	③	④
5	①	②	③	④
6	①	②	③	④
7	①	②	③	④

もんだい3

れい	①	②	③	④
1	①	②	③	④
2	①	②	③	④
3	①	②	③	④
4	①	②	③	④
5	①	②	③	④

もんだい4

れい	①	②	③	④
1	①	②	③	④
2	①	②	③	④
3	①	②	③	④
4	①	②	③	④
5	①	②	③	④
6	①	②	③	④
7	①	②	③	④
8	①	②	③	④

にほんごのうりょくしけん かいとうようし

N4 げんごちしき(もじ・ごい)

じゅけんばんごう
Examinee Registration
Number

なまえ
Name

<ちゅうい Notes>

1. <ろいえんぴつ(HB、No.2)でかいてください。
(ペンやボールペンでは かかないでください。)
Use a black medium soft (HB or No.2) pencil.
(Do not use any kind of pen.)

2. かきなおすときは、けしゴムできれいにけしてください。
Erase any unintended marks completely.

3. きたなくしたり、おったりしないでください。
Do not soil or bend this sheet.

4. マークれい Marking examples

よいれい Correct Example	わるいれい Incorrect Examples
●	⊘ ◌ ⊙ ◍ ⊙ ◑

もんだい1

1	①	②	③	④
2	①	②	③	④
3	①	②	③	④
4	①	②	③	④
5	①	②	③	④
6	①	②	③	④
7	①	②	③	④

もんだい2

8	①	②	③	④
9	①	②	③	④
10	①	②	③	④
11	①	②	③	④
12	①	②	③	④

もんだい3

13	①	②	③	④
14	①	②	③	④
15	①	②	③	④
16	①	②	③	④
17	①	②	③	④
18	①	②	③	④
19	①	②	③	④
20	①	②	③	④

もんだい4

21	①	②	③	④
22	①	②	③	④
23	①	②	③	④
24	①	②	③	④

もんだい5

25	①	②	③	④
26	①	②	③	④
27	①	②	③	④
28	①	②	③	④

にほんごのうりょくしけん かいとうようし

N4 げんごちしき (ぶんぽう)・どっかい

じゅけんばんごう
Examinee Registration
Number

なまえ
Name

もんだい 1

1	①	②	③	④
2	①	②	③	④
3	①	②	③	④
4	①	②	③	④
5	①	②	③	④
6	①	②	③	④
7	①	②	③	④
8	①	②	③	④
9	①	②	③	④
10	①	②	③	④
11	①	②	③	④
12	①	②	③	④
13	①	②	③	④

もんだい 2

14	①	②	③	④
15	①	②	③	④
16	①	②	③	④
17	①	②	③	④

もんだい 3

18	①	②	③	④
19	①	②	③	④
20	①	②	③	④
21	①	②	③	④

もんだい 4

22	①	②	③	④
23	①	②	③	④
24	①	②	③	④

もんだい 5

25	①	②	③	④
26	①	②	③	④
27	①	②	③	④

もんだい 6

28	①	②	③	④
29	①	②	③	④

にほんごのうりょくしけん かいとうようし

N4 ちょうかい

じゅけんばんごう
Examinee Registration
Number

JLPT 최신기출 유형
실전모의고사 N4 제2회

なまえ
Name

<ちゅうい Notes>

1. <ろいえんぴつ(HB、No.2)でかいてください。
（ペンやボールペンではかかないでください。）
Use a black medium soft (HB or No.2) pencil.
(Do not use any kind of pen.)

2. かきなおすときは、けしゴムできれいにけしてくださ
い。
Erase any unintended marks completely.

3. きたなくしたり、おったりしないでください。
Do not soil or bend this sheet.

4. マークれい Marking examples

よいれい Correct Example	わるいれい Incorrect Examples
●	⊘ ⊖ ◑ ⊗ ⊙ ◍

もんだい1

れい	①	②	③	④
1	①	②	③	④
2	①	②	③	④
3	①	②	③	④
4	①	②	③	④
5	①	②	③	④
6	①	②	③	④
7	①	②	③	④
8	①	②	③	④

もんだい2

れい	①	②	③	④
1	①	②	③	④
2	①	②	③	④
3	①	②	③	④
4	①	②	③	④
5	①	②	③	④
6	①	②	③	④
7	①	②	③	④

もんだい3

れい	①	②	③	④
1	①	②	③	④
2	①	②	③	④
3	①	②	③	④
4	①	②	③	④
5	①	②	③	④

もんだい4

れい	①	②	③	④
1	①	②	③	④
2	①	②	③	④
3	①	②	③	④
4	①	②	③	④
5	①	②	③	④
6	①	②	③	④
7	①	②	③	④
8	①	②	③	④

にほんごのうりょくしけん かいとうようし

N4 げんごちしき(もじ・ごい)

JLPT 최신 기출 유형
실전모의고사 N4 제3회

じゅけんばんごう
Examinee Registration
Number

なまえ
Name

もんだい1

1	①	②	③	④
2	①	②	③	④
3	①	②	③	④
4	①	②	③	④
5	①	②	③	④
6	①	②	③	④
7	①	②	③	④

もんだい2

8	①	②	③	④
9	①	②	③	④
10	①	②	③	④
11	①	②	③	④
12	①	②	③	④

もんだい3

13	①	②	③	④
14	①	②	③	④
15	①	②	③	④
16	①	②	③	④
17	①	②	③	④
18	①	②	③	④
19	①	②	③	④
20	①	②	③	④

もんだい4

21	①	②	③	④
22	①	②	③	④
23	①	②	③	④
24	①	②	③	④

もんだい5

25	①	②	③	④
26	①	②	③	④
27	①	②	③	④
28	①	②	③	④

にほんごのうりょくしけん かいとうようし

N4 げんごちしき （ぶんぽう） ・ どっかい

じゅけんばんごう
Examinee Registration Number

なまえ
Name

<ちゅうい Notes>

1. くろいえんぴつ（HB、No.2）でかいてください。
   （ペンやボールペンではかかないでください。）
   Use a black medium soft (HB or No.2) pencil.
   (Do not use any kind of pen.)

2. かきなおすときは、けしゴムできれいにけしてください。
   Erase any unintended marks completely.

3. きたなくしたり、おったりしないでください。
   Do not soil or bend this sheet.

4. マークれい Marking examples

よいれい Correct Example	わるいれい Incorrect Examples
●	⊘ ○ ◐ ○ ⊖ ●

もんだい1

1	①	②	③	④
2	①	②	③	④
3	①	②	③	④
4	①	②	③	④
5	①	②	③	④
6	①	②	③	④
7	①	②	③	④
8	①	②	③	④
9	①	②	③	④
10	①	②	③	④
11	①	②	③	④
12	①	②	③	④

もんだい2

13	①	②	③	④
14	①	②	③	④
15	①	②	③	④
16	①	②	③	④
17	①	②	③	④

もんだい3

18	①	②	③	④
19	①	②	③	④
20	①	②	③	④
21	①	②	③	④

もんだい4

22	①	②	③	④
23	①	②	③	④
24	①	②	③	④

もんだい5

25	①	②	③	④
26	①	②	③	④
27	①	②	③	④

もんだい6

28	①	②	③	④
29	①	②	③	④

にほんごのうりょくしけん かいとうようし

N4 ちょうかい

じゅけんばんごう
Examinee Registration
Number

なまえ
Name

<ちゅうい Notes>

1. くろいえんぴつ(HB、No.2)でかいてください。
（ペンやボールペンではかかないでください。）
Use a black medium soft (HB or No.2) pencil.
(Do not use any kind of pen.)

2. かきなおすときは、けしゴムできれいにけしてください。
Erase any unintended marks completely.

3. きたなくしたり、おったりしないでください。
Do not soil or bend this sheet.

4. マークれい Marking examples

よいれい Correct Example	わるいれい Incorrect Examples
●	○ ○ ○ ○ ○ ○

もんだい1

れい	①	②	③	④
1	①	②	③	④
2	①	②	③	④
3	①	②	③	④
4	①	②	③	④
5	①	②	③	④
6	①	②	③	④
7	①	②	③	④
8	①	②	③	④

もんだい2

れい	①	②	③	④
1	①	②	③	④
2	①	②	③	④
3	①	②	③	④
4	①	②	③	④
5	①	②	③	④
6	①	②	③	④
7	①	②	③	④

もんだい3

れい	①	②	③	④
1	①	②	③	④
2	①	②	③	④
3	①	②	③	④
4	①	②	③	④
5	①	②	③	④

もんだい4

れい	①	②	③	④
1	①	②	③	④
2	①	②	③	④
3	①	②	③	④
4	①	②	③	④
5	①	②	③	④
6	①	②	③	④
7	①	②	③	④
8	①	②	③	④